**WISSENSCHAFTLICHE BEITRÄGE
AUS DEM TECTUM VERLAG**

Reihe Rechtswissenschaften

WISSENSCHAFTLICHE BEITRÄGE
AUS DEM TECTUM VERLAG

Reihe Rechtswissenschaften

Band 92

Dirk Vogel

Zwischen Rechenschaftspflicht und Verantwortlichkeit

Street Level Bureaucrats unter den Bedingungen des § 48 SGB II

Tectum Verlag

Dirk Vogel

Zwischen Rechenschaftspflicht und Verantwortlichkeit.
Street Level Bureaucrats unter den Bedingungen des § 48 SGB II

Wissenschaftliche Beiträge aus dem Tectum Verlag:
Reihe: Rechtswissenschaften; Bd. 92

© Tectum – ein Verlag in der Nomos Verlagsgesellschaft, Baden-Baden 2017
Zugl. Diss. Georg-August-Universität Göttingen 2016
ISBN: 978-3-8288-4028-7
ISSN: 1861-7875
Umschlagabbildung: www.derzweiteblick.org

Printed in Germany
Alle Rechte vorbehalten

Besuchen Sie uns im Internet
www.tectum-verlag.de

Bibliografische Informationen der Deutschen Nationalbibliothek
Die Deutsche Nationalbibliothek verzeichnet diese Publikation in der
Deutschen Nationalbibliografie; detaillierte bibliografische Angaben sind
im Internet über http://dnb.ddb.de abrufbar.

für Ivonne, Mama & Papa

Inhalt

Abbildungsverzeichnis XI

Abkürzungsverzeichnis XIII

Danksagung XV

Einleitung 1
  1. Vom Beschäftigungspakt zum § 48 SGB II 1
  2. Der § 48 SGB II als Intervention und Prozess 4
  3. Workfare, Bürokratiekritik und New Public Management 7
  4. Von der Rechenschaftspflicht zur Verantwortlichkeit 9
  5. Konstruktion und Empirie des New Public Managements
     in Deutschland 13
  6. Street Level Bureaucrats als politikwissenschaftliche
     Methode 19
  7. Erkenntnisinteresse und Forschungsfragen 21
  8. Forschungsergebnis und dessen Bedeutung 23
  9. Gliederung der Studie 25

Kapitel I: Forschungsstand 27
  1. Ermessen, Street Level Bureaucrats und das SGB II 27
  1.1. Rechtliche und sozialwissenschaftliche Konstruktion
       des Ermessens 27
  1.2. Management der Regeln 29
  1.3. Management der Ressourcen 31
  1.4. Management der sozialen Interaktionen 36
       1.4.1. Die SLB-Klienten-Interaktion 36
       1.4.2. Peergroup als Normquelle 41
       1.4.3. Management versus SLB? Wertegemeinschaft
            statt Antagonismus 43
  2. „Beyond Discretion": Normen, Werte und
     Arbeitsdispositionen 45
  3. Exkurs: Arbeitsidentitäten als Konzept der
     Arbeitsdispositionen 47

4.	Arbeitsmarktintegration als interaktive Arbeit	50
4.1.	Der SLB und das Verhältnis zum Klienten	52
	4.1.1. Kunde, Klient oder Koproduzent? Soziale Konstruktionen des Klienten	52
	4.1.2. Ziel- statt gerechtigkeitsorientiertes „Creaming"	54
	4.1.3. Vom Ende der „Coping Mechanisms" und des „Rubber-Stampings"	56
4.2.	Der SLB und das Verhältnis zum Jobcenter	56
	4.2.1. Das mittlere Management als Partner	56
	4.2.2. Dienstleistungen unter Legitimationsdruck	58
	4.2.3. Peergroups zwischen Konkurrenz, Koproduktion und Kritik	61
5.	Street Level Bureaucrats in deutschen Arbeitsverwaltungen	62
6.	Zusammenfassung	71
7.	Erwartungen an die Empirie	74

Kapitel II: Methode 77
   1. Forschungsdesign 77
   2. Sampling-Strategie 79
   3. Sample-Empirie 81
   4. Datenerhebung 85
   5. Datenanalyse 89
   5.1. Datenaufbereitung 89
   5.2. Kodierung der Daten 90
   5.3. Typenbildung 94
   6. Ethik und Empirie 95
   7. Maßnahmen zur Sicherung der Datenqualität 97
   8. Grenzen der Studie 99
   9. Zusammenfassung 100

Kapitel III: Ergebnisse 103
   1. Inkrementeller Wandel der Rechenschaftspflicht 103
   1.1. Bewusstheit über die Zielvorgaben 103
   1.2. Ziele und Ermessen 110
   1.3. Zusammenfassung 114
   2. Druckregulierung als Strategie 116
   2.1. Das Interdependenzventil 117
   2.2. Das Ressourcenventil 121

2.3. Das Funktionsventil 124
2.4. Das Strategieventil 125
2.5. Das Validitätsventil 127
2.6. Das Sozioökonomieventil 128
2.7. Das Humanismusventil 129
3. Beantwortung der ersten Forschungsfrage 131
4. Vier Arbeitsidentitäten zwischen Rechenschaftspflicht und Verantwortlichkeit 132
4.1. Merkmale und Merkmalsausprägung der Achsen 133
    4.1.1. Achse A: Ziele und Kennzahlen als professionelle Normen 133
    4.1.2. Achse B: Zusammenhang zwischen Aktivität und Wirkung 137
4.2. Vier Arbeitsidentitäten zwischen Rechenschaft und Verantwortlichkeit 141
    4.2.1. „Was gehört überhaupt nicht zu mir": Der prozessorientierte SLB (Typ A1/B1) 144
    4.2.2. „Alles andere wäre einfach zu viel Aufwand": Der verschreckte SLB (A1/B2) 152
    4.2.3. „Wir versuchen": Der bemühte SLB (A2/B1) 155
    4.2.4. „Hätte ich nur mal selber angerufen": Der steuernde SLB (A2/B2) 162
5. Beantwortung der zweiten Forschungsfrage 168
6. Empirie – Theorienabgleich 171

Kapitel IV. Diskussion 173
1. Interaktion: SLB – Klient 175
2. Organisation: SLB – Jobcenter 176
3. Legitimation: Grundsicherungsträger-Staat 177

Kapitel V. Empfehlungen 181

Glossar 185

Anlage 189
  Anlage 1: § 48a SGB II 189
  Anlage 2: § 48b SGB II 190
  Anlage 3: Anschreiben 192
  Anlage 4: Teilnahmevereinbarung 193
  Anlage 5: soziodemografische Daten (I) 194

Anlage 6: soziodemografische Daten (II) 195
Anlage 7: Zielvereinbarungen Hessen als Stimuli 196
Anlage 8: Typisierung der Grundsicherungsträger 197
Anlage 9: Geplanter Fragebogen 198

Literaturverzeichnis 199

Autor 215

Abbildungsverzeichnis

Abbildung 1:   Zusammenfassung der Zielvereinbarungen Hessen 2013 5

Abbildung 2:   Zusammenfassung zum Stand der Umsetzung des neuen Steuerungsmodells in Deutschland 16

Abbildung 3:   Funktion des Ermessens für SLB im Politik-Implementationsprozess 29

Abbildung 4:   Arbeitsdispositionen, Normen, Werte und Ermessen 47

Abbildung 5:   Übersicht über Konzepte für Arbeitsdispositionen in sozialwissenschaftlichen Studien 48

Abbildung 6:   Arbeitsidentitäten von SLB im Dienstleistungsdreieck zwischen Management und Klient 51

Abbildung 7:   Höchster Bildungsabschluss der Befragten 82

Abbildung 8:   Dauer der Tätigkeit der Interviewpartner bei der Anwendung des SGB II 83

Abbildung 9:   Alter der Interviewpartner 83

Abbildung 10: Vergütung der Interviewpartner 84

Abbildung 11: Generative Fragen während der Datenanalyse 92

Abbildung 12: Codes, Eigenschaft und Kategorie 93

Abbildung 13: Kategorien der Studie 103

Abbildung 14: Wahrnehmung, Kommunikation und Interaktion aus Sicht des SLB als Resultat der Einführung des § 48 SGB II 109

Abbildung 15: Empirische Evidenzen „Pro" und „Contra" Wandel der Rechenschaftspflicht 115

Abbildung 16: Sieben Ventile zur Druckregulierung 116

Abbildung 17: Darstellung der vier Typen als Kreuztabelle 133

Abbildung 18: Merkmalsausprägung der Interviewpartner auf der Achse A 136

Abbildung 19: Merkmalsausprägung der Interviewpartner auf der Achse B 141

Abbildung 20: Verteilung der Typen anhand der Merkmalskombination 142

Abbildung 21: Typenbasierte Auswertung der erhobenen soziodemografischen Merkmale 143

Abbildung 22: Der prozessorientierte SLB (niedriger A-Wert/niedriger B-Wert) 145

Abbildung 23: Der verschreckte SLB (niedriger A-Wert/hoher B-Wert) 153

Abbildung 24: Der prozessorientierte SLB (hoher A-Wert/niedriger B-Wert) 156

Abbildung 25: Der steuernde SLB (hoher A-Wert/hoher B-Wert) 163

Abkürzungsverzeichnis

BA	Bundesagentur für Arbeit
BMAS	Bundesministerium für Arbeit
BRHG	Gesetz über den Bundesrechnungshof
JC	Jobcenter
KGSt	Kommunale Gemeinschaftsstelle
NPM	New Public Management
SGB II	Sozialgesetzbuch II
SGB III	Sozialgesetzbuch III
SLB	Street Level Bureaucrat
SLO	Street Level Organisation

Danksagung

Diese Arbeit markiert das Ende einer Reise, die ich 1998 in Göttingen mit dem Studium der Sozialwissenschaften begann. Danach folgten berufliche Stationen in Politik und Verwaltung. Als ich bemerkte, dass mir Managementkenntnisse fehlten, füllte ich diese Lücke mit einer wiederum lehrreichen Zeit an der Open-University Business School. Diese Arbeit spiegelt diese beiden Ausbildungen wider, ist sie doch im Kern eine politikwissenschaftliche Arbeit, deren Verständnis ohne meine vertiefte Ausbildung im Public Management nicht möglich gewesen wäre. Nun, 2016, beende ich meine Reise, wo sie begann, in Göttingen.

Eine Promotion ist auch eine Koproduktion vieler Beteiligter. Diese Voraussetzungen beziehen sich zum einen auf die Arbeit selbst. Zum anderen liegen sie im persönlichen Umfeld. Für die Arbeit selbst war vor allem eine Person entscheidend, mein Doktorvater Prof. Dr. Scott Stock Gissendanner. Immer dann, wenn es notwendig war, den Überblick, die Richtung und den nächsten Schritt benennen zu können, war er der perfekte „Tourguide". Er kam hinzu, wenn es notwendig war. Ansonsten ließ er mich meinen Weg suchen und finden: Nähe und Distanz, Kritik und Ermutigung, Hilfe und Selbsthilfe, all das war zu jedem Zeitpunkt in der richtigen Balance vorhanden. Ohne ihn und seine außergewöhnliche Fähigkeit, akademische Konzepte schlüssig miteinander verbinden zu können, wäre die vorliegende Arbeit nie entstanden.

Aber nicht nur er war für das Gelingen dieser Arbeit unabdingbar: Mein Betreuungsauschuss mit Herrn Dr. Peter Bartelheimer, durch dessen langjährige Erfahrung „im Feld" die Studie rechtliche Präzisierungen und soziologische „Inputs" erhielt. Herr Prof. Dr. Hönnige, der von Beginn an tragende Ideen zum theoretischen Unterbau der Arbeit einforderte und einbrachte. Herr Prof. Dr. Timo Weishaupt, der kurzfristig eingesprungen ist und von dessen ausgeprägtem sozialpolitischem Instinkt und akademischem Gespür die Arbeit am Ende profitierte. Daneben bin ich dankbar für inhaltliche Rückmeldungen und redaktionelle Anmerkungen innerhalb und außerhalb der Universität Göttingen in unterschiedlichen Phasen der Arbeit. Selbstverständlich obliegt diese Arbeit am Ende meiner alleinigen Verantwortung.

Last but not least danke ich den 21 Street Level Bureaucrats, ohne deren Willen die ganze Arbeit nie hätte empirisch werden können.

All das wäre aber auch nicht möglich gewesen, wenn mich mein persönliches Umfeld nicht von Beginn bis Ende meiner Reise unterstützt hätte. Meine Eltern, Elfriede und Norbert Vogel, haben mir mit ihrer Weitsicht, ihrem Fleiß und ständigen Ermutigung den Start dieses Weges Ende der 90er ermöglicht. Dafür werde ich ihnen immer dankbar sein. Meine Frau Ivonne hat mir ermöglicht, diese, ja, manchmal verrückte Reise, fortzusetzen und 2016 zu beenden. Ihnen widme ich diese Arbeit.

Dirk Vogel, im Juni 2016

Einleitung[1]

1. Vom Beschäftigungspakt zum § 48 SGB II

In Deutschland sieht sich der Staat im Politikfeld Arbeitsmarkt besonders hohen Erwartungen ausgesetzt. Zum einen sind in Deutschland zahlreiche wohlfahrtsstaatliche Leistungen nach dem Versicherungsprinzip an die Erwerbstätigkeit gekoppelt, etwa die Kranken-, Renten- und die Arbeitslosenversicherung (Pilz & Weike 2004:91). Das sozialversicherungspflichtige Beschäftigungsverhältnis ist in Deutschland Zugangsvoraussetzung für zahlreiche Leistungen des Wohlfahrtsstaats. Zum anderen setzt Demokratie, so die Lehre aus der deutschen Geschichte, wirtschaftliches Wachstum und einen funktionierenden Arbeitsmarkt voraus. Aus der wirtschaftspolitischen Notwendigkeit und der historischen Lehre heraus ist ein hoher Beschäftigungsstand, spätestens seit dem Beschäftigungs- und Wachstumspakt 1967/68, ein wirtschaftspolitisches und parteiübergreifendes Paradigma der Bundesrepublik Deutschland. Der Staat wendet hierfür erhebliche Mittel auf: Die zuständige Verwaltung, die ehemalige Bundesanstalt für Arbeit, beschäftigte im Jahr 2002 mehr als 90.000 Beschäftigte, verfügte über 54 Mrd. € Haushaltsvolumen, betrieb 650 Geschäftsstellen (Hielscher 2006:120; Sell 2006:8) und gilt damit als eine der größten bürokratischen Organisationen der Welt. In Deutschland fungiert die sehr differenziert ausgewiesene Arbeitslosenquote als valider Gradmesser (Pilz & Weike 2004:133–135), wie gut der Staat diesem Paradigma aktuell gerecht wird.

---

[1] Aus Gründen der sprachlichen Vereinfachung und zur Sicherung der Anonymität der Interviewpartner wird in der vorliegenden Publikation die männliche Form verwendet. Frauen werden gleichermaßen einbezogen und angesprochen.

Nur vor dieser deutschen Kultur der Arbeitslosigkeit sind die Ereignisse nach der Wiedervereinigung zu verstehen, als die Zahl der Arbeitslosen in Deutschland Anfang der 1990er Jahre von rd. 2,6 Millionen (1991) auf rd. 4,4 Millionen (1997) (Statistisches Bundesamt 2016) stieg. Daraufhin versprach die damalige Oppositionspartei SPD in ihrem Wahlprogramm zur Bundestagswahl 1998, „[...] Arbeitslose so schnell wie möglich wieder in Arbeit zu bringen" (SPD-Vorstand 1998:24). Die Sozialdemokraten gewannen mit diesem arbeitsmarktpolitischen Ziel die Mehrheit der Sitze im deutschen Bundestag und wählten mit den Grünen den sozialdemokratischen Spitzenkandidaten Gerhard Schröder zum neuen Bundeskanzler.

Die Erfolge der neuen Bundesregierung beim Abbau der Arbeitslosigkeit blieben allerdings weitgehend aus: Nach einem kurzzeitigen Absinken der Arbeitslosen auf rd. 3,9 Millionen Arbeitslose im Jahr 2000 stieg die Zahl nach dem Einbrechen der Weltwirtschaft im Jahr 2001 auf rund 4,1 Millionen (Statistisches Bundesamt 2016). Damit waren weiterhin über vier Millionen Menschen arbeitslos, beinahe so viele wie zu Beginn der Legislaturperiode der rot-grünen Bundesregierung. Gleichzeitig geriet mit dem sogenannten Vermittlungsskandal die Arbeit der Bundesanstalt für Arbeit in die Kritik (Sell 2006:9): Politik und Verwaltung standen im Wiederwahljahr 2002 unter erheblichem Druck, nachzuweisen, das Ende der 1990er Jahre formulierte Ziel erreicht zu haben und erreichen zu können. Der damalige Bundeskanzler Gerhard Schröder reagierte und berief die sogenannte Hartz-Kommission ein. Die Bundesregierung beauftragte sie, Vorschläge zur Halbierung der Arbeitslosenzahl in drei Jahren zu unterbreiten (Kommission 2002:5).

Im August 2002 präsentierte die Kommission ihren 343 Seiten umfassenden Bericht medienwirksam im Französischen Dom. Acht Monate später, am 14. März 2003, hielt Gerhard Schröder im Reichstag seine Regierungserklärung „Agenda 2010: Mut zum Frieden und Mut zur Veränderung". Darin war ein umfassendes arbeitsmarktpolitisches Reformpaket enthalten, das wesentliche Teile des Kommissionsberichts enthielt. Basierend auf der Analyse, dass das bisherige „[...] System der Arbeitsvermittlung [...] unverkennbare Schwächen" (Presse- und Informationsamt der

Bundesregierung 2003:20) habe, setzte er mit der Agenda 2010 aus seiner Sicht ein „[...] eindeutiges Signal für diejenigen Menschen in unserer Gesellschaft, die länger als zwölf Monate arbeitslos sind" (Bundesregierung 2003:23). Einerseits sollten Arbeitslose zumutbare Arbeit nicht mehr ablehnen dürfen – oder sie mussten mit Sanktionen rechnen (Bundesregierung 2003:23). Andererseits sollte, neben dem Umbau der Bundesanstalt für Arbeit, die Arbeitslosen- und Sozialhilfe zu einer einheitlichen Anlaufstelle „Jobcenter" zusammengelegt werden, das Arbeitslose auf dem Weg in die Arbeit berät und unterstützt (Bundesregierung 2003:22; Kommission 2002:68). Die sogenannten Hartz-Gesetze sollten die Fähigkeit des Staates verbessern, das Ziel der Reduktion der Arbeitslosen auch tatsächlich zu erreichen. Hilfebedürftige Arbeitslose haben die Pflicht, bei dieser Aufgabe mitzuwirken („Fordern"). Verwaltungen haben die Aufgabe, hilfebedürftige Arbeitslose in Arbeit zu integrieren („Fördern"). Mit dieser gesetzlichen Pflichten- und Aufgabendelegation hat der Staat das Problem der Arbeitslosigkeit konzeptionell gelöst.

Nach dem Regierungswechsel 2005 begannen die Arbeitslosenzahlen zu sinken. Jedoch entwickelten sich die Zahlen der anspruchsberechtigten Personen im SGB II und SGB III im Zuge der wiedererstarkten Wirtschaft unterschiedlich. Rund vier Jahre, nachdem die Hartz-Gesetze in Kraft getreten waren, stellte man fest, dass die Zahl der Arbeitslosen im SGB III von rd. 2,1 Mio. € (Dezember 2005) auf rd. 1 Mio. (Dezember 2008) fiel, also eine Reduktion von rund 52 % (Bundesagentur für Arbeit 2012:11). Die Zahl der arbeitslosen Menschen im Rechtskreis SGB II fiel von rd. 2,8 Mio. (Dezember 2005) auf rund 2,3 Mio. (Dezember 2008), also eine Reduktion von rd. 19 % (Bundesagentur für Arbeit 2012:11). Damit entstand eine rund 33%ige Punktedifferenz des Abbaus der Arbeitslosen zwischen den beiden Rechtskreisen. Folglich ist die Arbeitsmarktreform ausgerechnet bei den Arbeitslosen, die in der Regel über ein Jahr arbeitslos sind, erkennbar weniger erfolgreich gewesen. Ursprünglich standen aber genau diese Arbeitslosen im Mittelpunkt der Reform.

2. Der § 48 SGB II als Intervention und Prozess

Fünf Jahre nach der Verabschiedung der Hartz-Gesetze im deutschen Bundestag fügte der Gesetzgeber die §§ 48a und 48b in das zweite Sozialgesetzbuch ein. Darin schrieb der Gesetzgeber Leistungsvergleiche und Zielvereinbarungen für alle Jobcenter vor (Anhang 1 & 2). Die Jobcenter sind die Träger der Grundsicherung (§ 6 SGB II). Der öffentliche Kennzahlenvergleich stellte zunächst eine Vergleichbarkeit her, indem Jobcenter in sozioökonomisch ähnlichen Rahmenbedingungen zusammengefasst und dann mit Hilfe des Instituts für Arbeitsmarkt- und Berufsforschung 15 sogenannten Vergleichstypen zugeordnet wurden. Jedes Jobcenter befindet sich also in einem Vergleichstypus.

Alle Vergleichstypen haben dieselben drei Ziele: Verringerung der Hilfebedürftigkeit, Verbesserung der Integration in Erwerbstätigkeit und Vermeidung von langfristigem Leistungsbezug. Wie erfolgreich die jeweiligen Jobcenter bei der Zielerreichung sind, wird anhand von drei Kennzahlen und weiteren Unterkennzahlen gemessen. Diese sind in der Abbildung 1 dargestellt. Zudem ist fallbeispielhaft aufgelistet, was für das Bundesland Hessen im Jahr 2013 vereinbart wurde.

Ziel	Verringerung der Hilfebedürftigkeit	Verbesserung der Integration in Erwerbstätigkeit	Vermeidung von langfristigem Leistungsbezug
Kennzahl	K1 - Veränderung der Summe der Leistungen zum Lebensunterhalt K1E1 - Veränderung der Summe der Leistungen für Unterkunft und Heizung K1E2 - Veränderung der Zahl der erwerbsfähigen Leistungsberechtigten K1E3 - Durchschnittliche Zugangsrate der erwerbsfähigen Leistungsberechtigten	K2 - Integrationsquote K2E1 - Quote der Eintritte in geringfügige Beschäftigung K2E2 - Quote der Eintritte in öffentlich geförderte Beschäftigung K2E3 - Nachhaltigkeit der Integrationen K2E4 - Integrationsquote der Alleinerziehenden	K3 - Veränderung des Bestands an Langzeitleistungsbeziehern K3E1 - Integrationsquote der Langzeitleistungs-bezieher K3E2 - Aktivierungsquote der Langzeitleistungs-bezieher K3E3 - Durchschnittliche Zugangsrate LZB
Zielvereinbarung Hessen 2013	Im Vergleich zum Vorjahr wird die Entwicklung der Summe der Leistungen zum Lebensunterhalt im Rahmen eines qualitativen Monitorings beobachtet.	Das Ziel ist erreicht, wenn die Integrationsquote der KJC des Landes Hessen im Durchschnitt 26,1 % erreicht.	Das Ziel ist erreicht, wenn der durchschnittliche Bestand an Langzeitarbeitslosen der KJC des Landes Hessen gegenüber dem Vorjahr um insgesamt 2 % sinkt.

Abbildung 1: Zusammenfassung der Zielvereinbarungen Hessen 2013 (auf der Basis von http://www.sgb2.info/sites/default/files/inlineFiles/files/zielvereinbarung_he_unterschrieben.pdf)

Diese Kennzahlen werden seit April 2011 im Internet durch das Bundesministerium für Arbeit („BMAS") auf einer dafür eigens eingerichteten Webseite „SGB 2 Info" veröffentlicht. Innerhalb der einzelnen Trägertypen werden die Jobcenter so vergleichbar, da ein arithmetischer Mittelwert kalkuliert und so unter- und überdurchschnittliche Werte errechnet werden können. Es sind darüber hinaus Vergleichswerte zwischen Jobcentern grafisch darstellbar.

Dieser ranglistenorientierte Ansatz suggeriert auf Basis eines Kennzahlenvergleichs eine klare Definition guter oder schlechter Performance einzelner Träger. Dieser „Quasi-Wettbewerb" ist Teil des forcierten „Top-down"-Ansatzes der Umsetzung des § 48b SGB II, was sich unter anderem daran erkennen lässt, dass das Bundesministerium für Arbeit die Veröffentlichung der Kennzahlen auf einer Webseite betreut. Darüber hinaus werden dort auch die jährlich zwischen dem Bundesministerium und den Landesministerien festgehaltenen sowie zwischen dem jeweiligen Landesministerium und den Jobcentern abgeschlossenen Zielvereinbarungen auf der SGB II-Informationsplattform veröffentlicht.

Die Strategie der dezentralisierten Vereinbarungen hat der deutsche Staat bereits Ende der 1990er Jahre im damaligen Arbeitsamt praktiziert (Mosley, Schütz & Breyer 2001:22). Diese Praxis ist auch im SGB II übernommen worden. Im Jahr 2013 sollen laut der Zielvereinbarung des BMAS beispielsweise die hessischen Jobcenter die Integrationsquote von 26,1 % erreichen. Für 2014 hat beispielsweise das Jobcenter Main-Kinzig-Kreis die Vorgabe mit dem hessischen Sozialministerium vereinbart, im Vergleich zu 2013 eine Steigerung der Integrationsrate von 2,5 Prozentpunkten zu erreichen, die Anzahl an Menschen in Arbeit um 2 % zu steigern oder den Bestand an Langzeitleistungsbeziehern um 0,5 % zu reduzieren. Die Motive des Gesetzgebers, warum er die Paragrafen in das SGB II einführte, sind nicht eindeutig. Brülle et. (2016:11) stellen richtigerweise fest, dass der Gesetzgeber, außer der allgemeinen Willensbekundung zum Wettbewerb und zur Optimierung des Systems des SGB II, diesen Schritt nicht weiter begründet. Die Verwaltungsebene wird dagegen etwas klarer. Für die Aufsichtsbehörde der Grundsicherungsträger in Hessen, das hessische Sozialministerium, dienen die

Zielvereinbarungen „[...] als neues, erstmalig in das ‚SGB II' eingeführtes Steuerungsinstrument der Aufsichtsbehörden gegenüber den vollziehenden Behörden." (Hörauf 2012:2). Diese Form der „wirkungsorientierten Steuerung" (Schütz 2009:167) ist ebenfalls aus dem SGB III bekannt. Der stärkere Abbau der Empfängerzahlen in diesem Rechtskreis ist ein Indiz, dass sich der Gesetzgeber durch die Übernahme dieser Best Practice ähnliche Effekte im SGB II erwünscht.

Der Staat kann durch die Einführung des § 48a und b SGB II jederzeit nachweisen, welche Organisation und welche Person für die Arbeitsmarktintegration des jeweiligen SGB II-Empfängers verantwortlich ist. Das einst nur im Gesetz formulierte Ziel ist nun eine messbare Aufgabe für Jobcenter und deren Mitarbeiter. Der Staat weist mit den Zielvorgaben Jahr für Jahr nach, dass er die Aufgabe der Arbeitsmarktintegration von hilfebedürftigen Menschen ernstnimmt und nun auch im SGB II innerstaatlich akribisch delegiert hat. Die deutschen Arbeitsmarktreformen sind kein nationales Phänomen, sondern Bestandteil der Transformationen der Wohlfahrtsstaaten in den westlichen Industrienationen.

3. Workfare, Bürokratiekritik und New Public Management

Unter dem Stichwort „Workfare" entwickelten sich in den USA und Europa unterschiedliche Reformvorstellungen für die jeweiligen Typen des Wohlfahrtsstaates. In den USA wurde mit diesem Begriff klassicherweise assoziiert, dass Empfänger von Geldleistungen im Gegenzug Aufgaben im öffentlichen Interesse übernehmen müssen (Wisemann 2000:215). In diesem Verständnis werden unter dem Begriff „Workfare" politische Strategien verstanden, die Arbeit für Sozialleistungen erwarten (Lødemel & Trickey 2000:6). Die europäische Variante der Sozialreformen betonte dagegen den Gedanken der Aktivierung und Befähigung des Arbeitskräftepotenzials (Brodkin 2013:60-61; Ludwig-Mayerhofer & Promberger 2008:6). Mittlerweile haben sich beide Modelle angenähert und enthalten in der Regel sowohl regulative als auch unterstützende Aspekte (Brodkin 2013:61). Die deutschen Hartz-Reformen entsprechen mit ihrer Philosophie des „Förderns und Forderns" diesem global angepassten Modell des „workfare".

Die Koppelung dieses globalen Workfare-Ansatzes an die Einführung neuer Managementstrategien ist kein deutsches Phänomen (Brodkin 2013:11). Dies mag daran liegen, dass der Ansatz in den 1990er Jahren zeitlich parallel zur neoliberalen Bürokratiekritik entstand. Während der Bürokratie grundsätzlich „Objektivität, Stetigkeit, Berechenbarkeit, Planbarkeit und Zuverlässigkeit" (Lankenau & Zimmermann 2001:42) nachgesagt werden, attestierten Kritiker dem Modell eine mangelnde Anpassungsfähigkeit an sich verändernde soziale, politische und wirtschaftliche Rahmenbedingungen (Schedler 2000:17). Zudem werden mit dem Modell intra- und interorganisatorische Probleme assoziiert (Jann, Wegrich & Tiessen 2007:23–24). Zu den intraorganisatorischen Schwierigkeiten gehören eine übertriebene Hierarchisierung, langsame und schwerfällige Bearbeitung, interne Koordinationsprobleme, mangelndes Kostenbewusstsein, Unpersönlichkeit, mangelnde Dienstleistungs- und Kundenorientierung, eine abstruse Verwaltungssprache und unzureichende Informationstransparenz (Jann, Wegrich & Tiessen 2007:23). Unter interorganisatorischen Problemen werden externe Koordinationsprobleme, Funktionalismus und Zielkonflikte subsumiert (Jann, Wegrich & Tiessen 2007:23–24). Während Mayntz (1985) diese Vor- und Nachteile als „zwei Seiten der gleichen Medaille" (1985:115) bewertet, wird dieses klassische Modell einer Verwaltung als nur bedingt für die Lösung komplexer gesellschaftlicher Herausforderungen geeignet angesehen. In der Folge mussten bürokratisch-regelorientierte Institutionen zu unternehmerisch-ergebnisorientierten Institutionen transformiert werden (Osborne & Gaebler 2000:289).

Das Modell zu dieser politischen Philosophie ist das New Public Management („NPM"), das „Reformmodell" (Schedler 2000:23) zum Bürokratiemodell Max Webers. Hood (1995:95–97) benennt sieben Merkmale des NPM mit den Stichworten organisatorische Fragmentierung, erhöhter Wettbewerb innerhalb des öffentlichen Sektors und mit der Privatwirtschaft, stärkere Nutzung privatwirtschaftlicher Managementpraktiken, verstärkte

Einforderung von Ausgabendisziplin, eigenverantwortliche, sichtbare Manager, messbare Leistungsvorgaben und Output-Orientierung. Ähnliche Kriterien für eine reformierte Organisation im öffentlichen Sektor auf Basis des NPM benennt Politt (2000:183) mit der Kunden- und Leistungsorientierung, der permanenten Qualitätsverbesserung und einer strikten Kostenkontrolle. Kernaghan (2006:184) subsumiert unter einer „postbürokratischen Organisation" eine Managementkultur, geprägt von Bürger-, Mitarbeiter-, Wandel- und Ergebnisorientierung, partizipativer Führung und korporativem Handeln; eine Struktur, die dezentral und nicht funktional geprägt ist; eine Marktorientierung, die sich an Einnahmen orientiert und sich als wettbewerbsorientierte Organisation versteht. Schedler und Proeller (2000:85–216) benennen ähnliche Merkmale. Weishaupt (2010) zeigte, wie die Grundidee des NPM seit den späten 1990er Jahren in die europäischen Arbeitsverwaltungen diffundierte. Forciert durch OECD und EU entwickelten sich Konzepte wie Leistung, Qualität und Case Management zum „Goldstandard" der Verwaltungsführung und damit auch in den umsetzenden Agenturen der Arbeitsverwaltungen (Weishaupt 2010:467–473).

Motiv des NPM ist der normative Wille, die Arbeit der Verwaltungen zu verbessern und deren Kontrollmöglichkeit zu erhöhen. Es treffen damit nicht nur geschichtlich, sondern auch funktionell die Interessen des Workfare-Ansatzes und des NPM aufeinander: Der Workfare-Ansatz als wohlfahrtsstaatliche Philosophie zur Lösung des Problems Arbeitslosigkeit, das NPM als Instrument des modernen Staates zur Realisierung dieses Ansatzes.

4. Von der Rechenschaftspflicht zur Verantwortlichkeit

New Public Management verändert die Grundlage der Rechenschaftspflicht in der modernen Verwaltung. Max Weber besprach diese, als er in seinem Konzept der legalen Herrschaft einen Kriterienkatalog für die Arbeit des bürokratischen Verwaltungsstabs festlegte. Die moderne Verwaltung solle sich auf die Anwendung von Wissen, die Konzentration auf Amtspflichten und eine Auswahl mittels Fachqualifikation (Weber 2006:219–222) beschränken. Hierdurch gesteht Webers rationale Bürokratie Verwaltungen und den darin tätigen Mitarbeitern ein hohes Maß an Autonomie zu. Im historischen Kontext war dies durchaus fortschrittlich – schließlich orientieren sich moderne Verwaltungen allein am Gemeinwohl und grenzen sich damit von vormodernen, willkürlich-feudalen Verwaltungen ab (van Bockel & Noordegraaf 2006:586). Auf der anderen Seite aber begrenzt Weber die Autonomie, indem er den Mitarbeitern die zur Erledigung der Arbeit notwendigen Güter nur leiht:

> „Die Beamten, Angestellten, Arbeiter des Verwaltungsstabs sind nicht im Eigenbesitz der sachlichen Verwaltungs- und Beschaffungsmittel, sondern erhalten diese [...] geliefert und sind rechnungspflichtig." (Weber 2006:221)

Mit der Trennung der zur Aufgaben notwendigen Ressourcen der Verwaltung vom Besitz der Verwaltungsmitarbeiter legt Weber die ideelle und konzeptionelle Grundlage moderner Verwaltungskontrollen: Mitarbeiter bekommen zur Erfüllung ihrer Aufgaben Ressourcen zur Verfügung gestellt und müssen berichten, was sie damit gemacht haben, aktuell machen und zukünftig machen wollen. Sie werden mit den Worten Max Webers „rechnungspflichtig" – oder angelsächsisch „accountable" (Gregory 2007) – gegenüber der Gesellschaft, der Politik, übergeordneten Verwaltungen und der Behördenleitung (Bovaird & Löffler 2003:134). Diese Art der Rechenschaftspflicht wird als hierarchische Rechenschaftspflicht (McDavid & Hawthorn 2006:367) oder Kontrolle (Meyers & Vorsanger 2007:245) bezeichnet. Sie ist Voraussetzung für die zukünftige Zuweisung von Ressourcen zur Erfüllung der Aufgaben (Wilson 1989:195). Unter Verwaltungskontrolle versteht man dabei „die zeitlich gleichlaufende oder nachträgliche Überprüfung, ob die gesetzten Normen und Weisungen erfüllt wurden" (Mayntz 1985:76). Die Webersche Konstruktion der Verwaltungskontrolle im demokratischen Staat ist eine auf Dauer angelegte, reziproke Wechselbeziehung zwischen Autonomiezugeständnis und Rechenschaftspflicht.

Darüber hinaus nimmt sie eine entscheidende Funktion in der repräsentativen Demokratie wahr (Wilson 1989:188; Brodkin

2008:317), indem sie sicherstellt, dass legislative Entscheidungen Grundlage des exekutiven Handelns in den Verwaltungen werden. Allein dann ist Verwaltungshandeln legitim (Hasenfeld 1992:10). Aus dieser Konzeption heraus ist Verwaltungskontrolle doppelt vertikal (Clarke 2006:208). Verwaltungen sollen von „oben" bzw. im Bundestag, Landtag oder Kommunalparlament gefällte Beschlüsse „unten" umsetzen. Parallel setzt das Parlament seine Kontrolleure auf verschiedenen staatlichen Ebenen ein. So wählt etwa der Bundestag oder Bundesrat den Präsidenten des Bundesrechnungshofs (§ 5 BRHG Abs. 1), der hessische Landtag wählt den Präsidenten des hessischen Landesrechnungshofs und nach § 130 Abs. 4 der hessischen Gemeindeordnung ist zur Bestellung des Leiters des Rechnungsprüfungsamts einer Gemeinde oder eines Landkreises die Zustimmung der Gemeindevertretung erforderlich.

Darüber hinaus prüft der Bundesrechnungshof auf Basis des § 90 der Bundeshaushaltsverordnung die Wirtschaftlichkeit und Ordnungsmäßigkeit der Haushalts- und Wirtschaftsführung. Er berichtet jährlich dem Bundestag und dem Bundesrat. Auf Landesebene, z. B. im Bundesland Hessen, ist die Grundlage das Gesetz zur Regelung der überörtlichen Prüfung kommunaler Körperschaften. Darin räumt der Landesgesetzgeber dem Landesrechnungshof ein, überörtliche Prüfungen bei Städten und Landkreisen durchzuführen, inwieweit die Verwaltungen „rechtmäßig, sachgerecht und wirtschaftlich geführt" werden. Darüber hinaus müssen Städte und Landkreise über 50.000 Einwohner nach § 129 der hessischen Gemeindeordnung unabhängige Rechnungsprüfungsämter installieren. Diese prüfen Jahresabschluss, Auftragsvergaben und Kassenrechnungen.

Die Aufgaben verdeutlichen, dass es zahlreiche Gesetze und Organisationen gibt, die auf Bundes-, Landes- und kommunaler Ebene die korrekte, das heißt, die nicht missbräuchliche Verwendung der zugewiesenen Ressourcen gewährleisten. Die parlamentarische Demokratie versichert sich mit der konzeptionellen, personellen und institutionellen Verankerung von Verwaltungskontrollen, dass ihre Beschlüsse Grundlage für das Verwaltungshandeln werden. Verwaltungskontrollen sind das funktionelle Scharnier zwischen politischen Entscheidungen im Parlament und dem tatsächlichen Verwaltungshandeln. Somit sind Verwaltungskontrollen im doppelten Sinne konstitutiv für demokratisches Verwaltungshandeln. Diese Form der Umsetzung der Verwaltungskontrolle sind klassisch-moderne Kontrollen im Weberschen Sinne, deren Ziel der Ausschluss missbräuchlicher Verwendung der geliehenen Ressourcen ist. Dieser Typus der Kontrolle war bis in die 1980er Jahre die vorherrschende Form der Verwaltungskontrolle (Clarke 2006:208). Die Rechenschaftspflicht, also der Nachweis der korrekten Mittelverwendung, der Ausschluss persönlicher Bereicherung und die Koppelung des exekutiven Handelns an legislative Beschlüsse werden aber durch das NPM keinesfalls abgeschafft. Die Einhaltung dieser Kriterien reicht für die Legitimität von Verwaltungen nicht mehr aus. Von nun an müssen Verwaltungen nicht mehr nur über die „Inputs", die sie geliehen bekommen haben, Rechenschaft ablegen, sondern auch darüber, was sie damit gemacht haben, also über die Produkte ihres Handelns („Outputs"). Hier ist eine Weiterentwicklung zu konstatieren, ein inkrementeller Wandel der Rechenschaftspflicht.

Ein radikaler Wandel der Rechenschaftspflicht findet dadurch statt, dass Verwaltungen ihre Ressourcen und Produkte so verwenden müssen, dass damit die politisch intendierte Wirkung einsetzt. So bekommen Verwaltungen für „wicked problems" (Rittel & Webber 1973:155), also komplexe gesellschaftliche Probleme wie Arbeitslosigkeit oder Armut, die Verantwortung zur Problemlösung übertragen. NPM unterwandert so den idealtypischen Ablauf der repräsentativen Demokratie, wonach Politik entscheidet und Verwaltung umsetzt. Verwaltungen sollen im NPM dagegen das politisch formulierte Ziel mit den politisch zur Verfügung gestellten Ressourcen erreichen. Verantwortung für komplexe gesellschaftliche Probleme wird im Modell des NPM „nach unten durchgegeben" (Bovaird & Löffler 2003:163): Verwaltungen bekommen formal Autonomie zugestanden. Sie zahlen dafür den Preis der Ergebnisverantwortung für gesellschaftliche Probleme. Organisatorisch ist das die Abkehr vom Prinzip der hierarchischen Rechenschaftspflicht hin zu einer Rechenschaftspflicht für Ergebnisse (McDavid & Hawthorn 2006:367). Gregory spricht davon, dass die Rechenschaftspflicht durch Verantwortung erweitert wird – „from accountability to responsibility" (Gregory 2007:558)

5. Konstruktion und Empirie des New Public Managements in Deutschland

Deutschland wurde über viele Jahre hinweg im internationalen Vergleich eine eher zurückhaltende Umsetzung des NPM attestiert (Bovaird & Löffler 2003:18; Politt 2000:196). Auch akademisch fand das angelsächsisch geprägte Performance Management in Deutschland wenig Beachtung (Kroll & Küchler-Stahn 2009:488). Gerade Landes- und Bundesverwaltungen werden, bis auf das Bundesforschungsministerium, die Bundeswehr oder der Bundesagentur für Arbeit, keine umfassenden Ansätze zur Einführung von Leistungsmessungen zugeschrieben (Proeller & Siegel 2009).

Wesentlich differenzierter zeigt sich das Bild auf der kommunalen Ebene. Hier ist das NPM vor allem durch das neue Steuerungsmodell der Kommunalen Gemeinschaftsstelle („KGSt") (KGSt 1993; KGSt 1994; KGSt 1996a) rezipiert, interpretiert und adaptiert worden (Pollitt & Bouckaert 2011:280). Unter Steuerung von Arbeit „lassen sich [...] diejenigen betrieblichen Methoden, Instrumente und Mechanismen fassen, die mehr oder weniger intentional-strategisch darauf abzielen, das Leistungsverhalten der Beschäftigten mit denjenigen Zielen in Übereinstimmung zu bringen, die die Organisation als relevant für den jeweiligen Arbeitsplatz oder die konkrete Arbeitskraft definiert" (Birken, Kratzer & Menz 2012:164). Das Modell geht, vereinfacht ausgedrückt, davon aus, dass auf Basis politischer Programme und Grundsatzentscheidungen (KGSt 1996b:9) quantitative und qualitative Ziele definiert werden. Die umsetzende Verwaltung berichtet über die von ihr initiierten Schritte zur Zielerreichung an das kommunale Parlament und die Verwaltungsspitze (KGSt 1994:39). Erst mit diesem Berichtswesen können Politik und Management die dezentralen Fachbereiche steuern, da die Fachbereiche über „[...] alle steuerungsrelevanten Aspekte systematisch und kontinuierlich berichten" (KGSt 1994:37). Die möglichst effiziente Erstellung der Produkte überwacht ein fachlich unabhängiges zentrales Verwaltungscontrolling (KGSt 1993:19). Zudem werden interkommunale Leistungsvergleiche gezogen (KGSt 1993:22), so dass ein Wettbewerb zwischen den Kommunen über die so erst mögliche Vergleichbarkeit entsteht. Das neue Steuerungsmodell hat in einige an deutschen Verwaltungsfachhochschulen entstandene Werke Eingang gefunden (Homann 2005; Schmidt 2004; Tauberger 2008). Es kann als herrschende Meinung in Deutschland gelten, wie NPM in Deutschland organisiert sein „soll". In der Konsequenz orientierten sich Studien über die Umsetzung dieses Modells in den Folgejahren mit verschiedenen Blickwinkeln und Schwerpunkten: eine eher kritisch politikwissenschaftliche Betrachtung (Bogumil, Grohs & Kuhlmann 2006; Jann 2005), ein „Soll-Ist"-Vergleich aus einer Public-Management-Perspektive (Articus & Wagner 2011; Hellenbrand & Levermann 2009) und eher reflexiv aus Sicht der Praxis (KGSt 2006; KGSt 2007).

Studie	Methode	Zusammenfassung
Bogumil, Grohs & Kuhlmann 2006; Bogumil, Grohs & Ohm 2005	Ende Januar bis Juni **2005** bundesweite schriftliche Befragung deutscher Kommunen als Vollerhebung aller deutschen **Städte** über 20.000 Einwohner; Antwort erfolgte von drei Vierteln der Städte und Gemeinden zwischen 10.000 und 20.000 Einwohner und von zwei Drittel der **Landkreise**	• **Punktueller organisatorischer Wandel:** Fachbereichsstrukturen wurden mehrheitlich eingeführt (43,6 %), eine zentrale Steuerungsunterstützung bei wenigen (25,9 %), eher seltener die Umsetzung dezentraler Controlling-Stellen (10,9 %), mehrheitlich Abbau von Hierarchieebenen (34,5 %) • **Mehr dezentrale Verantwortung:** Eingeführt oder auf dem Weg sind rund 42 % bei der Zusammenlegung der Fach- und Ressourcenbewirtschaftung, 41 % bei der Budgetierung, 42 % bei den Produkteinführungen und 45 % bei der Einführung eines Berichtswesens. • **Umfassende Einführung des Kontraktmanagements ist nicht der Fall:** Rd. 43 % haben es nicht eingeführt, sehr heterogenes Bild bei den restlichen – mal eingeführt zwischen Rat und Verwaltung, mal zwischen Verwaltungsspitze und Verwaltung. • **Einheitliches Leistungsmanagements des Personals nicht erkennbar:** 62 % haben Mitarbeitergespräche eingeführt, allerdings haben rd. 53 % keine Leistungsprämien und Führungsbeurteilungen; 47 % beurteilen allerdings das Personal.

Studie	Methode	Zusammenfassung
Articus & Wagner 2011	Interviews April bis Juni 2010 mit **186 Vertretern aus Politik und Verwaltung der 213 Städte** (Oberbürgermeister, Stadtkämmerer und Finanzausschussvorsitzende)	• **Verstärkte Bürgerorientierung:** Ausweitung der Sprechzeiten, Einrichtung der Bürgerämter und Bürgerbefragungen sind bei über 50 % eingeführt – rd. 14 % haben ein Qualitätsmanagement. • **Doppik ist Standard:** Mehrheit hat auf Doppik umgestellt oder ist dabei (89 %). • **Rudimentäre Steuerung:** Steuerung mit Zielen und Kennzahlen nur bei wenigen flächendeckend eingeführt (16 %), einfache Mehrheit (46 %) hat es noch nicht umgesetzt; wenn, dann in Produkthaushalten (42 %). Für die strategische Steuerung meist geplant (53 %), ebenso für die Verwaltungssteuerung (41 %). In beiden Bereichen ist es höchstens teilweise umgesetzt (29 % bzw. 44 %). Dementsprechend antworten auch 43 %, dass die Steuerung wie zuvor stattfindet (43 %), nur wenige (22 %) sprechen von einer betriebswirtschaftlichen Steuerung.
Hellenbrand & Levermann 2009	Fragenbogenbasierte Interviews von **48 Landkreisen**, Beantwortung durch Politik oder Verwaltung	• **Umsetzung formaler Feedbacksystemen mittels Berichtwesen:** Zentrales Controlling wurde eingerichtet (69 %) und Berichte werden in 70 % der Verwaltungen regelmäßig zur Verfügung gestellt. • **Einführung von Zielen und Kennzahlen hat begonnen:** Ziele und Kennzahlen werden bei der Budgetplanung überwiegend teilweise berücksichtigt (Ø rd. 47 %), einige verneinen es (Ø rd. 35 %), wenige bejahen dies (Ø rd. 18 %); eine Planung der Personalressourcen findet überwiegend teilweise (rd. 54 %) oder nicht statt (40 %). • **Heterogene Steuerungsversuche:** Eine Steuerung der Verwaltung findet teilweise (rd. 46 %) oder nicht (46 %) statt; eine Steuerung des Konzerns auf Basis von Zielen und Kennzahlen findet überwiegend nicht statt (rd. 77 %); eine Mitarbeiterführung findet nur bei rd. 13 % über Ziele und Kennzahlen statt, bei rd. 27 % nicht und bei 56 % teilweise.

Studie	Methode	Zusammenfassung
Kommunale Gemeinschaftsstelle 2007	Sekundäranalyse der Studie Bogumils (2005)	• **Ratsarbeit:** Kaum Information hierüber (nur 20 % antworteten hierauf). Es gibt Hinweise auf Aufbau von Ratsinformationssystemen. Allerdings keine breite Rezeption des Modells bei der Politik. • **Strategie:** Keine strategische Steuerungsphilosophie nach dem NPM erkennbar. • **Management:** Steigerung der Kundenorientierung, Abbau von Schnittstellenproblemen, Gesamtsteuerung defizitär; insgesamt zahlreiche Reorganisationsmaßnahmen mit daraus resultierender Effizienzsteigerung. • **Steuerung des Ressourcenverbrauchs:** Budgetierung hat sich bewährt und zu Aufwandsreduktion geführt, jedoch nur teilweise Einführung der Steuerungsphilosophie des NPM aufgrund Input-Orientierung, mangelhafter Produktbeschreibungen, keine Bindung der Budgets an Ziel- oder Leistungsvorgaben. • **Verwaltungsleistungen und Qualitätsmanagement:** bisher kein Aufbau eines solchen • **Wettbewerb:** Kommune durch Marktmechanismen „nicht unter Strom", allerdings hohe Akzeptanz der Kennzahlenvergleiche • **Personal:** Höhere Kundenorientierung der Mitarbeiter, kaum strategische Personalentwicklung und gesteigerte Motivation der Mitarbeiter • **Personalführung in den Kommunen:** Verwaltungsleiter sind wichtig zur Verwaltungsmodernisierung und Kommunen haben begonnen, sich hierauf vorzubereiten. • **Kundendimension:** Verstärkte Kundenorientierung hat stattgefunden, ohne aber den Bürger einzubinden. • **Modernisierungsprozess:** Einführung einzelner Elemente, aber nicht vollumfängliche Einführung des neuen Steuerungsmodells

Abbildung 2: Zusammenfassung zum Stand der Umsetzung des neuen Steuerungsmodells in Deutschland (eigene Darstellung)

Problematisch an den Studien sind sicherlich die zu erwartenden Effekte sozialer Erwünschtheit: Durch die Umfrage bei allen Städten und Landkreisen muss das Motiv erwartet werden, bei der Verwaltungsmodernisierung nicht rückständig wirken zu wollen, weswegen eine Verzerrung der Antworten zugunsten einer verstärkten Umsetzung zu bedenken ist. Ein Anzeichen hierfür sind etwa die bei Bogumil (Bogumil, Grohs & Kuhlmann 2006) anzutreffenden, relativ hohen Häufigkeiten bei der Antwortalternative „teilweise", die schwer bewertbar sind. Von einer ganzheitlichen Evaluierung kann von daher nur bedingt gesprochen werden, eher von einer deskriptiven Abfrage der derzeitigen Stimmungslage zum neuen Steuerungsmodell und zu dem, was man berichten „will".

Die Studien zeigen aber auch, dass unter dem Begriff des neuen Steuerungsmodells ein Wandel im öffentlichen Sektor, vor allem bei den Kommunalverwaltungen, in Deutschland stattgefunden hat. So berichteten im Jahr 2005 nur 7,7 % von einer vollständigen Umsetzung der kaufmännisch geprägten doppelten Buchführung (Bogumil, Grohs & Ohm 2005:10), während im Jahr 2011 bereits 54 % der Städte dies umsetzen und 35 % die Umsetzung begonnen haben (Articus & Wagner 2011:21). Zudem haben 60 % der befragten Kommunen die Budgetierung und 59 % die dezentrale Fach- und Ressourcenverantwortung eingeführt (KGSt 2007:37). Trotzdem schätzten 2010 nahezu alle Verwaltungen die Datenverfügbarkeit von Kennzahlen als „ausbaufähig oder mangelhaft" (Articus & Wagner 2011:14) ein. Eine Mitarbeiterführung über Ziele oder Kennzahlen findet nur bei 12,5 %, bei 56,2 % „teilweise" statt. Dementsprechend kritisch sieht das Resümee der Verwaltungen bezogen auf die Arbeit mit Zielvorgaben aus:

> „Die Verwaltungspraktiker bekommen die Auswirkungen der ungeklärten Zielbeziehungen in ihrer täglichen Arbeit zu spüren. Insbesondere erhöhter Kommunikationsbedarf vom Konfliktgespräch bis zum ‚Diskussionsmarathon' erschwert Entscheidungen und belastet die Zielerreichung sogar so weit, dass diese unmöglich sind" (Hellenbrand & Levermann 2009:18).

Damit ist die im Steuerungsmodell suggerierte Idealvorstellung des Controllers als Navigator, der den Geschäftsführer als Steuermann des Schiffs bei der Reise unterstützt (KGSt 1994:16), nur zum Teil eingetreten. Um in der Metapher zu bleiben: Es scheint so, dass die Mannschaft mehr Daten über das Schiff zur Verfügung hat, und diese auch punktuell nutzt, ohne dass sich aber die grundsätzliche Art und Weise, wie man das Schiff lenkt, verändert hätte. Besonders auffällig ist die kaum vorhandene Umsetzung der Ziel- und Kennzahlenarbeit in den Bereichen Jugend- und Sozialhilfe. Schwierigkeiten bei der Zielformulierung, eine mangelnde Gesamtsicht, Ressortegoismus, Schwierigkeiten bei der Auswahl und Beschreibung der Messgrößen sowie fundamentale Akzeptanzprobleme (Hellenbrand & Levermann 2009:19–21) erschweren die Umsetzung.

Die Gründe sind zahlreich. Einige deutsche Autoren betonen aus einer verwaltungswissenschaftlichen Makroperspektive heraus die Besonderheiten des öffentlichen Sektors und weisen auf die Grenzen der Übertragbarkeit des Konzepts „vor dem Hintergrund der deutschen Verwaltungskultur, des Verwaltungsrechts und der politischen Zusammenhänge" (Machura 2005:29) hin: Der Managementlehre fehle das Verständnis für die Besonderheiten des politisch-administrativen Systems (Bogumil & Jann 2009:293). Trotzdem lehnen die meisten Autoren die Leistungsmessung im öffentlichen Sektor nicht grundsätzlich ab. Sie plädieren aus einer Mesoperspektive heraus dafür, dass die managementorientierten Ansätze noch stärker als bisher an die jeweiligen Bedingungen in den Organisationen vor Ort angepasst werden (Kroll & Küchler-Stahn 2009:487; Jann 2005:83; Reichard 2004:352). Eher aus einer Mikroperspektive heraus benennen umsetzungsorientierte Beiträge die praktischen Schwierigkeiten bei der Umsetzung des Konzepts. Bovaird etwa fasst diese Probleme zusammen und benennt unter anderem das Desinteresse der Politik, die Widersprüchlichkeit und Vagheit der Ziele sowie die gegensätzlichen Machtinteressen (Bovaird & Löffler 2003:133).

Diese heterogene und plurale Implementationslandschaft des NPM in Deutschland ist im SGB II mit der Gesetzesnovelle § 48 SGB II eine andere: Alle 226 Jobcenter schließen Zielvereinbarungen ab und berichten über die Entwicklung ihrer Kennzahlen. Auf diesem Weg soll „die Leistungsfähigkeit des Systems durch einen öffentlichen Kennzahlenvergleich und eine Steuerung über Ziele verbessert werden", wie der laut § 48 SGB II zuständige Bund-Länder Ausschuss die Gesetzesintention durch den Beschluss vom 13.7.2011 präzisierte (Bund-Länder-Ausschuss nach § 18c SGB II 2011:2). Leistungsmessung hat in der Arbeitsverwaltung durchaus Tradition: Hier werden, im Gegensatz zu anderen Bundesverwaltungen, seit vielen Jahren „systematisch und umfassend" (Proeller & Siegel 2009) Daten gesammelt. In der Folge haben die NPM-Reformen für Führungskräfte in der Arbeitsverwaltung im Vergleich zu Führungskräften aus anderen Teilen des öffentlichen Sektors eine höhere Relevanz für ihre Verwaltungspraxis: Sie erheben und nutzen eher Leistungsindikatoren für unterschiedliche Aspekte ihrer Arbeit (Hammerschmid & Görnitz 2016:45).

Mit der Anwendung des angelsächsisch geprägten Performance Managements, der Fokussierung auf quantitative Ziele und der gesetzlichen Verpflichtung aller Grundsicherungsträger auf diese Zielvorgaben gehören die Abschnitte der § 48a und b SGB II, neben der Einführung im SGB III, zu den umfassendsten Einführungen von Instrumenten des NPM in einen Zweig des deutschen Sozialstaats. Der § 48 SGB II ist zudem ein hervorstechendes Fallbeispiel für die Einführung des NPMs im öffentlichen Sektor in Deutschland.

6. Street Level Bureaucrats als politikwissenschaftliche Methode

Die Aufgabe der Zielerreichung wird nicht abstrakt auf der Leitungsebene der Jobcenter erfüllt. Stattdessen liegt der Druck zur Zielerreichung konkret bei den Umsetzern in der täglichen Klienten- und Arbeitgeberinteraktion. In der Implementationsforschung betonen die „Bottom-up"-Theoretiker die Bedeutung dieser Dienstleistungserbringer im Policy-Implementationsprozess (Matland 1995:146). In Anlehnung an Birkland (2011:9) versteht diese Studie unter einer Policy die Absicht einer Regierung, ein öffentliches Problem mittels bestimmter, ihr zur Verfügung stehender Instrumente, etwa eines Gesetzes, einer Regulierungsmaßnahme oder einer Subvention, zu regeln.

Ein besonders bekannter theoretischer Ansatz innerhalb dieser Schule ist der von den Politikwissenschaftlern Michael Lipsky und Jeffrey Prottas geprägte Ansatz der „Street Level Bureaucracy" (Lipsky 2010; Prottas 1978), der sich im Bereich der politikwissenschaftlichen Implementationsforschung fest etabliert hat (Hill & Hupe 2010; Meyers & Vorsanger 2007). Unter Street Level Bureaucrats werden demnach Menschen im öffentlichen Dienst oder Sektor verstanden, die im Rahmen ihrer Arbeit direkt mit Bürgern interagieren und dabei über ein erhebliches Ermessen bei der Durchführung ihrer Tätigkeit verfügen (Lipsky 2010:3). Ursprünglicher Ausgangspunkt dieses Ansatzes ist die Frage, inwieweit das Handeln US-amerikanischer Polizisten rassistisch motiviert oder vielmehr Produkt der spezifischen Arbeitsumstände von Menschen im öffentlichen Sektor mit erheblichem Ermessen ist. Von dieser Fragestellung ausgehend, entwickelte sich ein breiter, angelsächsisch dominierter Forschungszweig: Hierauf weisen allein die 7.148 Zitate von Lipskys Klassiker (Lipsky 2010) bei einer Literaturrecherche mittels „Google Scholar" (Stand: 12.3.2013) hin. Der Ansatz ist in unterschiedlichen Kontexten des öffentlichen Sektors angewendet worden, etwa im Gesundheitswesen (Kimberley, Morrisey & Topping 2006), im Pflegesektor (Kirpal 2004), Schulen (Kelly 1994), in der Arbeits- (Osiander & Steinke 2011) und Sozialverwaltung (Taylor & Kelly 2006) und in allgemein öffentlichen Serviceorganisationen (Hasenfeld & Abbott 1992).

Street Level Bureaucrats üben per definitionem Ermessen aus. Durch die Notwendigkeit, Ermessen auszuüben, sind SLB keine passiven Empfänger zentraler Vorgaben „von oben" (Brodkin 2008:321; Meyers & Vorsanger 2007:246). Sie sind „Policy-Makers" (Lipsky 2010:13), aktive Gestalter am Ende der Politik-Implementationskette; SLB bewerten und entscheiden eigenständig aufgrund der spezifischen Struktur professioneller Arbeit (Klatezki 2005:264; Messmer & Hitzler 2007:67). Der Staat hat sich eine Akteursgruppe herausgesucht, die aufgrund der besonderen Struktur ihrer Arbeit besonders schwer steuerbar ist.

Der Zugang über SLB als Umsetzer von Gesetzen gibt Aufschluss darüber, was nach der Formulierung einer Policy umgesetzt wird. Deswegen beschäftigen sich Sozial- und Politikwissenschaftler mit dieser Akteursgruppe und damit, was Einfluss auf deren Ermessen hat (Hill & Hupe 2010:150). Der Zugang über Street Level Bureaucrats ist ein politikwissenschaftlicher Blickwinkel auf die Frage, wie von Seiten des Staates die Staat-Klienten-Interaktion im Alltag tatsächlich konstruiert wird.

7. Erkenntnisinteresse und Forschungsfragen

Erkenntnisinteresse dieser Studie ist es grundsätzlich, herauszufinden, was passiert, wenn Zielvorgaben in einer Sozialverwaltung eingeführt werden. Sie will einerseits herauszufinden, was auf der individuellen Ebene der SLB passiert ist, nachdem sich die Rahmenbedingungen ihrer Arbeit über die Einführung des § 48 SGB II verändert haben. Andererseits stellt sich die Frage, was diese Ergebnisse für das Bemühen des Staates insgesamt bedeuten, sich über die Einführung dieser Instrumente aus dem NPM bezüglich des Problems der Arbeitslosigkeit zu relegitimieren.

Um dieses Forschungsziele zu erreichen, werden in den nachfolgenden Kapiteln folgende **Forschungsfragen** beantwortet:

1. Wie gehen Street Level Bureaucrats damit um, dass durch die Umsetzung des § 48a und b SGB II mittels quantitativer Zielvorgaben die Jobcenter für die Arbeitsmarktintegration ihrer Klienten verantwortlich gemacht werden?
2. Welche Arbeitsidentitäten emergieren aus der Auseinandersetzung der Street Level Bureaucrats mit den veränderten Rahmenbedingungen?
3. Was bedeuten die empirischen Erkenntnisse für die Legitimität des modernen Staates bei der Lösung des Problems der Arbeitslosigkeit?

Die empirischen Fragen fokussieren sich auf SLB und deren individuelle Strategie hinsichtlich der veränderten Rahmenbedingungen. Dementsprechend ist jeder SLB und seine Arbeitsidentität wie auch seine Strategie ein einzelner Fall. Um dieses Phänomen ganzheitlich zu verstehen, wurde für die Studie ein qualitatives Vorgehen gewählt. Das qualitative Interview ist besonders gut geeignet, um die Wahrnehmung und das Verständnis von Individuen zu erfassen (Kvale 2007:9). Um aber die Arbeitsidentität nicht allgemein, sondern auf die Strategie in Bezug auf Zielvorgaben zuzuspitzen, wurde mit dem problemzentrierten Interview (Witzel 2000) ein Erhebungsverfahren gewählt, das mit Hilfe standardisierter Stimuli, in diesem Fall die Zielvorgaben für Hessen aus dem Jahr 2013 (Anlage 7), Erzählungen über die Interaktion generiert. Die Interviews, und damit die Daten waren dabei aber nicht Bewertungen von Situationen der SLB selbst, sondern vor allem Erzählungen über Interaktionen mit Klienten, Arbeitgebern und Peergruppen aus Sicht des SLB. Nur durch diese Erzählungen über Interaktionen konnten die jeweiligen Strategien des SLB durch den Autor konstruiert werden.

Für diese Studie wurden insgesamt 21 Fälle erhoben, transkribiert und analysiert. Um zu vermeiden, dass es nur zur Erhebung von Daten aus einem Team oder einem Jobcenter kommt, wurden SLB aus vier unterschiedlichen Jobcentern in Hessen interviewt. Die Daten wurden dann mit Hilfe von MAXQDA analysiert, indem sie im Sinne der Grounded Theory codiert wurden.

Mit dem Vorgehen und der Beantwortung dieser drei Fragen ist das Ziel verbunden, Beiträge zum Verständnis der Situation in Sozialverwaltungen auf drei Ebenen zu genieren: zum einen auf der individuellen Ebene der SLB-Klienten-Interaktion, wie sich SLB in der „Black Box" (Baethge-Kinsky, Bartelheimer & Henke 2007) ihr Ermessen in der Dienstleistungsinteraktion konstruieren; zum anderen auf der Ebene SLB-Organisation, denn Wandel durch Performance Management wird zunehmend nicht als statischer „Von oben nach unten"-Prozess, sondern als dynamische Interaktion innerhalb einer Organisation (Paton 2006:223) oder als „mikropolitische Aushandlungsprozesse" (Schridde 2005:219) zwischen Mitarbeiter und mittlerem Management gesehen (Paton 2006:223), die der Kommunikation bedürfen (Freimuth, Hauck

& Trebesch 2003:31); schlussendlich auf der Makroebene, was die empirischen Erkenntnisse für die Legitimität des modernen Staates bezogen auf das Thema Arbeitslosigkeit bedeuten.

8. Forschungsergebnis und dessen Bedeutung

Die empirische Erhebung und die Analyse konnten zeigen, dass SLB, die das SGB II umsetzen, die Zielvorgaben wahrnehmen und sich im Arbeitsalltag dieser Zielvorgaben bewusst sind. Allerdings ist das Wissen über Zielvorgaben oberflächlich, die für SLB eher eine weitere Organisationsregel unter vielen darstellen und die zudem im Alltag durch eigene Konstruktionen der Erfolgsmessung ergänzt werden. Insofern kann nicht von einem radikalen, sondern von einem inkrementellen Wandel der Rechenschaftspflicht gesprochen werden.

Das Spannungsfeld zwischen der radikalen Veränderung der Rechenschaftspflicht aus dem NPM und dem wahrnehmbaren inkrementellen Wandel halten SLB dadurch aus, dass sie sieben Ventile der Druckregulierung entwickelt haben, die sie in die Lage versetzen, jederzeit in Abhängigkeit von Situation und Klient darlegen zu können, warum sie für die vollumfängliche Verantwortlichkeit der Arbeitsmarktintegration der ihnen zugewiesenen Klienten nicht verantwortlich gemacht werden können.

Unterhalb dieser generell anzutreffenden Strategie, die bei allen SLB nachgewiesen werden konnte, unterscheiden sich SLB in ihrem Umgang mit Zielvorgaben anhand der beiden Achsen „Ziele und Kennzahlen als professionelle Normen" mit den beiden Dimensionen „Internalisierung versus Externalisierung" sowie „Zusammenhang zwischen Aktivität und Wirkung" mit den beiden Dimensionen „hoch versus niedrig". Aus diesen beiden Achsen wurden die vier Typen konstruiert, welche die unterschiedlichen Strategien auf Zielvorgaben darlegen: der prozessorientierte, der verschreckte, der bemühte und der steuernde SLB.

Das bedeutet, dass der Staat durchaus erfolgreich die Gesetzesumsetzer des SGB II auf das Ziel Arbeitsmarktintegration gewonnen hat. Allerdings haben SLB unter den Bedingungen der quantitativen Zielvorgaben gelernt, den Druck mit den Ventilen ablassen und so regulieren zu können. Zudem haben SLB in der Regel ein geringes Vertrauen darin, dieses Ziel erreichen zu können. Damit entsteht ein Legitimationsproblem für den Staat, da sich die Umsetzer nicht, wie vorgesehen, gleichermaßen und intensiver auch um aussichtlose Fälle kümmern. Auf der organisatorischen Ebene fehlen mit dieser nur begrenzten Annahme des Konzepts der Zielvorgaben die notwendige Information und Kommunikation zwischen strategischem, mittleren Management und SLB. Die gesamtstaatliche Legitimitätsproduktion über die Zielvorgaben ist damit ein Stück weit ins Stocken geraten.

In der Folge empfiehlt diese Arbeit der gesetzesformulierenden Ebene, sich am Gesundheitswesen zu orientieren und unter den erwünschten Bedingungen der Zielorientierung die Legitimität nicht nur durch Rechtsanwendung, sondern auch durch Wissensanwendung zu erweitern. Das bedeutet die Ausweitung wirkungsorientierter Forschung und Entwicklung professioneller Standards. In der Medizin werden solche forschungsbasierten Leitlinien von Fachgesellschaften verabschiedet und im Berufsstand des Arztes verpflichtend angewendet.

9. Gliederung der Studie

Das nachfolgende **Kapitel I** orientiert sich an dem formulierten Erkenntnisinteresse und daran, was insbesondere zwei theoretische Ansätze zur Analyse der Situation beitragen können: die SLB-Theorie und das Konzept der interaktiven Arbeit. Zunächst wird mit Hilfe der SLB-Theorie der sozialwissenschaftliche Ermessensbegriff definiert. Im Anschluss wird die Funktion des Ermessens für SLB im Politik-Implementationsprozess herausgearbeitet. Danach diskutiert die Studie, mit welchen Gruppen SLB interagieren und wie das Ermessen von diesen Gruppen beeinflusst wird. Im Anschluss werden die Erkenntnisse jüngerer qualitativer Beiträge vorgestellt, welche die Bedeutung von Normen, Werten und Arbeitsdispositionen und deren Einfluss auf das Ermessen betont haben. In einem Exkurs werden dann unterschiedliche sozialwissenschaftliche Konzepte der Arbeitsdispositionen vorgestellt und begründet, warum sich diese Studie für das Konzept der Arbeitsidentität entscheidet. Mit dieser Vorgehensweise kann bereits eine Antwort aus Sicht der SLB-Theorie gegeben werden: SLB versuchen an ihren bewährten Arbeitsidentitäten festzuhalten und leisten Widerstand auf veränderte Kontrollen über Zielvorgaben. Dieses Argument übernimmt diese Studie nicht uneingeschränkt. Stattdessen wird mit der Anwendung der Theorie der interaktiven Arbeit die Herausforderung herausgearbeitet, die für SLB durch die Einführung von Zielen entstehen. Das sich anschließende Kapitel gibt Aufschluss über den aktuellen Wissensstand zu Arbeitsidentitäten von SLB in deutschen Arbeitsverwaltungen. Aus diesen drei Diskussionssträngen des **Kapitels I** werden zum Schluss fünf Annahmen getroffen, was die Studie vor dem Hintergrund des diskutierten Forschungsstands in der Empirie erwartet.

Das **Kapitel II** stellt die Forschungsmethode vor. Zunächst wird begründet, warum eine qualitative Fallstudie gewählt wurde. Danach wird dargelegt, wie die Teilnehmer ausgewählt wurden und welche soziodemografischen Merkmale das Sample hatte. Danach folgt die Darstellung der Form und der Durchführung der Datenerhebung. Im anschließenden Kapitel wird berichtet, wie die Daten analysiert wurden. Im Anschluss berichtet die Studie über ihre Maßnahmen zur Einhaltung ethischer Standards. Im anschließenden Kapitel werden die Grenzen der Studie reflektiert.

Im **Kapitel III** wird über die Forschungsergebnisse berichtet. Zunächst wird dargestellt, wie SLB die Zielvorgaben wahrnehmen. Im Anschluss daran wird deren Strategie der Druckregulierung in ihren sieben Varianten dargelegt. Diese Strategien konnten bei allen SLB festgestellt werden. Allerdings unterschieden sich die Arbeitsidentitäten der SLB bezüglich Zielvorgaben. Diese wurden anhand einer Typologie konstruiert, die im Anschluss dargestellt werden.

Das **Kapitel IV** diskutiert die Forschungsergebnisse und deren Bedeutung für das Bemühen des Staates, sich über die eingeführten Zielvorgaben zu legitimieren. Zum Schluss werden **im Kapitel V** auf Basis dieser Diskussion Empfehlungen für Praxis und Forschung gegeben.

Kapitel I: Forschungsstand

1. Ermessen, Street Level Bureaucrats und das SGB II

1.1. Rechtliche und sozialwissenschaftliche Konstruktion des Ermessens

Ermessen hat eine verwaltungsrechtliche und eine sozialwissenschaftliche Dimension. Rechtlich räumt der Gesetzgeber über Modalverben wie „können", „dürfen" oder „sollen" in den Gesetzen ein Ermessen ein, „weil dieser nicht in der Lage ist, die Maßnahmen der Verwaltung [...] im Voraus hinreichend bestimmt festzulegen. Das Handlungsermessen erlaubt situationsgerechte und [...] (einzelfall)-gerechte Entscheidungen" (Bull 1991:158–159). Die Subsumption von Sachverhalten, Fällen und Klienten unter Gesetze, Programme und Organisationsregeln ist die verwaltungsrechtliche Ausübung des Ermessens durch die Sachbearbeiter in der Verwaltung (Behrend 2007:102). Diese Auslegung findet auch im SGB II auf Grundlage des Gesetzeszwecks und der gesetzlichen Zielvorstellungen statt (Münder & Armborst 2007:47). Sie ist Schwerpunkt der Ausbildung an Verwaltungsfachhochschulen. So findet etwa an den Verwaltungsfachhochschulen in Hessen 52 % der Ausbildung im Bereich Rechtswissenschaften statt (HfPV 2013a:13). Hierbei erlernen die Studenten, eigenständig Bescheide zu verfassen, Widersprüche zu bearbeiten und Widerspruchsentscheidungen zu erstellen (HfPV 2013b:29). Rechtliche Ermessensausübung ist die klassische Tätigkeit eines Verwaltungsmitarbeiters.

Die sozialwissenschaftliche Diskussion um das Ermessen geht zunächst von ähnlichen Annahmen aus. Sie betont ebenso, dass Verwaltungsmitarbeiter auf Basis von Gesetzen eigenständig unter mehreren und häufig widersprüchlichen Regeln frei auswählen können und entscheiden müssen (Handler 1992:276; Simon 1997:72–77; Maynard-Moody & Musheno 2000:339). So entstehen für die Verwaltungsmitarbeiter Handlungsspielräume (Behrend & Ludwig-Mayerhofer 2008:46). Ermessen ist Bestandteil des professionellen Handelns (Evans 2011:369-371) in Sozialverwaltungen (Brodkin 2008:317), das auf Basis von Kompetenzen (Evetts 2011:410) und mit Hilfe von Fachwissen (Weber 2006:225) ausgeübt wird. Rechtsstaatliches Handeln verlangt von der Verwaltung in ähnlich gelagerten Fällen ähnliche Verwaltungsentscheidungen, damit alle gleich behandelt werden. Um dies zu gewährleisten, schränken gesetzliche und hierarchische Regeln das Ermessen ein (Bull 1991:160; Weber 2006:220; Simon 1997:9; Maynard-Moody & Musheno op. 2003:4).

Einigkeit zwischen der rechts- und der sozialwissenschaftlichen Konstruktion des Ermessens besteht in der eingeräumten, eingeforderten und wiederum eingeschränkten Entscheidungsnotwendigkeit und -freiheit seitens des Gesetzgebers und der Organisation der handelnden Verwaltungsmitarbeiter. Allerdings geht es beim sozialwissenschaftlichen Ermessensbegriff nicht nur darum, dass diese Einschränkung notwendig ist, um das Handeln von Verwaltungen rechtsstaatlich zu legitimieren, sondern auch darum, dass SLB dieses Ermessen benötigen, um die wesentlich größere Anzahl an Variablen bei Verwaltungsentscheidungen überhaupt angemessen berücksichtigen zu können. Damit schrumpft die rechtliche Dimension in den Sozialwissenschaften auf einen Aspekt. Wenn man eine Metapher aus dem Autoverkehr anwendet, so ist das Ermessen in den Rechtswissenschaften nur eine Verkehrsregel, während es im sozialwissenschaftlichen Sinne dazu noch Auto und Benzin ist. Der sozialwissenschaftliche Ermessensbegriff rückt die funktionelle Bedeutung des Ermessens für den Verwaltungsmitarbeiter in den Vordergrund. Ermessen bedeutet im sozialwissenschaftlichen Sinne auch immer handeln und entscheiden, während die Rechtswissenschaften darunter vor allem subsumieren und bescheiden verstehen. Diese enge Auslegung des Ermessensbegriffs verkennt die Bedeutung des Ermessensbegriffs für die Mitarbeiter der Sozialverwaltung. Denn nur mit dem Ermessen können SLB Regeln, Ressourcen und soziale Interaktionen ausbalancieren oder managen. Die Funktion des Ermessens ist in der nachfolgenden Abbildung 3 dargestellt.

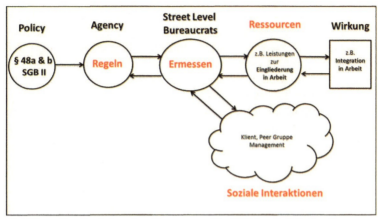

Abbildung 3: Funktion des Ermessens für SLB im Politik-Implementationsprozess
(eigene Darstellung in Anlehnung an Riccucci 2005:6)

1.2. Management der Regeln

In Bürokratien „besteht das Prinzip der festen [...] Regeln" (Weber 2006:1046). Eine Regel ist eine generelle Aussage, die vorschreibt, wie bestimmte Verhaltensweisen ausgeführt werden sollen (Wilson 1989:339). Ohne Regeln kann es keine Politik-Implementation geben. Unter Politik-Implementation versteht man Aktivitäten von privaten oder öffentlichen Akteuren, die dazu dienen, Ziele vorgelagerter politischer Entscheidungen zu erreichen (van Meter & van Horn 1975:447). Die im Bundestag verabschiedeten Gesetze müssen in Behörden in technische Regeln für den Verwaltungsmitarbeiter überführt werden. Dieser wird dann auf die Anwendung hin geschult (Weber 2006:220–222). Die übertragenen Aufgaben im Rahmen des Gesetzes werden durch Fachvorgesetzte mittels hierarchischer Autorität innerhalb der Agency anhand funktioneller Linien auf die SLB aufgeteilt und wertfrei umgesetzt (Simon 1997:267; Weber 2006:1047). Henry Mintzberg hat diese Organisationsstruktur in Anlehnung an die industrielle Revolution als „maschinelle Bürokratie" bezeichnet und als spezialisiert, routiniert, formalisiert, funktionalisiert und hierarchisiert charakterisiert (Mintzberg 2004:265–266). Das ist das Ideal der Politik-Implementation der modernen Verwaltung. In diesem Verständnis sind SLB kleine Rädchen in einem großen Implementationsgetriebe, in dem das Ermessen mit der festgelegten Regelanwendung gleichzusetzen ist: für jede Situation gibt es eine Regel auf Basis von Gesetzen. Mehr Regeln bedeuten folglich weniger Ermessen (Wilson 1989:342; Taylor & Kelly 2006:642; Kelly 1994:124–138; Evetts 2011:408).

Regeln innerhalb einer umsetzenden Behörde sind allerdings alles andere als eindeutig. Legislative Ziele werden im öffentlichen Sektor wenig eindeutig, teils widersprüchlich, teils vage formuliert (Matland 1995:155). Dies hat zur Konsequenz, dass den Umsetzern eine Prioritätensetzung fehlt, die deutlich macht, welche Ziele nachrangig oder prioritär sind (Wilson 1989:33; Lipsky 2010:29). So ist im SGB II als Ziel einerseits die „[...] Beendigung oder Verringerung der Hilfebedürftigkeit insbesondere durch Eingliederung in Arbeit" benannt. Auf der anderen Seite formuliert der Gesetzgeber „die Sicherung des Lebensunterhalts" (§ 1 SGB II, Abs. 2 Satz 1 ff.) als Ziel. Damit entsteht ein Spannungsfeld zwischen der normativ politischen Forderung nach einer Eingliederung in Arbeit, die bei Nichteinhaltung eine Minderung der Geldleistung bedeuten würde, neben einem eher am Fürsorgeprinzip orientierten sozialpolitischen Auftrag. Solche Ambiguitäten kompensieren SLB im Verwaltungsalltag mit ihrem Ermessen.

Es existiert zudem eine Regelparallelität. Bereits Weber definierte als Voraussetzung für Verwaltungsmitarbeiter eine Fachqualifikation, Fach- und Dienstwissen (Weber 2006:222–225). Mit dem Fachwissen gesteht er zu, dass auch organisationsexterne Definitionen Grundlage von legitimem Handeln sein können (Lipsky 2010:309). Hierdurch eröffnet er Verwaltungsmitarbeitern eine Art intraprofessionellen Ermessensspielraum: Es gibt ihnen die Möglichkeit, unterschiedliche Definitionen des korrekten Handelns anzuwenden. Im SGB II kommt die Profession der Sozialarbeit ebenso in Frage (Lutz 2008:5–7; Buestrich & Wohlfahrt 2008:17) wie die des Verwaltungsmitarbeiters mit den Studiengängen der angewandten Verwaltungswissenschaften oder die sich nun etablierenden Zertifikatslehrgänge des SGB II Fallmanagers. Zusätzlich existieren rechtlich bindende Regeln auf der Basis von Gesetzen, Rechtsverordnungen, Gerichtsurteilen und Richtlinien und bundesweit rechtlich nicht bindende Regeln in Form von

Arbeitshilfen zu Schwerpunktthemen (MAGS 2008), Hilfen zur Gesetzesauslegung durch den Deutschen Landkreistag (DLT 2008) und ein Integrationskonzept der Bundesagentur für Arbeit (Bundesagentur für Arbeit 2013). All diese rechtlich bindenden und nicht-bindenden Regeln sind für Jobcenter und SLB notwendige, relevante und mögliche Regelquellen zur Beantwortung der Frage, was normativ sinnvoll sein kann zur Umsetzung des Gesetzes. Die Vielzahl von Quellen auf der einen und die Vielzahl von Einzelfällen auf der anderen Seite bedeuten allerdings eine permanente Imperfektion der Regelanwendung. SLB müssen Ermessen ausüben können, um einen letztendlich immer verbleibenden Restanteil an Ungeklärtem im Alltag paradoxerweise regelkonform abwickeln zu können. SLB bewegen sich weg vom passiven Empfänger von Organisationsregeln zum agierenden Subjekt bei der Auswahl, Bewertung und Anwendung von Regeln mittels Ermessen. Im Kern ist das die professionalisierte Bürokratie von Mintzberg, die sich auf die Standardisierung der Fähigkeiten und weitgehend kollegiale Autonomie der Akteure beschränkt (Mintzberg 2004:266). Wie diese Ausführungen zeigen, können mehr Regeln auch mehr Ermessen bedeuten (Lipsky 2010:14).

Unabhängig davon, ob mehr Regeln weniger oder mehr Ermessen bedeuten, gilt festzuhalten: SLB benötigen das Ermessen zur Bewältigung des Einzelfalls. Je mehr SLB einen typischen, normalen Vorgang ausüben, desto mehr ist ihr Ermessen bürokratischer Natur. Je komplexer und atypischer ein Fall ist, desto professioneller ist das Ermessen. In beiden Fällen handeln SLB innerhalb und außerhalb einer Regel, denn sie werden sich stets im Konflikt mit irgendeiner Regel befinden. Freiheit und Unsicherheit sind so zwei Seiten derselben Medaille: SLB haben so die Chance, ihr Handeln jederzeit legitimieren zu können über eine Regel.

1.3. Management der Ressourcen

SLB entscheiden auf einer rechtlichen Grundlage. Die Entscheidung hat in der Regel eine wirtschaftliche Konsequenz. Dies wird einerseits bei der Definition von Street Level Bureaucracies deutlich, denen ein „[...] wide discretion over the dispensation of benefits [...]" (Lipsky 2010:xi) zugestanden wird. Andererseits, wenn im SGB II die Feststellung der Hilfebedürftigkeit durch den SLB bedeutet, dass Geld- und Sachleistungen auszuzahlen sind, solange die Hilfebedürftigkeit nicht beseitigt ist. Diese Entscheidung ist ein sogenanntes Entschließungsermessen, also *ob* die Voraussetzungen zur Anwendung des SGB II erfüllt sind, wenn der „[...] Lebensunterhalt nicht oder nicht ausreichend aus dem [...] Einkommen oder Vermögen" (Münder & Armborst 2007:47) bestritten werden kann. Nach einer Einkommens- und Vermögensprüfung subsumiert der SLB den Sachverhalt und fällt hierauf eine dichotome Entscheidung, „ja" oder „nein", und erstellt einen Bescheid. Durch die im § 46 geregelte Finanzierung der Grundsicherung ist der Bund für die Regelleistungen zuständig nach § 20 SGB II. Dies eröffnet dem SLB die Möglichkeit, eine bürokratische Entscheidung im Weberschen Sinne zu treffen, also allein auf Grundlage seines Fachwissens, da die wirtschaftlichen Ressourcen von Seiten des Grundsicherungsträgers nicht begrenzt sind. Für diese Ermessensausübung gilt eine weitgehende Entkoppelung des Rechts von der Ökonomie.

Komplexer hingegen sind die Entscheidungen bei den Leistungen zur Eingliederung in Arbeit nach § 16 Abs. 1 SGB II. Das sind Eingliederungsmittel, also Leistungen zur Förderung oder Beendigung der Hilfebedürftigkeit (Münder & Armborst 2007:251). Sie bilden zusammen mit den Verwaltungsmitteln das Gesamtbudget, das nach § 46 SGB II jährlich pauschalisiert wird. So verkündete beispielsweise das Bundesministerium für Arbeit im Dezember 2013, veröffentlicht im Bundesanzeiger per Verordnung, die Höhe der zur Verfügung stehenden Mittel für das Jahr 2014 und legte darin die Verteilungsmaßstäbe fest. Demnach haben die mit der Umsetzung Beauftragten begrenzte Ressourcen für eine bestimmte Zeit zur Verfügung, um die Rechtsansprüche in einem ihnen zugewiesenen geografischen Gebiet zu befriedigen. Dieses Vorgehen nennt sich Budgetierung (Wilson 1989:35). Somit sind die Jobcenter angehalten, effektiv zu handeln. Das heißt, sie bewerkstelligen mit den ihnen zur Verfügung gestellten Mitteln den Rechtsanspruch, unabhängig von der tatsächlichen Entwicklung der Nachfrage oder den Bedürfnissen. Je mehr die Nachfrage steigt, etwa durch einen Anstieg der Arbeitslosigkeit, desto höher steigt der Druck auf die Agency, die Nachfrage an das fixe Angebot anzupassen (Brodkin 2011:263–270). Die Aufgabe besteht nicht darin, Ressourcen unter den Klienten, sondern die Klienten zu den Ressourcen zu verteilen (Prottas 1978:289; Hasenfeld 1992:6; Behrend 2007:107). Das kann man als klassisches Verständnis der finanziellen Ressourcenknappheit in der SLB-Literatur auffassen: „[...] rationing [...] that has the effect of fixing [...] the level of services" (Lipsky 2010:87). Die Managementebene steht somit nach Ansicht von Langer und Pfadenhauer vor der Aufgabe, finanziell-ökonomische und rechtlich-fachliche Kriterien in Einklang zu bringen (Langer & Pfadenhauer 2007:239). Lipsky listet Interventionsmöglichkeiten auf: Klienten müssen warten, Informationen über Ansprüche werden reduziert oder psychologische Hürden werden in Gesprächssituationen aufgebaut, damit Leistungen nicht in Anspruch genommen werden (Lipsky 2010:88–98). Wie sich aus diesen Möglichkeiten zur Reduktion der Nachfrage zeigt, sind diese auf der Interaktionsebene zwischen SLB und Klient zu verorten. Damit liegt die Problemverantwortung „at the top", also auf der Managementebene, die Steuerungsmöglichkeit aber „at the bottom". Für diese Ermessensausübung gilt aus Sicht des SLB eine an ihn delegierte Koppelung des Rechts an die Ökonomie.

Im SGB II und in Verfahrensbeschreibungen wird dieses ökonomische Dilemma weder beschrieben noch aufgelöst – es wird eher negiert. Die rechtlichen Formulierungen suggerieren idealisierte Arbeitsbedingungen für SLB. Das SGB II benennt zwar die Kriterien „Wirtschaftlichkeit" und „Sparsamkeit" im § 14 SGB II. Über ein gedeckeltes und am Jahresende bekanntgegebenes Budget wird allerdings nicht gesprochen. Dagegen ist bei der Bundesagentur für Arbeit die Rede davon, dass beim Integrationskonzept, „der jeweilige, individuelle Unterstützungsbedarf der Kundin [...] die weitere Begleitung und Unterstützung bei der [...] Heranführung an den Arbeitsmarkt [...]." handlungsleitend sind (BA 2013:5–7). Die Problemlagen beim Kunden sollen „schnellstmöglich" beseitigt werden (BA 2013:5–7). Die Handlungsempfehlung propagiert eine maximal klientenzentrierte Sichtweise des Mitteleinsatzes, während der SLB eigenständig eine budgetzentrierte Perspektive bei seiner Entscheidung berücksichtigen muss. Damit delegiert der Träger die Aufgabe, das begrenzte Ressourcenangebot auf die Nachfrage anzupassen, an den einzelnen SLB – stets unter der Prämisse, das Ermessen trotzdem im Einzelfall nicht fehlerhaft auszuüben. Es liegt beim SLB, mit seinen Entscheidungen einen Ausweg aus dem Dilemma zwischen Budgetierung und Anspruch auf Förderbedarf zu finden. Somit delegiert der Gesetzgeber mit der Planung und Bewirtschaftung von Ressourcen sowie der Regulierung von Nachfrage und Angebot (Noordegraaf 2007:776) eine typische Managementtätigkeit an SLB: Sie werden zum Manager ihrer Ressourcen. Die Verwaltungsausbildung konzentriert sich dagegen auf die Rechtsanwendung.

Allerdings stimmt die von Lipsky vertretene chronische Ressourcenknappheit im SGB II nicht uneingeschränkt. Erstens sind die Finanzzuweisungen „gedeckelt". Damit sinkt der Anreiz, langfristige Verpflichtungen für einzelne Hilfebedürftige einzugehen. Zudem können Klienten, die einen Förderbedarf haben, nicht unmittelbar einen Platz zugewiesen bekommen. So vergeht Zeit für die notwendigen Ausschreibungen der Fördermaßnahmen (Deutscher Landkreistag & Deutscher Städtetag 2012). Es entsteht ein „time lag" zwischen erkanntem Förderbedarf und tatsächlichem Erbringen der Leistungen. SLB wägen deswegen ihre Ressourcen nicht nur vor dem Hintergrund der Ressourcenzuweisung, sondern auch vor dem Hintergrund organisatorischer Wirklichkeiten ab.

Zweitens müssen Jobcenter in der kameralen Logik des Bundes nicht verausgabte Leistungen nach § 16 SGB II am Ende des Jahres zur Hälfte wieder an den Auftraggeber, in diesem Fall den Bund, zurücküberweisen. Dadurch entsteht ein Anreiz, die Mittel auch tatsächlich zu verausgaben, um nächstes Jahr mindestens genauso viele Ressourcen zugewiesen zu bekommen. Die rein theoretische Möglichkeit, die Mittel zu behalten, dürfte den Anreiz zur Verausgabung nicht vermindern: Die von Münder kommentierte Annahme, dass der Bund aus nicht verausgabten Mitteln seine Schlüsse ziehen und das Gesamtbudget beim nächsten Mal kürzen könne (Münder & Armborst 2007:604), ist nicht von der Hand zu weisen, weswegen der Effekt, trotz der Gesetzesintention, bestehen bleiben dürfte.

Drittens gibt es meist zeitlich befristete Förderprogramme unterschiedlicher staatlicher Ebenen. Das BMAS listet allein 17 europäische, 12 bundesweite und 21 in den jeweiligen Bundesländern auf (BMAS 2014). Diese wirtschaftlichen Rahmenbedingungen erfordern vom SLB weniger eine statische als vielmehr eine flexible, adjustierte, unterjährig anzupassende Ausübung des Ermessens. Das Ziel und die Wirkung der Ermessensausübung sind demnach nicht immer, das Level an Dienstleistungen fix zu belassen (Lipsky 2010:87), sondern es dem aktuellen Ressourcenstand anzupassen.

Diese drei Aspekte zeigen, dass für die Jobcenter die These Lipskys nur eingeschränkt gilt, wonach Organisation im öffentlichen Sektor chronisch zu geringe Ressourcen haben. Es gibt Phasen von über- und unterdurchschnittlicher Ressourcenbereitstellung, was unterjährige unterschiedliche Anreize an SLB zur Folge hat. Von ihnen wird ein flexibles Ermessen in beide Richtungen, Leistungskürzung und Leistungsgewährung, verlangt. Damit wird das rechtliche Idealmodell Webers nach gleichgelagerten Entscheidungen allein auf Basis gesetzlicher Ansprüche im SGB II weiter unterwandert.

Des Weiteren ist die Ressource „Zeit" begrenzt: Durch die Vielzahl an Klienten bei gleichbleibender Arbeitszeit ist jeder SLB angehalten, sorgsam im Rahmen der zur verfügenden Arbeitszeit die Fälle korrekt zu bearbeiten, um das „Massengeschäft" (Bartelheimer 2008:14) am Laufen zu halten. Es kommt folglich zu Routinen, um die notwendige Beschleunigung der Fallbearbeitung zu erreichen (Schütze 1992:157), wie mit den von Lipsky beschriebenen und vielfach zitierten „Coping Mechanisms". Darunter versteht er, dass SLB im Lauf ihrer Berufserfahrung Vereinfachungen entwickeln, um die Klienten und deren Bedürfnisse in Schubladen einzusortieren, um so die Durchlaufgeschwindigkeit zu erhöhen (Lipsky 2010:12–18). Zu solchen zeitoptimierenden Strategien gehört die Neigung, Entscheidungen anderer SLB, also der Peergroup, ohne nähere Prüfung zu akzeptieren und für die weitere Bearbeitung eines Falls zu übernehmen (Lipsky 2010:114). Das Ermessen versetzt den SLB in die Lage, Schwankungen in den Auslastungsgraden, etwa bei Steigerungen der Fallzahlen der Hilfebedürftigen, über die Beschleunigung der Prozesse zu kompensieren. Diese Praxis geht zu Lasten der Detailgenauigkeit und der Individualität des jeweiligen Falls und Schicksals. Kritisch argumentiert geht es nicht allein darum, das Problem der Arbeitslosigkeit zu beseitigen, sondern solange zu interagieren, bis die passende Variable, das passende Merkmal gefunden ist, mit dem man den nächsten Verfahrensschritt einleiten kann. SLB müssen unter Zeitdruck selbst entscheiden, mit welchem Fall sie sich wie lange beschäftigen. Hierfür ist eine eigenständige Schwerpunktsetzung über das Ermessen Voraussetzung zur Bewältigung des Dilemmas zwischen Klientenzentrierung, also dem Anspruch, jedem „gerecht" zu werden, und den Organisationszielen, der rechtlich korrekten Bearbeitung der zugeteilten Fälle (Lipsky 2010:64; Scott 1997:53) in der zur Verfügung stehenden Zeit: Ermessen ermöglicht den SLB Ressourcenmanagement in einer dynamischen Umwelt.

1.4. Management der sozialen Interaktionen

SLB interagieren mit einer Vielzahl von Personen und Gruppen. Unter einer sozialen Interaktion versteht man „die durch Kommunikation vermittelten wechselseitigen Beziehungen zwischen Personen und Gruppen und die daraus resultierende wechselseitige Beeinflussung der Einstellungen, Erwartungen und Handlungen" (Peuckert 2001:155). Die Literatur diskutiert drei Gruppen, bei denen SLB Ermessen benötigen, um die Interaktion erfolgreich gestalten zu können, und die Einfluss auf das Ermessen selbst haben: Klienten, Peergroups und das mittlere Management.

1.4.1. Die SLB-Klienten-Interaktion

Im Englischen heißt Ermessen „discretion". Umgangssprachlich begegnet einem im Deutschen der Begriff „Diskretion" meist an Schaltern der Post oder von Banken, wo Linien verdeutlichen, dass andere Kunden Abstand halten sollen, damit die Gespräche zwischen dem Kunden und dem Filialangestellten vertraulich bleiben. Dieser schützenswerte Raum verdeutlicht, dass Diskretion zunächst eine bilaterale Beziehung zwischen zwei Personen ist, die vor Dritten zu schützen ist. In der SLB-Diskussion sind das der SLB und der Klient. Dieser diskrete Freiraum existiert auch in Arbeitsverwaltungen, wie unter anderem May und Winter bei ihrer Studie zur Umsetzung der dänischen Arbeitsmarktpolitik feststellten (May & Winter 2009:). Politik und das Management geben den Kontext der Interaktion vor, während deren Einfluss auf die SLB-Klienten-Interaktion als gering bewertet wird (Kimberley, Morrisey & Topping 2006:223; May & Winter 2009:469; Riccucci 2005:74). Es spricht also einiges dafür, dass die SLB-Klienten-Interaktion in der Tat „[...] einer der Schlüsselprozesse der Arbeitsmarktpolitik" (Behrend & Ludwig-Mayerhofer 2008:6) sind.

Diese Interaktion ist beiderseits zielgerichtet. Idealisiert ist es das Ziel des SLB, in dieser Beziehung sein Entschließungs- und Auswahlermessen auszuüben. Beim klassisch-dichotomen Entschließungsermessen vollzieht der SLB die gesetzliche Bedürftigkeitsprüfung und benötigt hierfür Unterlagen vom Bürger. Hier vollzieht der SLB die klassische Rechtsanwendung vor allem bei der Prüfung der Leistungen zum Lebensunterhalt mit dem erlernten und angewendeten Handwerkszeug der juristischen Gesetzesauslegung. Weniger eindeutige Entscheidungen treffen SLB beim Auswahlermessen, das vor allem bei den Leistungen zur Eingliederung in Arbeit ausgeübt wird. Der § 14 SGB II weist den Trägern die Aufgabe zu, die „für die Eingliederung in Arbeit erforderlichen Leistungen" durch einen persönlichen Ansprechpartner zu erbringen. Hier eröffnet das Kriterium der „Erforderlichkeit" den durch den einzelnen SLB handzuhabenden Ermessensspielraum. Dabei geht es weniger darum, „ja" oder „nein" zu einem gesetzlich definierten Anspruch auf Leistungen zu bescheiden. Hier müssen SLB einen Einzelfall, eine Person vor dem Hintergrund der Leistungen der Organisation und der Bedingungen des Arbeitsmarkts bewerten – eine Ermessensentscheidung im Sinne Lipskys über Art, Anzahl und Qualität der Leistungen oder Dauer der Sanktionen (Lipsky 2010:13). Wie das Ermessen nach den Vorgaben des SGB II ausgeübt werden soll, beschreibt beispielsweise die Bundesagentur für Arbeit in ihrem „4-Phasen-Modell der Integrationsarbeit". Verkürzt ausgedrückt, soll es dafür zunächst ein Profiling geben, das eine Stärke-Schwäche-Analyse enthält. Im Anschluss nehmen SLB eine Einsortierung des Klienten in eine der sechs „Profillagen" vor (Markt-, Aktivierungs-, Förder-, Entwicklungs-, Stabilisierungs- und Unterstützungsprofile). Unter Profillage versteht die Bundesagentur dabei eine „Zusammenfassung der „[...] Gesamtschau von Integrationsprognosen und Handlungsbedarfen [...]" (BA 2013:11). Eine Eingruppierung hat bestimmte Schwerpunkte und Handlungsbedarfe in den vier Schlüsselgruppen Qualifikation, Leistungsfähigkeit, Motivation und Rahmenbedingungen zur Folge (BA 2013:8-12). Im Anschluss legen SLB mit dem Klienten Ziele fest, wählen eine Strategie aus, setzen diese um und kontrollieren sie (BA 2013:14-25).

Damit orientiert sich die Bundesagentur im Wesentlichen an den gängigen Standards professioneller Entscheidungen, die vorsehen, dass auf Basis eines abstrakten Wissenssystems eine Diagnose gestellt wird, Handlungsoptionen herausgearbeitet werden und eine Intervention gewählt wird (Evetts 2011:411; Klatetzki 2005b:263-267; Schütze 1992:136; Noordegraaf 2007:766). Dieses Vorgehen ähnelt der Diagnose eines Arztes, der sich seinem Patienten über die Symptome nähert (Achenbach & Winkler-Calaminus 1992:94-95). So ist es die Aufgabe des SLB, während der Interaktion Kenntnis von Symptomen, Merkmalen oder Informationen zu erlangen, die in das von der Organisation festgelegte Kategoriensystem passen. Hierfür ist der SLB auf den Klienten angewiesen, der ihn mit ausreichenden Informationen zu versorgen hat, damit der SLB diese Kategorisierung vornehmen kann. Ansonsten kann er nicht „professionell" und organisationskonform arbeiten. Mit der Einsortierung in diese vorformulierten, starren Kategorien, die als Klientensegmentierung beschrieben werden (Bartelheimer 2008:31; Behrend 2007:100), findet die Transformation des Bürgers zum Klienten statt (Lipsky 2010:59; Hasenfeld 1992:4-5), also vom hilfebedürftigen Bürger zum behandlungsbedürftigen Klienten. Auch wenn diese Merkmale professionellen Handelns eindeutig und objektiv erscheinen, sind sie es im Arbeitsalltag weitaus weniger. Woran misst man etwa Motivation? Welche Rolle spielt das Alter, wenn der Klient über einen Hochschulabschluss verfügt? Wie relevant ist eine spezifische Schwerbehinderung für die Möglichkeit, einen Arbeitsplatz zu erhalten? Für diese im Verlauf der Interaktion und professionellen Arbeitsmethodik auftretenden Fragen und die dann abzuwägenden Antworten funktionieren vorgefertigte Schablonen nicht. Sie erfordern eine Einzelfallabwägung, die allein SLB bewältigen können und müssen, indem sie nach der dafür zieldienlichen Interaktion mit dem Klienten die dazu notwendige „Gesamtschau" vornehmen. SLB kennen innerhalb der Organisation den Klienten am besten (Scott 2005:124) und nur sie können Aspekte, die während der Interaktion entstehen, vor dem Hintergrund des individuellen Kontexts bewerten. Hierbei geht es weniger darum, ein Gesetz umzusetzen, als vielmehr, die konkrete Situation in den Griff zu bekommen (Wilson 1989:37), etwa dann, wenn es darum geht, Sanktionen einzusetzen oder nicht. Es geht also bei der Ausübung des Ermessens für den SLB um eine notwendige subjektive Sichtweise zur organisationskonformen Behandlung von Klienten. Der Vorgang kann also nicht auf die reine Gesetzesinterpretation reduziert werden. SLB sind auf die Mitwirkung des Klienten angewiesen, obwohl sie formal frei von persönlichen Werturteilen rechtliche Instrumente anwenden.

Allerdings sind auch die Interessen des Klienten in dieser Interaktion intentional. Als Hilfebedürftiger erwartet er finanzielle und persönliche Hilfe in einer schwierigen Lebenslage, ohne aber über detaillierte Informationen über gesetzliche Ansprüche zu verfügen. Handler (1992:277) charakterisiert die SLB-Klienten Beziehung deswegen als ungleich oder machtasymmetrisch. Nicht nur das Informationsdefizit und unterschiedliche Machtressourcen, wie der Zugang zu Stellenangeboten und Leistungen (Bartelheimer 2008:18–19), resultieren in einer Dysbalance. Diese wird durch den SLB aktiv konstruiert und forciert, wie Messmer in der Kinder- und Jugendhilfe in seinen 4 Punkten der Klientenproduktion (Messmer & Hitzler 2007:48–66) auf Basis von 14 Hilfeplangesprächen festgestellt hat. Zunächst findet eine soziale Adressierung statt, der SLB weist dem Klienten seine Rolle zu. Nicht umsonst wird im Jargon der sozialen Arbeit von „Klienten" gesprochen, der aus dem Rechtsbereich bekannt ist. Der Begriff verdeutlicht die Abgrenzung zum Kunden dadurch, dass der Klient nicht freiwillig die Dienstleistungen in Anspruch nimmt (Lipsky 2010:54–56). Des Weiteren sprechend die Mitarbeiter der Jugendhilfe über die Anwesenden gesprochen. Die Autoren nennen das die *Objektivierung der Klientel*. Drittens werden durch die Mitarbeiter Eigenschaften festgestellt, die den Bürger zum Klienten machen und einen Interventionsbedarf begründen. Für die Autoren ist das die *soziale Kategorisierung*. Schlussendlich werden dem festgestellten Bedarf geeignete Maßnahmen gegenübergestellt, die sogenannte *Passung*.

Diese Machtasymmetrien nutzen SLB, um vereinbarte Regeln durchsetzen, etwa wenn Klienten Terminvereinbarungen nicht halten, spontan erscheinen, kein Deutsch sprechen, sich despektierlich verhalten oder sich nicht dem professionellen Urteil beugen wollen (Behrend & Ludwig-Mayerhofer 2008:48). In Konflikten wird dann die Macht genutzt, etwa dadurch, dass der Klient draußen warten muss, Vorgänge länger bearbeitet werden (Sorg 2007:195–201), die Beratungsintensität auf das organisatorisch vorgegebene Mindestmaß reduziert wird (Bartelheimer 2008:31) oder Sanktionen schneller angewendet werden. So würden gerade mal 22 % der SLB gegen den Willen des Arbeitssuchenden Maßnahmen buchen, während dies bei „Motivationsproblemen" 74 % tun würden (Götz, Ludwig-Mayerhofer & Schreyer 2010:6). Folglich hängt die Ermessensausübung davon ab, wie der SLB im Verlauf der Interaktion die Eigenschaften des Klienten wahrnimmt. So wies Scott im Rahmen eines Experiments mit 96 neuen Mitarbeitern neben der Organisationskontrolle den Eigenschaften der Klienten (Scott 1997:51) den höchsten Einfluss auf das Ermessen zu. Jedoch ist der Einfluss von Klientenmerkmalen abhängig von der Form der Interaktion zwischen SLB und Klient. So hat etwa Keiser bei SLB in der US-amerikanischen Behindertenhilfe festgestellt, dass das Ermessen unabhängig von Klientenmerkmalen ausgeübt wurde, wenn es zwischen SLB und Klient aufgrund von automatisierten Prozessen keinen physischen Kontakt gab (Keiser 2010:253).

Zusammenfassend bleibt festzuhalten, dass die Bedeutung der Klienteneigenschaften und deren Bewertung durch SLB hinreichend als maßgebender Faktor für das Ausüben des Ermessens empirisch in unterschiedlichen Teilen des öffentlichen Sektors nachgewiesen worden ist. Die SLB-Klienten-Interaktion ist kein wertneutrales verwaltungsrechtliches Verfahren. Es liegt ein „asymmetrisches Setting" (Bartelheimer 2008:20) vor, determiniert durch prozessfunktionale Notwendigkeiten und vorsätzlich konstruiert durch den SLB, den Gesetzgeber und die Methoden professionellen Handelns. So entscheiden SLB über den, nicht mit dem Klienten.

1.4.2. Peergroup als Normquelle
Nach allgemeiner Auffassung ist die jeweilige Peergroup der SLB beteiligt an individuellen Entscheidungen. Allerdings findet diese Entscheidungsbeteiligung direkt und indirekt statt. Indirekt ist die Beteiligung dahingehend, dass die Peergroup als „primäre Referenzgruppe" identifiziert wird – sie entsteht während der Kommunikation zwischen Kollegen innerhalb und außerhalb der eigenen Organisation, über das, was als gut und schlecht bewertet wird (Lipsky 2010:47; 57-76; Maynard-Moody & Musheno op. 2003:22) und was annehmbare und nicht annehmbare Aufgaben sind (Wilson 1989:47). SLB suchen diese informell-kollegiale Form der Rückmeldung, weil das Selbstverständnis es vorsieht, dass sie im Kontakt mit „der Wirklichkeit" stehen – im Gegensatz zum „Normalbürger", der die spezifische Arbeitssituation nicht einschätzen kann (Sandfort 2000:744; Maynard-Moody & Musheno 2000:354). Hier entsteht eine informelle und formelle Gruppensolidarität. Diese führt zur Vermeidung von Konflikten untereinander, solange nicht ethische Standards verletzt werden. Kritik an Kollegen wird nicht öffentlich geäußert. Trotzdem bildet man sich eine Meinung über die Qualität der Arbeit der Kollegen. Diese Meinungsbildung findet über „Hörensagen" der wahrgenommenen Reputation und die eigenen Erfahrungen statt (Klatezki 2005:273–275; Lipsky 2010:203). Folglich wird nicht nur aus ökonomischen Gründen, sondern auch aus gruppenbedingtem Verhalten die Einschätzung von Arbeitskollegen übernommen. Lipsky spricht in diesem Zusammenhang vom „Rubber-Stamping" (Lipsky 2010:114–128).

In vielen SLB-Studien hat „Gruppe" als Variable für die Erklärung von Ermessen trotz ihrer Bedeutung wenig Beachtung gefunden. Wenn sie berücksichtigt wurde, konnte ihr Einfluss auf die Kultur des Ermessens über die dort gebildeten Normen und Werte durchaus qualitativ und quantitativ bestätigt werden. So gelang es Maynard-Moody bei der Erhebung und Auswertung von 157 narrativen Interviews bei 48 SLB in fünf Orten in zwei Staaten der USA, die Bedeutung von Peergroups qualitativ herauszuarbeiten (Maynard-Moody & Musheno op. 2003). Bei den Interviews mit Polizisten, Lehrern und Sozialamtsmitarbeitern im Reha-Bereich trat deutlich das gemeinsame, kollektive Agieren gegenüber dem

Management, das gegenseitige Absichern der Reputation und eine starke Identifikation mit dem Beruf hervor (Maynard-Moody & Musheno op. 2003:55-63). Sandfort hat bei ihrer Untersuchung von zwei Landkreisen in Michigan in fünf Sozialämtern mit 70 Interviews und 13 Fokus-Gruppen gezeigt, dass SLB zusammen mit Kollegen nicht nur ein passives Produkt ihrer Umgebung sind, sondern dass sie diese Umgebung und ihre Strukturen mit den zur Verfügung gestellten Ressourcen und mit ihrem Wissen und ihren Einstellungen aktiv gestalten (Sandfort 2000:741-742): „[...] structure is [...] developed among workers [...]". Quantitativ hat sich vor allem die Studie von Oberfield (2010) mit der relativen Bedeutung von Peergroups auf das Ermessen befasst. In seiner Studie ist dies eine unter zahlreichen intra- und extraorganisatorischen Variablen, die er zur Beantwortung der Frage heranzieht, wie sich die ursprünglichen Identitäten (regelorientiert versus ermessensorientiert) während der ersten zwei Berufsjahre von Berufsanfängern entwickeln. Seine Ergebnisse legen nahe, dass SLB zwar ihrer ursprünglichen Affinität zu einer der beiden Extreme treu bleiben, sich die Einstellung jedoch im Laufe der Zeit modifiziert. Die zweitstärkste Erklärungsvariable für Abweichungen sind dabei sowohl bei Polizisten als auch bei Sozialarbeitern andere Mitarbeiter: „after 1 year, both police and caseworkers were strongly influenced by the other workers with whom they interacted [...]" (Oberfield 2010:752).

Diese zentrale Erkenntnis aus der SLB-Theorie ähnelt einer klassischen soziologischen Erkenntnis über das Gruppenverhalten, die wir aus anderen sozialwissenschaftlichen Forschungszweigen kennen: Demnach folgen Geführte zuallererst anderen Geführten, weil diese ihnen ähnlich sind und das so entstehende gruppendynamische Gefüge Stabilität und Sicherheit, Ordnung und Sinn liefert (Kellerman 2008:56). Persönliche Kontakte haben einen hohen Einfluss auf die Meinungsbildung von Menschen, wie Paul Lazarsfeld im Rahmen des Präsidentschaftswahlkampfs beobachtete (Lazarsfeld 1969:190-193). SLB orientieren sich bei Fragen nach der Qualität ihrer Arbeit, der Bedeutung und der Bewertungsgrundlage nicht hierarchisch-vertikal, sondern kollegial-lateral. Die Bewertungsmaßstäbe legt die Bezugsgruppe aus

Kollegen fest, die unter denselben Bedingungen ihre Tätigkeit ausüben.

1.4.3. Management versus SLB? Wertegemeinschaft statt Antagonismus

Die Bedeutung und die Beziehung zwischen SLB und Managern werden in der Literatur unterschiedlich bewertet und beschrieben. Es gibt eine klassisch-organisationspolitische und eine eher differenziert-pragmatische Beurteilung dieser Beziehung.

Die klassisch-organisationspolitische Beschreibung geht von zwei Typen von Akteuren in Organisation aus, die „natürlicherweise" gegensätzliche Interessen vertreten. Manager wollen als Interessenvertreter der Organisation das Budget kontrollieren, Ergebnisse erzielen und möglichst das Ermessen der SLB mit Hilfe von festgelegten Regeln einschränken (Lipsky 2010:19; Jones 2001:559; Taylor & Kelly 2006:639; Simon 1997:9). Dieser Denkrichtung folgend wird davon ausgegangen, dass das Management durch die Instrumente des NPM über mehr Möglichkeiten verfügt, das Ermessen einzuschränken (Brodkin 2011:272; Langer & Pfadenhauer 2007:221; Taylor & Kelly 2006:639; Freidson 2001:72). Auf der anderen Seite steht das Interesse der SLB über ein Höchstmaß an Freiheit bei der Ermessensausübung. Diese nutzen und benötigen SLB, um die ihrer Ansicht nach legitimeren Vorstellungen idealer Arbeit umsetzen zu können (Maynard-Moody & Musheno op. 2003:20; Berg 2006:564; Sandfort 2000:744–751; Freidson 2001:46). Hieraus resultiert die etwa von Jones beobachtete tiefe Kluft zwischen Management und Umsetzern, als er 40 englische Sozialarbeiter interviewte („I heard no positive word about managers") und zwischen diesen ein insgesamt antagonistisches Verhältnis diagnostizierte (Jones 2001: 559). Im Grunde genommen ist dieser proklamierte Interessenkonflikt die in Organisationen personalisierte Abbildung der größeren Debatte um die Dichotomie Professionalisierung versus Bürokratisierung (Wilson 1989:149; Freidson 1994:62).

Weniger ideologisch, aber differenzierter urteilen Studien, die versucht haben, die Frage zu beantworten, inwieweit Management überhaupt einen Einfluss auf das Ermessen hat. Grundsätzlich besteht Einigkeit, dass das Management im öffentlichen Sektor einen Einfluss auf Themen wie Qualität, Effektivität und Kundenzufriedenheit (Boyne 2004:113) hat. Jedoch scheiden sich die Geister bei der Frage, ob das Management die Ermessensausübung von SLB im Tagesgeschäft beeinflusst. Einige Studien konnten eine solche Wirkung nicht nachweisen. So hatten bei Oberfield die Variablen „Supervision" oder „Kontrolle" keinen Einfluss auf die Veränderung von Identitäten während der Berufssozialisation (Oberfield 2010:752). Auch Keiser konnte, trotz der Berücksichtigung dieser Variablen, in seinem Modell keinen Einfluss auf die Unterschiede in der Ermessensausübung nachweisen (Keiser 2010:253).

Diese Befunde stehen teilweise im Gegensatz zu der Bedeutung einer diskutierten „Untergruppe" im Management, die des mittleren Managements. Lipsky (2010:82) hob deren Rolle bei der Wahrnehmung von Zielen hervor, schreibt aber ihrer Wirkung auf die Ermessensausübung im Alltag nur eine kleine Bedeutung zu. Demnach formen mittlere Manager den Kontext des Ermessens, beeinflussen aber damit nicht die SLB-Klienten-Interaktion. In diese Richtung gehen auch die Erkenntnisse von Riccucci (2005:81–82). Sie wies nach, dass das mittlere Management daran beteiligt ist, wie wichtig verschiedene Ziele der Sozialreform wahrgenommen werden. Evans (2011) zeigte in seiner englischen Studie, dass sich die Gruppe der Manager keineswegs homogen und antagonistisch zu den Beschäftigten stellt. Vielmehr besteht eine Kluft zwischen strategischen Managern auf der einen und des mittleren Managements und Praktikern auf der anderen Seite. Zum einem ähnlichen Ergebnis kommt Berg (2006:565) im Zuge von NPM-Einführungen.

Die Verbindung und die anzunehmende wechselseitige Beeinflussung zwischen strategischem und lokalem Management sind bei SLB insgesamt wenig erforscht. Es spricht aber einiges für die Existenz lokaler Wertegemeinschaften zwischen mittlerem Management und SLB. Die Annahme einer „natürlich" antagonistischen Beziehung vereinfacht unnötigerweise den Charakter dieser Beziehung. So ist durchaus davon auszugehen, dass sich in SLO bei Veränderungen Koalitionen aus Akteuren bilden, die, trotz idealtypisch unterschiedlicher Interessen, gemeinsame Positionen artikulieren.

2. „Beyond Discretion": Normen, Werte und Arbeitsdispositionen

Die Forschungsrichtung der Street Level Bureaucracy hat viel zum empirischen Verständnis der Arbeitsbedingungen von SLB beigetragen. Wir wissen, dass SLB über begrenzte Ressourcen und mit unterschiedlichen Erwartungen unterschiedlicher Stakeholder (Wilson 1989:88; Ran & Golden 2011:439; Lipsky 2010:46) interagieren müssen – auch in einer Arbeitsverwaltung, wie ein Arbeitsvermittler bei Eberwein (1987) es formuliert: „Manchmal fühlt man sich wie zwischen allen Stühlen, zwischen den Vorgaben der Politik, den Erwartungen der Arbeitgeber, den Notwendigkeiten der Verwaltung" (Eberwein & Tholen 1987:107). Demnach hat die sozialwissenschaftliche Fragestellung das empirisch erhoben, was der Theologe Manfred Böhm in einer populärwissenschaftlichen Abhandlung als „Gabe der rechten Unterscheidung" (Boehm 2011:131) bezeichnet und etymologisch analysiert hat:

> Im Lateinischen leitet sich *discretion* von discernere ab, wo so viel wie ‚trennen, sichten, unterscheiden' meint. *Discretion* ist demnach die Unterscheidungsgabe, die Fähigkeit, zu erkennen, welches Verhalten einer konkreten Situation angemessen ist. Es geht um das richtige Maß, das gefunden und eingehalten werden muss […] (Boehm 2011:129)

Folglich hat Ermessen etwas Abwägendes, etwas Relativistisches: SLB geht es darum, so zu agieren, dass man nicht anstößt, unter Kollegen akzeptiert wird und gleichzeitig nicht allzu sehr von den eigenen Idealen abweicht. Unter diesen Bedingungen ist für SLB jedoch eine optimale Entscheidung unmöglich. Simon spricht davon, dass Entscheidungen unter solchen Bedingungen in Verwaltungen nie optimal sein können, sie sind vielmehr „satisficing" oder „gut genug" (Simon 1997:324). Die Praxis des Ermessens löst Schwierigkeiten und Widersprüche im Policy-Prozess zwischen Politikformulierung und Politikumsetzung auf. Ermessen bleibt dabei ein unverzichtbarer Bestandteil der Arbeit öffentlicher Verwaltungen (Evans 2011:2). In der Konsequenz beschäftigten sich Studien mit dem Einfluss auf das Ermessen, um so unter anderem die Spannbreite bei der Gesetzesumsetzung zu erklären.

Konzeptionell ist bei diesen Studien das Ermessen die unabhängige Variable zur abhängigen Variable „Kultur der Gesetzes- oder Regelanwendung".

Meyers (2007:246-248) fasst die Einflussfaktoren auf das Ermessen in drei Punkten zusammen: Erstens die Kontrolle durch die Politik, die insgesamt als gering eingestuft wird; zweitens die Kontrolle durch die Organisation, die insbesondere durch die Ressourcenzuweisung das Ermessen beeinflusst; drittens der Einfluss von Normen und Werten, der am höchsten bewertet wird. So stellten auch qualitative Studien fest, dass sich bei SLB über viele Jahre Normen und Werte festigen, die sie gegenüber Interventionen von Seiten der Organisation oder der Politik immunisieren (Sandfort 2000:744; Maynard-Moody & Musheno 2000: 333). Die Bedeutung von Normen und Werten wurde zusätzlich beleuchtet, als man feststellte, dass nicht nur auf kollegialer Ebene solche Normen und Werte emergieren, sondern dass diese hierarchieübergreifend zwischen Praktikern und mittlerem Management geteilt werden (Evans 2011:371-383; Berg 2006:565), während politische Einstellungen einen weitaus geringeren Einfluss ausüben (Kimberley, Morrisey & Topping 2006:223). SLB scheinen vor allem die Akzeptanz der operativen Umgebung, mit der sie unmittelbar und täglich interagieren, besonders wichtig zu sein. Für die Akzeptanz entscheidend ist das Ermessen auf Basis der gemeinsamen Werte und Normen.

Die Forschung interessierte sich folglich stärker für die Normen und Werte von SLB. Dies tritt deutlich zutage, wenn man sich die Titel der Beiträge mit diesem Thema genauer ansieht, etwa Durose (2007) („Beyond ‚street level bureaucrats': Reinterpreting the role of front line public sector workers") oder Sandfort (2000) („Moving Beyond Discretion and Outcomes: Examining Public Management from the Front Lines of the Welfare System"). Diese „Denkschule" schafft das Konzept des Ermessens nicht ab, will aber hinter die Entstehungsbedingungen des Ermessens blicken.

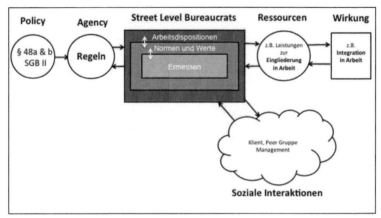

Abbildung 4: Arbeitsdispositionen, Normen, Werte und Ermessen
(eigene Darstellung in Anlehnung an Riccucci 2005:6)

Ermessen wurde in der Konsequenz weniger als unabhängige Variable für das Handeln von SLB diskutiert, sondern als abhängige Variable von den Normen und Werten der SLB gesehen, die Ausdruck der jeweiligen Arbeitsdispositionen sind, wie in der Abbildung 4 ersichtlich. Über ein Verständnis der Arbeitsdispositionen lässt sich in der Konsequenz die Kultur des Ermessens und das Handeln von SLB im Verwaltungsalltag am besten voraussehen. Unter Arbeitsdispositionen wird allgemein im Implementationsprozess die Wahrnehmung der Umsetzer einer Policy innerhalb der jeweiligen Zuständigkeit verstanden (van Meter & van Horn 1975:472). Allerdings wurden in unterschiedlichen Studien unterschiedliche Konzepte zum Thema Arbeitsdispositionen diskutiert und angewandt. Dies ist Gegenstand des nachfolgenden Kapitels.

3. Exkurs: Arbeitsidentitäten als Konzept der Arbeitsdispositionen

Arbeitsdispositionen sind in zahlreichen sozialwissenschaftlichen Studien angewendet worden. In Abbildung 5 werden die unterschiedlichen Konzepte dargestellt.

Konzept	Definition	Quelle
Personal Conceptions oder Selbstkonzeptualisierungen	Es werden eigene Schwerpunkte gesetzt und bestimmte Gruppen bevorzugt (Lipsky 2010:145)	Lipsky (2010), Ludwig-Mayerhofer (2007)
Schemas	„[...] norms, collective beliefs, and shared knowledge that people develop when operating within a particular context." (Sandfort 2000:741)	Sandfort (2000), Broadbent et. al. (2001)
Professional Occupations	„[...] emerge and develop and are adapted and modified in practice and local workplaces" (Evetts 2011:414)	Evetts 2011
Identität am Arbeitsplatz (professional Identities)	„[...] fairly stable emerging in patterns of relationships with other occupational groups [...]." (Payne 2006:139)	Payne (2006), Reissner (2010), Terhart (1992), Brown (1999), Hotoho (2008), Ashforth, Harison et. al. (2008), Oberfield (2010), Kirpal (2004), Messmer 2007
Deutungs- oder Einstellungsmuster	„[...] zur Bewältigung des Handlungsdilemmas" greifen Mitarbeiter „grundsätzlich auf naturwüchsige (alltags-)pädagogische Deutungs- und Handlungsmuster zurück." (Behrend 2007:103)	Behrend (2007), von Harrach (1996)
Beruflicher Habitus	„[...] Zusammenhang zwischen Wahrnehmung, Handlung und Struktur und erklärt, wie soziale Praxis zustande kommt." (Vorheyer 2007:182)	Vorheyer (2007), Schütze (1992)
Culture (occupational-, professional-, organizational)	„[...] shared identification with professional ideas amongst local managers and social work practitioners." (Evans 2009:8)	Evans (2008), Ricucci (2005), Wilson (1989), Schein (1992)

Abbildung 5: Übersicht über Konzepte für Arbeitsdispositionen in sozialwissenschaftlichen Studien (eigene Darstellung)

Wie die Übersicht verdeutlicht, hat sich die überwiegende Anzahl für das Konzept der Arbeitsidentität entschieden, das auf dem mikrosoziologischen Konzept des von Mead begründeten und von Blumer weiterentwickelten symbolischen Interaktionismus beruht. Dessen grundsätzliche Unterscheidung beginnt mit der Unterscheidung zwischen dem ursprünglichen „ich" („I") und dem antizipierten „ich" („me") – letzteres als Gesamtheit der antizipierten Einstellungen anderer (Mead 2004:31), das notwendigerweise im Austausch mit anderen Individuen entsteht (Payne 2006:147). Hieraus konstruiert sich eine soziale Identität des Individuums oder der Gruppe, welche die selbst gegebene Antworten auf die fundamentalen Fragen wie „Wer bin ich?" oder „Wer sind wir?" gibt (Ashforth, Harrison & Corley 2008:327; Huntington 2006:21). Die Arbeitsidentität stützt sich in ihren theoretischen Grundannahmen auf das soziale Identitätskonzept (Payne 2006:140). Kirpal definiert sie als „[...] any kind of identity formation process that develops through the interaction between the individual and the work context [...]." (Kirpal 2004:300).

Ihre Definition umschreibt bereits einige Charakteristika dieses Konzepts, das im Wesentlichen mit fünf Begriffen umschrieben wird: relational, bottom-up, dynamisch, multipel und intentional. Arbeitsidentitäten bildet das Individuum *relational*, weil diese über den Vergleich und Abgleich mit internen und externen Stakeholdern entstehen (Ran & Golden 2011:433; Huntington 2006:23) und in der Gleichzeitigkeit und wechselseitigen Beeinflussung von Handeln und Diskussion (Payne 2006:144). Da diese Interaktionen hierarchisch gesehen „unten" stattfinden, bilden sich die Arbeitsidentitäten *bottom-up*, werden also nicht von „oben" vorgegeben (Payne 2006:148; Oberfield 2010:739; Kirpal 2004:276). Allerdings sind Arbeitsidentitäten *intentional*, weil die Interaktionen darauf ausgerichtet sind, bei denjenigen akzeptiert zu werden, mit denen man interagiert (Payne 2006:141). Dennoch sind Arbeitsidentitäten nicht stabil, sondern dynamisch, weil sie je nach Situation und Rahmenbedingungen notwendigerweise vom Individuum angepasst werden müssen (Ashforth, Harrison & Corley 2008:330; Korte 2007:169; Payne 2006:148; Reissner 2010:297; Terhart 1992:126; Huntington 2006:24). Zusätzlich gibt es nicht „die eine" Arbeitsidentität für ein Individuum. Es wird vielmehr von *multiplen* Arbeitsidentitäten ausgegangen, abhängig von Orten, Arbeitsgruppen und Berufen (Ashforth, Harrison & Corley 2008:347; Hotho 2008:729; Korte 2007:168; Kirpal 2004:275).

Einerseits erfordern die unübersichtlichen Arbeitssituationen der SLB, dass sie sich verschiedene Arbeitsidentitäten aneignen, mit denen sie ihren Arbeitsalltag zufriedenstellend nach vielen Seiten bewältigen können. Andererseits agieren SLB, die das SGB II anwenden, wie bereits dargelegt in einem Anreizpluralismus, der ihnen abverlangt, ihre Arbeitsidentitäten an die jeweilige Situation anzupassen.

„The search for present-day professionalism is a search for [...] social identity and for **appropriate work identities** [...] that can be used for coping with trade-offs between individual demands, professional claims, and organized action."
(Noordegraaf 2007:780, eigene Hervorhebung)

Es geht also um die Suche nach angemessenen Arbeitsidentitäten unter wechselnden Umständen. Arbeitsidentitäten sind dabei das Produkt oder Destillat der reflexiven Auseinandersetzung der SLB mit den aktuellen Rahmenbedingungen an ihrem Arbeitsplatz.

Die Einführung des § 48 SGB II ist eine Veränderung der Rahmenbedingung der Arbeit für die Träger der Grundsicherung und damit der darin tätigen SLB. Die Arbeitsidentitäten geraten unter einen Anpassungsdruck. Dieser Wandel ist keine einfache, lineare Rechtsanwendung. Es bedarf eines weiteren theoretischen Blickwinkels, um die daraus resultierende Veränderungssituation für den SLB als umsetzendes Individuum beurteilen zu können. Das Konzept der „interaktiven Arbeit" (Dunkel & Weihrich 2012) wird im nachfolgenden Kapitel auf die Situation von SLB in Jobcentern angewendet, um diese neue Situation vor dem Hintergrund der bisherigen Diskussion noch ganzheitlicher verstehen zu können.

4. Arbeitsmarktintegration als interaktive Arbeit

Ausgangspunkt der interaktiven Arbeit ist die Annahme, dass es Dienstleistungen gibt, die Kunden nicht wie ein normales Produkt kaufen können. Stattdessen müssen sie sich an der Erstellung der Dienstleistung beteiligen. Auftrieb erhielt diese Art der Zusammenarbeit durch betriebswirtschaftliche Modelle etwa von Mac Donalds oder IKEA. Unter der Prämisse „Customers at Work" (Dunkel & Kleemann 2013) überlassen diese Unternehmen bestimmte Tätigkeiten dem Kunden wie das Abräumen des Geschirrs oder den Zusammenbau von Möbeln. Bei der interaktiven Arbeit sind mehrere Akteure aufeinander angewiesen und müssen Abstimmungsprobleme lösen, um eine gemeinsame Dienstleistung zu erstellen und ein Ziel zu erreichen (Dunkel & Weihrich 2012:3–4) – es ist also nicht nur eine Kooperation, sondern eine Koproduktion (Hilse, Opielka & Strumpen 2014:404). Klassischerweise sind die beteiligten Akteure im privatwirtschaftlichen Bereich der Kunde, das Unternehmen und die Dienstleistungsfachkraft, welche in einem „Dienstleistungsdreieck" miteinander interagieren. Angewendet auf die Situation im SGB II sind dies der Klient, das Jobcenter und die SLB. Folglich sind insbesondere auf der Mikroebene zwischen SLB und dem Klienten sowie auf der Mesoebene zwischen SLB und dem SGB II-Träger Abstimmungsprobleme zu lösen.

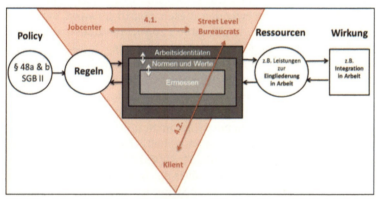

Abbildung 6: Arbeitsidentitäten von SLB im Dienstleistungsdreieck zwischen Management und Klient (in Anlehnung an Riccucci (2005:6))

Welcher Natur diese Abstimmungsprobleme sind, wie diese entstehen und welche Herausforderungen entstehen, ist Gegenstand der folgenden beiden Kapitel 4.1. und 4.2.

4.1. Der SLB und das Verhältnis zum Klienten

4.1.1. Kunde, Klient oder Koproduzent? Soziale Konstruktionen des Klienten

SGB II-Empfänger werden im Integrationskonzept der Bundesagentur für Arbeit „Kunden" genannt. So ist für die Bundesagentur etwa jeder Bürger ein Kunde, „mit Anspruch auf einen professionellen [...] Service" und eine „zeitnahe und kundenorientierte Dienstleistung" (BA 2013:7). Legt man etwa den Kundenbegriff von Schedler zugrunde, für die derjenige Kunde einer Verwaltungseinheit ist, der „[...] von ihr individuell Leistungen abnimmt [...]" (Schedler 2000:69), so wird die Praxis der Bundesagentur nachvollziehbar: SGB II-Empfänger sind Abnehmer der Leistungen zur Eingliederung in Arbeit und zur Sicherung des Lebensunterhalts und folglich „Kunden".

Die soziale Arbeit (Buestrich & Wohlfahrt 2008:19), die Professionssoziologie (Evetts 2011:406) und die SLB-Literatur (Hill & Hupe 2010:150) verwenden diesen Begriff bewusst nicht. Sie sprechen stattdessen von „Klienten". Zum einen tun sie dies, weil der Terminus des Kunden suggeriert, dass eine – tatsächlich nicht vorhandene – Wahlfreiheit bestehe (Buestrich & Wohlfahrt 2008:18-19; Bartelheimer 2008:16). Das Sozialgesetzbuch II und dessen Leistungen dienen der Sicherung des soziokulturellen Existenzminimums und sind damit alternativlos für erwerbsfähige Menschen ohne ausreichendes Einkommen. Zum anderen fallen in den SLB-Klienten Beziehung auch hoheitlich-kontrollierende Aufgaben an (Buestrich & Wohlfahrt 2008:18-19; Sorg 2007:203), etwa dann, wenn SLB erfahren, dass der Klient nicht mitwirkt und sie die Höhe der Leistungen zur Sicherung des Lebensunterhalts nach § 20 SGB II kürzen müssen. Demzufolge spricht der Gesetzgeber konsequent auch vom erwerbsfähigen Hilfebedürftigen (§ 7 Abs. 3 SGB II).

Die Widersprüchlichkeit zwischen normativer und rechtlicher Konstruktion resultiert in einer eher irritierten Rezeption des

Kundenbegriffs auf Seiten der SLB (Behrend 2007:98), wie in England nachgewiesen wurde. Eine aufschlussreiche Studie auf der Basis von 39 semistrukturierten Interviews mit Mitarbeitern, die in 14 unterschiedlichen Ämtern als persönliche Berater in Arbeitsämtern tätig waren, kam zu dem Ergebnis, dass der Kundenbegriff für Arbeitsuchende zwar von Seiten der Fachkräfte paradoxerweise durchaus anerkannt wurde – allerdings mit widersprüchlichen Definitionen und mit einem „Rückfall" in hoheitsstaatliche Begriffe: Der Begriff wurde verwendet, weil er besser klingt, aber nicht, weil damit neue Herangehensweisen bezogen auf die Klienten verbunden waren (Rosenthal & Peccei 2006:75–76). Es gibt also Hinweise, dass die Konstruktion des SGB II-Empfängers als Kunde, trotz der Verwendung des Begriffs, von SLB nicht vollumfänglich geteilt wird. Hieran zeigt sich eine distanzierte Haltung in Sozialverwaltungen gegenüber der Einstellung, einen Kunden vor sich zu haben – und damit potenziell einen König.

Das Wissen dieser Skepsis von Seiten der SLB ist wichtig für das Verständnis der potenziellen Rollenveränderung bei der Einführung von Zielvorgaben. Wie in Kapitel 4.4.1 dargelegt, haben die Eigenschaft und das Verhalten des Klienten Einfluss auf die Ermessensausübung des SLB. Aber die Art und Weise, also die Kriterien für die Bewertung des Verhaltens, finden unbeeinflusst vom Klienten statt. Diesen zu bewerten, ihn auf Distanz zu halten und auch zu kritisieren, wird im Verlauf der Interaktion an mehreren Stellen von den SLB verlangt: Sie müssen für den Klienten eine Integrationsprognose stellen und Handlungsbedarfe identifizieren (BA 2013:11–13). Bisher fand diese Interaktion vorsätzlich asymmetrisch statt, so dass der Arbeitslose im Dreieck der Akteure als derjenige mit der schwächsten Position bezeichnet wurde (Eberwein & Tholen 1987:125). Unter den Bedingungen der Zielvorgaben ist dies aber nur noch bedingt haltbar, denn erst, wenn sich der Arbeitssuchende bei einem Arbeitgeber kooperativ verhält, er sich flexibel bei Lohn und Wohnort zeigt oder eine Fortbildung tatsächlich zum Abbau des erkannten Qualifikationsdefizits nutzt, können SLB ihr Ziel verwirklichen. Letztendlich liegen diese Bedingungen also außerhalb des direkten Einflussbereichs der SLB. Auch wenn sie über Sanktionsinstrumente verfügen, können sie letztendlich nicht vollumfänglich kontrollieren, ob der Klient einen motivierten Eindruck beim Arbeitgeber hinterlässt, alternative Beschäftigungen tatsächlich in Erwägung zieht oder an Maßnahmen teilnimmt, um dort etwas zu lernen. Der Hilfeempfänger ist für das Erreichen des gemeinsamen Ziels „Integration in Arbeit" Koproduzent und die SLB sind auf ihn angewiesen. Die Integration in Arbeit verlangt von beiden, auf Augenhöhe miteinander zu kooperieren und zu einer Art „Schicksalsgemeinschaft" zu werden. Gleichzeitig hängt auch die Möglichkeit der SLB, innerhalb der Organisation erfolgreich zu sein und sich beruflich weiterzuentwickeln, wesentlich von der Mitwirkung seiner Klienten ab. Dementsprechend ist die bisher auf Distanz und auf Unterordnung ausgerichtete soziale Interaktion fortan egalitärer. SLB müssen mit den Klienten auf Augenhöhe verhandeln und können nicht nur ausschließlich anordnen. Somit wird diese spezielle Interaktion symmetrischer, als dies bislang der Fall war. SLB sind aufgrund der Zielvorgaben gezwungen, die Bedingungen der Interaktion mit den Klienten stärker auszuhandeln. Dies bedeutet insgesamt, dass im Wertesystem der SLB der Klient vom Objekt zum Subjekt wird.

4.1.2. Ziel- statt gerechtigkeitsorientiertes „Creaming"

Wir wissen, dass sich SLB bei ihrem Ermessen davon leiten lassen, wie sie die Eigenschaften des Klienten wahrnehmen. Einerseits suchen sie sich die Klienten heraus, mit denen sie im Anreizsystem der Organisation möglicherweise den größten Erfolg haben (Lipsky 2010:107–111). Auch in deutschen Arbeitsverwaltungen wurde eine „Bestenvermittlung" (Eberwein & Tholen 1987:103) bemerkt.

Andererseits malten spätere Studien das Bild altruistisch agierender SLB. So zeigte Kelly, dass SLB ihr Ermessen nutzen, um ihre persönliche Vorstellung von Gerechtigkeit durchzusetzen, wenn sie es bei den jeweiligen Klienten verletzt sahen – allerdings innerhalb des ihnen zugestandenen Ermessensspielraums (Kelly 1994:124). Auch Maynard-Moody konnte zeigen, dass die Solidarität mit Klienten so weit geht, dass Regeln zugunsten von subjektiv „bedürftigen" und „lohnenswerten" Klienten ignoriert wurden, es also eine Unterscheidung zwischen „worthy" und „unworthy"

Klienten gibt (Maynard-Moody & Musheno op. 2003:20): „[...] judging people and acting on these judgements than as adapting rules to their circumstances of cases" (Maynard-Moody & Musheno op. 2003:18).

Dass dies keine rein US-amerikanische Beobachtung ist, legen zwei deutsche Untersuchungen nahe. Sorg (2007:195–201) beschreibt, dass SLB ein anderes Verhalten an den Tag legen, wenn vermutet wird, dass ein Klient das Sozialsystem ausnutzen wolle. Behrend (2007:110–112) konstatiert bei der Anwendung von Klientensegmentierungen eine „List der Vermittler": Handlungsvorgaben werden dem Fall angepasst, damit ein Arbeitsuchender eine Stelle bekommt, auch wenn der SLB hierfür Regeln der Organisation missachten muss, da er dies anders menschlich nicht vertreten kann. Er nennt das eine „zielorientierte Umdifferenzierung" (Behrend 2007:119).

Gerechtigkeitsorientierte Selektions- und Bewertungsmechanismen geraten unter den wirkungsorientierten Zielvorgaben weiter unter Druck, da allein das Potenzial des Klienten, in den Arbeitsmarkt integriert zu werden, mit der Logik der Zielorientierung in Einklang zu bringen ist. Klienten, die es aus subjektiver Sicht eines SLB verdient hätten, gefördert zu werden, oder die ein Stück weit „vom Schicksal" getroffen wurden, können nicht mehr in dem Maße bevorzugt werden, wie dies bisher der Fall war. Beispielsweise erwähnen Maynard-Moody & Musheno (2003) zwei Fälle: Ein Rentensachbearbeiter, der psychologische Hilfe für einen „gebeutelten" Klienten organisiert, obwohl dies nicht seine originäre Aufgabe ist (2003:97–99) sowie einen Polizisten, der gegen einen vom Schicksal geplagten Kriminellen, entgegen der Anweisung durch den Vorgesetzten, keine Anzeige schreibt (Maynard-Moody & Musheno op. 2003:101). Beide Beispiele zeigen, dass die gerechtigkeitsorientierten Entscheidungen unmittelbarer Bestandteil der Tätigkeit und eben auch der Arbeitsmotivation sind. Doch SLB werden nun ein Stück weit der Möglichkeit beraubt, ihre persönlichen Ideale im Arbeitsalltag umzusetzen. Mit der Zielorientierung geraten diese bevorzugten Kontakte zu Klienten zunehmend unter Druck: Das zielorientierte Creaming schiebt sich vor das gerechtigkeitsorientierte.

4.1.3. Vom Ende der „Coping Mechanisms" und des „Rubber-Stampings"

Wie in Kapitel 1.2. dargelegt, müssen SLB mit der Ressource Zeit sorgsam umgehen. SLB nutzen formelle Möglichkeiten zur Prozessbeschleunigung, etwa Klientensegmentierung, oder informelle Möglichkeiten, wie entstandene Gruppennormen, um die Fallbearbeitung je nach Bedarf zu beschleunigen. Mit den Zielvorgaben der Integration in Arbeit gerät diese Strategie des Ressourcenmanagements unter Veränderungszwang, denn zur Zielverwirklichung muss mit jedem Klienten wesentlich zeitintensiver umgegangen werden, um mögliche Integrationsmöglichkeiten im persönlichen Gespräch auszuloten bzw. ihn während des Integrationsprozesses beim Arbeitgeber zu begleiten, um eine größtmögliche Steuerungsmöglichkeit vor Ort zu behalten. Dies bedeutet aber ein hohes Maß an Zeiteinsatz. Dementsprechend ist dieser Möglichkeit, den „Arbeitsplatz" den aktuellen Nachfragebedingungen anzupassen, durch die Zielvorgaben Grenzen gesetzt. Gleichzeitig müssen Urteile von Kollegen hinterfragt werden, um Zielerreichungschancen auszuloten. Beide Entwicklungen führen dazu, dass SLB länger arbeiten oder sich die organisatorischen Rahmenbedingungen verändern müssen, etwa durch geringere Fallzahlen. Die Anwendung des Konzepts der interaktiven Arbeit hat den potentiellen Grad der Veränderung für SLB in dem Verhältnis zum Klienten diskutiert. Das nachfolgende Kapitel wechselt auf die Mesoebene und diskutiert das Verhältnis zum Jobcenter.

4.2. Der SLB und das Verhältnis zum Jobcenter

4.2.1. Das mittlere Management als Partner

Zielvorgaben werden auf Grundlage von Gesetzen eingeführt. Die Ziele werden zwischen dem Bundesministerium für Arbeit und den Bundesländern verhandelt und zwischen den Bundesländern und SGB II-Trägern modifiziert. Basis sind dabei quantifizierte Zielvorgaben eines gesetzlich vorgegebenen Kennzahlensystems.

Dem strategischen Management stellt sich die Aufgabe, die mit dem Land verhandelten Ziele umzusetzen. Es muss die Ziele auf die einzelnen Abteilungen und Arbeitsplätze herunterbrechen. Allerdings verfügt das Management nach gängiger Auffassung nicht über alle Ressourcen, um dies tun zu können: So verfügen SLB über ein Informationsmonopol innerhalb einer Organisation über Klienten und Prozesse (Lipsky 2010:293; Prottas 1978:289). Sie kontrollieren die Information zum Klienten und zur Organisation (Lipsky 2010:293; Prottas 1978:289), indem ausschließlich sie mündlich, schriftlich und vor allem eigenständig Daten und Informationen über den Klienten erheben. Viele „Einzelangaben über persönliche oder sachliche Verhältnisse" sind nach dem SGB X § 67 dem Sozialdatenschutz unterworfen, was eine vollumfängliche Kontrolle durch die mittlere Führungsebene verhindert. Dieses verdeckte Wissen („tacit knowledge") ist notwendig, um eine situationsgerechte Anpassung der Zielvorgaben innerhalb der Organisation vorzunehmen (Paton 2006:222; Homann 2005:21; Nullmeier 2005:438).

Zahlreiche Autoren plädieren unter anderem vor dem Hintergrund dieses Ressourcendefizits des Managements dafür, SLB in die Konzeption der Leistungsmessung einzubeziehen (Bogumil & Jann 2009:241; Böhret 2005:48; Paton 2006:222; Sandfort 2000:732). Leistungsmessungen sollten keine statischen „Von oben nach unten"-Prozesse sein, sondern als dynamische Interaktionen innerhalb einer Organisation (Paton 2006:223) oder als „mikropolitische Aushandlungsprozesse" (Schridde 2005:219) verstanden werden. Die notwendige Anpassung und Modifikation der Ziele in der Organisation werden damit zur Koproduktion zwischen Management und SLB. Die interinstitutionell festgelegten Ziele suggerieren dagegen eine „top-down" planbare Umsetzung.

In SLO existieren zwei Gruppen des Managements: das strategische und das mittlere Management. Insbesondere die zuletzt genannte Gruppe hat durch ihre Funktion einen hohen Einfluss auf das Ermessen der SLB. Die „Frontline Supervisors" (Brewer 2005) sind Bindeglieder zwischen strategischem Management und SLB, welche die Meinungen und Motive der Beschäftigten beeinflussen und dadurch politische Akteure auf der operativen Ebene sind (Brewer 2005:507; Freimuth, Hauck & Trebesch 2003:31; Paton 2006:222; Riccucci 2005:75). Inspiriert vom Umgang mit Widerständen aus dem Bereich des Change Managements, das den Wert partizipativer Methoden betont (Kotter

& Schlesinger 2008:380; Washington & Hacker 2005:409; Waddell & Sohal 1998:546; Bringselius 2010:4), wird dem strategischen Management geraten, dass bei der Konzeption von Zielvorgaben und Leistungsmessungen die Mitarbeiter einbezogen werden sollen (Bogumil, Grohs & Kuhlmann 2006:162; Stöbe-Blossey 2005:280; Paton 2006:221–223; Bogumil & Jann 2009:241; Böhret 2005:48; Tummers 2011:576). Die Antworten der vorgenannten Autoren orientieren sich an den sechs Reaktionen auf Widerstände, die in dem 1979 erschienen Text von Kotter und Schlesinger genannt werden (Kotter & Schlesinger 2008:7). Dem mittleren Management werden die Zeit, die Nähe und die lokalen Kenntnisse zugeschrieben, die geforderte Einbindung der Mitarbeiter organisieren zu können (Paton 2006:222–223). Das strategische Management benötigt diese Hierarchieebene bei der organisationspolitischen Herausforderung der Umsetzung der Zielvorgaben im operativen Alltag.

Auf der anderen Seite wurde schon in Kapitel 1.4.3. dargestellt, dass mittleres Management und SLB gemeinsame Werte und Arbeitsauffassungen aushandeln und annehmen. Zielvorgaben stellen das strategische Management vor die Aufgabe, das mittlere Management für die Umsetzung dieser Zielvorgaben gewinnen zu müssen, da ihm selbst die Ressourcen dafür fehlen: Es muss aus der vorhandenen lokal-operativen eine strategisch-operative Allianz schmieden.

Zielvorgabenumsetzungen sind also in der Konsequenz eine Koproduktion zwischen strategischem und mittlerem Management. Damit erfährt das mittlere Management eine Rollenänderung vom vorgesetzten Kollegen zum kontrollierenden Vorgesetzten, während die SLB ihren „Partner im Geiste" verlieren. Somit tritt das ein, was man klassischerweise von einem Vorgesetzten-Mitarbeiterverhältnis erwartet, was aber in Sozialverwaltungen bisher nur eingeschränkt der Fall war.

4.2.2. Dienstleistungen unter Legitimationsdruck

Im Jahr 2013 sahen die Zielvereinbarungen nach § 48b SGB II des Main-Kinzig-Kreises vor, dass die Integrationsquote um 2,5 Prozentpunkte steigen und der durchschnittliche Bestand an Langzeitarbeitslosen um 0,5 Prozentpunkte sinken solle. Dies sind

Outcome- oder Wirkungsziele, die mit den Outputs der Organisation erreicht werden sollen. Diese betriebswirtschaftlichen Outputs bei Jobcenter werden rechtlich im § 16 des SGB II als Leistungen zur Eingliederung in Arbeit definiert (Münder & Armborst 2007:251). Wirkungsziele bedeuten für die Jobcenter, dass diese Eingliederungsleistungen das bisherige Hemmnis zur Integration in Arbeit innerhalb des festgelegten Zeitraums beseitigen müssen. Die Auswahl aus den zur Verfügung stehenden Instrumenten treffen SLB in den Jobcentern im Rahmen ihres Ermessens, die aus zwei Gründen nur schwer die Kausalität zwischen Handeln und Wirkung in einem bestimmten Zeitraum gewährleisten können.

Erstens setzt diese notwendige Bedingung voraus, dass der SLB die kausale, also die erklärende Variable identifiziert, die bisher die Integration in Arbeit verhindert hat. Bereits bei der Identifikation der Variable werden die SLB allerdings Probleme haben, denn nicht alle Ursachen werden durch Gespräche zu erheben sein, ohne dass der Klient mithilft. Ein solches Problem stellen beispielsweise Suchtprobleme oder psychische Erkrankungen dar. Über 30 % der hilfebedürftigen Menschen mit Anspruch auf das SGB II sind an einer Schizophrenie, affektiven Störungen oder Verhaltensstörungen erkrankt (Schubert u. a. 2013:14–17). In der Kürze und bei der Seltenheit des Kontakts, aufgrund der bereits dargelegten ökonomischen Restriktionen der SLB, sind solche Erkrankungen nicht leicht erkennbar, sondern können lange unerkannt bleiben. Zudem können SLB bei einem Klienten mit einer in der Regel langjährigen Erwerbsbiografie über die Gründe der vergangenen Ablehnungen jenseits klassischer Zeugnisunterlagen teilweise nur spekulieren. Leistungen und Verhalten in vergangenen Arbeitssituationen sind im Nachgang und aus der Distanz nur sehr begrenzt bewertbar. Insgesamt ist folglich das Handeln der SLB, entgegen der Logik der Zielvorgaben, weniger planerisch als vielmehr experimentell geprägt.

Zweitens setzt das Erreichen des vorgegebenen Ziels voraus, dass mit einer Intervention seitens der SLB die Variable innerhalb eines bestimmten Zeitraums so verändert werden kann, dass einer Integration in Arbeit nichts mehr im Wege steht – doch dies ist für SLB überaus schwierig zu bewerkstelligen. Gerade bei den bereits erwähnten psychischen Krankheiten ist meist weder inhaltlich noch zeitlich eine einfache Aussage darüber möglich, bis wann und ob überhaupt mit einer Intervention diese Krankheit behoben werden kann. Zudem verfügen SLB in der Regel nicht über die nötigen Fachkenntnisse oder Ausbildung bezüglich psychischer Erkrankungen.

Um überhaupt Details über integrationsrelevante Erkrankungen zu erfahren, bedarf es der Mitwirkung des Klienten. Aus datenschutzrechtlichen Gründen sind diese Details ansonsten nicht verfügbar. Zudem sind qualifizierende Maßnahmen zur Veränderung der identifizierten Variablen mit der Unsicherheit verbunden, inwieweit die erwünschte Wirkung auch tatsächlich eintritt. Versuche, die Wirkung der Arbeitsmarktinstrumente empirisch zu beweisen, sind methodisch schwierig. Bereits Diekmann (2004: 297-300) benennt die methodischen Probleme bei der Wirkungsanalyse von Fortbildungsprogrammen in Form randomisierter Studien, insbesondere in Bezug auf den Ausschluss möglicher dritter Variablen oder den Effekt vorsortierter überdurchschnittlich qualifizierter Teilnehmer. Ebenso geraten Evaluationsstudien mittels quasi-experimenteller Designs schnell an die Grenzen der Umsetzung in der Praxis, wenn es etwa darum geht, Klienten auf Programme zufällig zuzuweisen, was der rechtlichen Vorgabe schnellstmöglicher Hilfen widerspricht (Diekmann 2004:300–304). McDavid und Hawthorn etwa behelfen sich mit drei Bedingungen zum Beweis der Kausalität: eine zeitliche Asymmetrie zwischen dem Programm und der Wirkung, eine Gleichzeitigkeit der ursächlichen Variable und der Effektvariable sowie keinerlei alternative Hypothese zur Ursache (McDavid & Hawthorn 2006:120-121). Trotzdem kann insbesondere die letzte Bedingung nie ganz ausgeschlossen werden. Für SLB und deren Instrumenteneinsatz bedeutet dies, dass zwischen initiierter Maßnahme und Beseitigung des angenommenen Integrationshemmnisses stets ein hohes Maß an Unsicherheit bestehen bleibt. Schlussendlich kann selbst der erfolgreiche Abbau eines Integrationshemmnisses noch nicht garantieren, dass ein Arbeitgeber den Klienten einstellt. Hier kommen konjunkturelle Ursachen der Arbeitslosigkeit hinzu, die im Wesentlichen vom individuellen SLB nicht beeinflussbar sind. Die Folgen für SLB und ihr Verhältnis zum Träger ist erheblich: Sie können dem Träger ihren Beitrag zur Zielerreichung weder zeitlich noch inhaltlich garantieren und sind trotzdem auf dieser Basis rechenschaftspflichtig.

4.2.3. Peergroups zwischen Konkurrenz, Koproduktion und Kritik
Wie schon zuvor festgestellt wurde, sind Peergroups eine der wichtigsten Einflussgrößen auf das Ermessen. Die Akzeptanz unter Kollegen ist wichtig, um Arbeit überhaupt erledigen zu können. Hierdurch wird die Beschleunigung der Fallbearbeitung erst möglich. Zudem erhalten SLB über diese Akzeptanz Anerkennung und Wertschätzung, was wiederum motivierend wirkt. Zielvorgaben bedeuten eine Veränderung dieser Form der gegenseitigen Akzeptanz auf mehrfache Art und Weise. SLB werden mit anderen SLB bezüglich der Frage verglichen, wie erfolgreich sie etwa bei der Anzahl der Integrationen in Arbeit sind, nicht nur auf der intrainstitutionellen, sondern auch auf der intraorganisationellen Ebene, etwa mittels Vergleich von Teams oder Standorten. Bei der Frage, was ihr Beitrag zur Zielerreichung ist, werden innerhalb desselben Standorts SLB mit unterschiedlichen Tätigkeitsschwerpunkten in eine Wettbewerbssituation zueinander geraten. Diese Tendenzen eines Auseinanderdividierens stehen aber im Kontrast zur notwendigen verstärkten Kooperation oder Koproduktion zur Zielerreichung. So sind die verschiedenen SLB mit unterschiedlichen Funktionen unbedingt auf die Vorarbeiten und die gemeinsame Arbeit am Klienten angewiesen: Das Einwirken auf den Klienten, Informationen über dessen Interessen oder beispielsweise die Gewährung von aktiven Leistungen zum Bewerbungsgespräch können in den Aufgabenbereich anderer SLB im selben Team fallen. SLB müssen die Ermessen anderer SLB tolerieren und können nicht allein für sich entscheiden, im Sinne des Wirkungsziels mit dem Klienten autonom zu interagieren.

Insgesamt ist von einer Parallelität aus Annäherung und Entfernung von SLB innerhalb der Organisation auszugehen, je nachdem, ob man gemeinsame Zielvorgaben hat und mit denselben oder unterschiedlichen Klienten arbeitet. Gleichzeitig können Urteile und Entscheidungen anderer SLB nicht mehr einfach übernommen werden, sondern sie müssen kritisch hinterfragt werden. Jeder Klient bedeutet eine Chance zur Zielerreichung. Zudem verändert sich die Interaktion mit anderen SLB, die keine

Zielvorgaben haben, aber auf deren Arbeit man angewiesen ist. Die Interaktionen dürften damit zwangsläufig weniger kollegial und potenziell konfliktträchtiger werden.

Die bisher geführte Diskussion über den Forschungsstand bleibt allerdings lückenhaft, wenn nicht das aktuelle Wissen zu den Arbeitsidentitäten von SLB in deutschen Arbeitsverwaltungen einbezogen wird. Das ist Gegenstand des nachfolgenden Kapitels, das eine Übersicht über die soziologischen und politikwissenschaftlichen Studien gibt, die sich in den vergangenen Jahren mit SLB in deutschen Arbeitsverwaltungen auseinandergesetzt haben.

5. Street Level Bureaucrats in deutschen Arbeitsverwaltungen

Eine der bis heute am häufigsten zitierten Publikationen ist die Anfang der 1980er Jahre in den Arbeitsämtern Bremen und Bremerhaven durchgeführte Studie von Eberwein und Tholen, welche die dortigen Tätigkeiten als „politisch-sozialen Prozess" untersucht hat (Eberwein & Tholen 1987). Motivation dieser Studie war ein ganzheitliches Verständnis zu gewinnen, wie Arbeitsverwaltungen arbeiten. Dieser Motivation folgend kombinierten die Autoren in einer mehrstufigen und zeitlich versetzten Untersuchung verschiedene qualitative Erhebungsmethoden. Am Ende nahmen sie an 100 Beratungsgesprächen von 20 Hauptvermittlern teil, führten Expertengespräche auf Managementebene und führten eine Dokumentanalyse durch.

Auf dieser empirischen Basis konstruierten sie unter anderem eine „Typologie des Selektions- und Allokationsverhaltens der Arbeitsvermittler": Der Arbeitsvermittler als Makler, Sozialarbeiter, Bürokrat und Berater (Eberwein & Tholen 1987:107–125). Später übernahm Boockmann u. a. (2010:5) diese Typen weitgehend und ließ Mitarbeiter sich hierunter subsumieren, so dass sie eine Aussage zur quantitativen Verteilung dieser Typen tätigen konnte.

– Den Arbeitsvermittler als Makler (Eberwein & Tholen 1987:108–113) kennzeichnet demnach eine oberflächliche Arbeitsintensität mit dem Arbeitssuchenden. Im Zentrum seines

Handelns und seines Rollenverständnisses steht die Vermittlung an sich und eine flexibel „unbürokratische Arbeitsweise" (Eberwein & Tholen 1987:111). In einer späteren Studie von Boockmann ordneten sich 5 % der befragten Mitarbeiter diesem Typ zu (Boockmann u. a. 2010:5).
- Der Arbeitsvermittler als Sozialarbeiter (Eberwein & Tholen 1987:113–117) dagegen akzeptiert gerade in Regionen, in denen die Arbeitsmarktnachfrage schwach ist, seine beschränkte Einflussmöglichkeit auf die Integration in Arbeit. Deshalb dominieren Alltagsprobleme die Gespräche mit Klienten. Neben einer möglichen Vermittlung zieht er vor allem auch aus konkret gegebenen Hilfestellungen seine Motivation. In einer späteren Studie ordneten sich 38 % der befragten Mitarbeiter diesem Typ zu (Boockmann u. a. 2010:5).
- Für den Arbeitsvermittler als Bürokrat (Eberwein & Tholen 1987:117–120) dagegen stehen weniger der Mensch und seine Probleme als die Regeln und der formale Charakter der Arbeitsvermittlung im Vordergrund. In erster Linie gilt es, die vorgegebenen Regeln umzusetzen und die Vermittelbaren in Arbeit zu integrieren, folglich ohne eine nähere Beschäftigung mit den individuellen Ursachen der Arbeitslosigkeit. Eine spätere Studie von Boockmann wandelte diesen Typus in den Begriff des Sachbearbeiters um. Diesem ordneten sich 38 % der befragten Mitarbeiter zu (Boockmann u. a. 2010:5).
- Der Arbeitsvermittler als Berater (Eberwein & Tholen 1987:120–124), der Arbeitsuchende bei Fragen zu Arbeit und Beruf berät und dabei persönliche Angelegenheiten ausklammert, wird als vierter Typ bezeichnet. Er ist im Umgang mit Regeln flexibler als der Bürokrat und arbeitet mit seinem Fachwissen über den Arbeitsmarkt. Boockmann wandelte in einer späteren Befragung diesen Typus in den Begriff des Dienstleisters um, in dem sich eine einfache Mehrheit der Befragten (41 %) wiederfand (Boockmann u. a. 2010:5).

Die Stärken der Studie von Eberwein & Tholen 1987 liegen in dem methodisch-ganzheitlichen Ansatz. Heute würde man von einer „Mixed methods"-Studie sprechen, in der sowohl qualitative als auch quantitative Verfahren angewendet werden. Zudem werden innerhalb der qualitativen Methode mehrere Erhebungsmethoden genutzt. Des Weiteren ermöglichten es die zeitversetzten Befragungen den Autoren, die Entwicklung der Arbeitslosen zu beobachten. Zudem ist für die Studie ein enormer Umfang an Fällen erhoben worden. Die Autoren waren dadurch in der Lage, einschätzen zu können, wie Arbeitsvermittlung tatsächlich stattfindet. Die empirischen Erkenntnisse im Vergleich zur heutigen Situation und der Fragestellung dieser Arbeit zeigen, dass das Ziel der Arbeitsmarktintegration nicht erst mit der Gesetzesreform oder dem NPM formuliert wurde. Die Frage nach der Zielerreichung im Dreieck zwischen Vermittler, Arbeitgeber und Arbeitsuchenden ist seit vielen Jahrzehnten von wissenschaftlichem Interesse. Trotzdem wurden zum damaligen Zeitpunkt Kennzahlen nicht in dem Maße erhoben und verglichen wie heute.

Auf der anderen Seite ist bei der Studie methodisch unklar, wie die Achsen der konstruierten Typen heißen, wodurch nach heutigen Gesichtspunkten die Kriterien einer sozialwissenschaftlichen Typenbildung nur bedingt gegeben sind. Zudem wurden Meinungen an vielen Stellen nur wiedergegeben, ohne diese selbst aktiv zu rekonstruieren, wenn etwa Aussagen über die eigenen Möglichkeiten zur Beeinflussung der Arbeitsmarktintegration von Arbeitsvermittlern einfach dokumentiert wurden (Eberwein & Tholen 1987:119). Des Weiteren ist die Studie durch die strukturellen Veränderungen seit 2005 veraltet. Nach heutigem Recht hat sie sich ausschließlich dem Rechtskreis SGB III gewidmet. Vor allem aber sind die konstruierten Typen unter einer leicht veränderten Fragestellung entstanden. Die Autoren wollten das Allokations- und Suchverhalten der Arbeitsvermittler untersuchen, während das Erkenntnisinteresse dieser Arbeit sich auf den Aspekt der Zielvorgaben fokussiert.

Eine umfangreiche Studie jüngeren Datums ist die von Boockmann (2010), die in zehn Arbeitsagenturen (SGB III) und 16 SGB II-Trägern vom März bis zum Juni 2009 durchgeführt wurde. Hierbei antworteten am Ende 462 Vermittler und Fallmanager auf die Fragen. Die Studie enthält zwei Arten von Erkenntnissen in Bezug auf meine Fragestellung. Erstens enthält sie einige deskriptive Auskünfte über das Gesamtkonzept „Steuerung", die interessant sind: So sehen 29 % der Befragten eine Regelorientierung,

50 % sehen dies teilweise und 20 % sehen die Entscheidungsfreiheit als Voraussetzung für eine erfolgreiche Arbeit. Das Profiling benennen 53 % als hilfreich oder sehr hilfreich, 25 % sehen es als teilweise hilfreich und nur 12 % lehnen es ab. Diese Erkenntnisse zeigen eine gewisse Bandbreite professioneller Werte über grundsätzliche Orientierungen sowie unterschiedliche Akzeptanzgrade von SLB bezüglich bestimmter NPM-Instrumente seitens des Trägers. Zweitens beantwortet die Studie, wie SLB Handlungsspielräume, also das Ermessen, aus ihrer eigenen Wahrnehmung heraus ausüben. Aus Fragebögen wurden die Variablen ausgewählt, „die nach handlungstheoretischen Überlegungen [...] verschiedenen Vermittlerstrategien zugeordnet werden können" (Boockmann u. a. 2010:7). Anschließend wurden diese reduziert und einer Faktorenanalyse unterzogen und nach den beiden Rechtskreisen getrennt. Hieraus resultierend wurden „fünf Strategiedimensionen der Vermittlungsfachkräfte und Beispiele für dazugehörige Einstellungen und Handlungsanweisungen" identifiziert (Boockmann u. a. 2010:7): Betreuungsintensität, individuelle Vorgehensweise, Vermittlungsorientierung, Normakzeptanz sowie Nähe zum Kunden. In erster Linie konnte das Ziel erreicht werden, unterschiedliche Strategien zwischen den Rechtskreisen zu zeigen. Andererseits konnten mit Hilfe der Faktorenanalyse die Variablen dazu identifiziert werden. Die Studie liefert folglich überzeugende empirische Beweise dafür, dass die Mitarbeiter den Ermessensspielraum „aktiv" füllen. Sie basiert auf den Antworten der Mitarbeiter selbst. Allerdings bezieht sich die Studie auf den Zeitraum vor der verpflichtenden Einführung von Zielvorgaben. Zu dieser Thematik enthält sie von daher nur indirekt eine Aussage.

Im Sommer 2005 fanden in elf Arbeitsagenturen mit jeweils sechs Arbeitslosen und sechs Arbeitsvermittlern qualitative Leitfadeninterviews statt, die in 2006 in ähnlicher Konstellation in drei Bezirken wiederholt wurden (N = 67). Thematisiert wurden hierbei Ziele, Instrumente und deren Umsetzung (Behrend & Ludwig-Mayerhofer 2008:40; Behrend 2007:99). Aus derselben Stichprobe resultierte eine rekonstruktive Auswertung des empirischen Materials unter unterschiedlichen Gesichtspunkten.

Die Autoren gingen der Frage nach, wie Arbeitsvermittler damit umgehen, dass sie bestimmte Klienten nie in den Arbeitsmarkt integrieren können, trotzdem aber gezwungen sind, vor dem Hintergrund des „Aktivierungsparadigmas" (Behrend & Ludwig-Mayerhofer 2008:45) mit diesen zu interagieren. Ausgehend von diesem Dilemma konstruierten die Forscher vier Deutungsmuster, um die individuellen Lösungsstrategien kategorisieren zu können.

- Das „sozialstaatskonservative Deutungsmuster" (Behrend & Ludwig-Mayerhofer 2008:45–47) attestiert SLB letztendlich eine deterministische Grundhaltung, wonach die Arbeitslosigkeit das Resultat einer nicht zu verändernden Situation ist, die dadurch charakterisiert werden kann, dass der Klient über nicht behebbare defizitäre Ressourcen verfügt und der Arbeitsmarkt nicht erreichbare Anforderungen stellt. Die „Auflösung" seitens des SLB besteht darin, mit dem Klienten nicht weiter intensiv zu arbeiten. Das ist seine Form des Ermessens unter den wahrgenommenen Bedingungen.
- Das „traditionell paternalistische Deutungsmuster" (Behrend & Ludwig-Mayerhofer 2008:47–48) geht ebenso von den Anforderungen des Arbeitsmarkts als verursachende Variable aus. Allerdings unterscheidet es sich in seinem Bezug zum Klienten und dessen Bedürfnissen, ihm fehlt die „politische Reflexion" (Behrend & Ludwig-Mayerhofer 2008:48) des vorgenannten Musters.
- Das aus Sicht der Forscher selten anzutreffende „arbeitsreligiöse Deutungsmuster" (Behrend & Ludwig-Mayerhofer 2008:48–50) sieht Arbeit als zentrales Element im Leben eines Jeden an, dem eine „heilende und erlösende Wirkung" (Behrend & Ludwig-Mayerhofer 2008:49) nachgesagt wird.
- Das vierte Deutungsmuster ist das des „Aktivierens" (Behrend & Ludwig-Mayerhofer 2008:50–53) und dieses wurde am häufigsten angetroffen: Nach dieser Auffassung wird und soll jeder Klient Arbeit bekommen. Hierzu soll die notwendige Hilfe organisiert werden, unter Umständen auch mit Überzeugungsarbeit und unter Erläuterung der gesetzlichen Rahmenbedingungen, die auch Zwangsmaßnahmen vorsehen.

Behrend (2007) hat auf dieser Datenbasis eine weitere Fragestellung untersucht unter dem Gesichtspunkt, wie die Mitarbeiter mit den vorgegebenen Kundengruppen (Markt-, Forder-, Förder- und Betreuungsprofil) umgehen. Eine solche Klientensegmentierung ist nach Ansicht einiger Vermittler „alter Wein in neue Schläuche". So sind die Begriffe zwar andere, aber die Klienten sind dieselben. Es ist allein eine weitere Notwendigkeit dazugekommen, einen „Haken zu machen" (Behrend 2007:104), also eine weitere Regel anzuwenden. Auf der anderen Seite stellte er aber auch fest, dass die Eingruppierungen den wahrgenommenen Ermessensspielraum der Vermittler verkleinern, zumal bestimmte Fördermöglichkeiten mit der Eingruppierung automatisch möglich oder nicht möglich sind. Insgesamt fasst er dementsprechend diese Standardisierung der Interaktionen in der Betrachtung der Vermittler als Notwendigkeit auf, mit begrenzten Ressourcen umzugehen, auch wenn dies beim Einzelnen „zu Lasten eigener Emotionalität" gehe (Behrend 2007:112–115).

Beide Analysen profitieren von dem umfangreichen empirischen Datenmaterial und der Bandbreite an Themen, die in den Interviews zur Sprache kommen. Der Weg, den das Datenmaterial von der Erhebung bis zur Darstellung „zurückgelegt" hat, ist methodisch schwer zu beurteilen. In der Publikation fehlt die Darstellung der gewählten qualitativen Methode. Interessant sind die Erkenntnisse beider Studien, die zeigen, dass das SGB II den SLB eine Bandbreite an Handlungsmustern ermöglicht, diese aber auch notwendig macht. Jedoch sind die Ergebnisse auf zwei Fragestellungen fixiert, die nur am Rande mit den Zielvorgaben zu tun haben. Zudem lag der Zeitpunkt der Erhebung vor der Einführung der quantitativen Zielvorgaben und der Kennzahlenvergleiche, so dass der Übertragbarkeit Grenzen gesetzt sind.

Ames (2008) unternahm im Rahmen einer explorativen Studie im Auftrag der Hans-Böckler-Stiftung 28 Interviews in unterschiedlichen SGB II-Trägern. Sie wollte unter anderem herauszufinden, „wie die Arbeitsvermittler/-innen und persönliche Ansprechpartner [...] selbst ihre Arbeitssituation erleben, welche Aspekte [...] sie als Belastung wahrnehmen und [...] wie sie ihre Rolle verstehen [...]" (Ames 2008:5). So identifizierte sie in Bezug auf die Arbeitssituation vier Themen, die als belastend empfunden wurden: „Statistiken, Benchmarking, Controlling" (Ames 2008:16). Die damit einhergehenden Tätigkeiten stünden im Kontrast zur Arbeit am Menschen und werden in den Interviews als schwerwiegendes „Problem" konstatiert (Ames 2008:16-25) wie auch, als zweites, die „Belastung durch zu hohe Klientenzahlen" (Ames 2008:25-28). Die tatsächliche Spannbreite von 100 bis zu mehr als 400 Klienten unterscheide sich deutlich von der als ideal empfundenen Größe eines Klientenstamms von 75-250. Drittens würden der „Druck und fehlende Anerkennung durch Vorgesetzte" (Ames 2008:33-38) als problematisch eingestuft. Hier setzte sich die Hälfte der Interviewten kritisch mit den Vorgesetzten auseinander, was zum vierten und letzten Thema führt, das arbeitsvertraglicher Natur war: Befristete Beschäftigungsverhältnisse, fehlende Entwicklungsmöglichkeiten und schlechte Entlohnung belasteten die Befragten (Ames 2008:38-43). In Bezug auf die Rollenverständnisse gab Ames im Wesentlichen die Bandbreite von Meinungen der Mitarbeiter zu fünf Themen wieder (Ames 2008:126-150): zum einen die „Kritik an Hartz IV" (Ames 2008:127-133) mit einem uneinheitlichen Meinungsbild zu diversen gesetzlichen Vorgaben; zweitens die unterschiedlichen Auffassungen dazu, wie der Mitarbeiter seine Arbeit sieht und welche Erwartungen von Seiten des Vorgesetzten bestehen (Ames 2008:136-137), insbesondere die Erwartungen an die Erfüllung statistischer Vorgaben, die überwiegend kritisch bewertet wurden; drittens die „Einschätzung der eigenen Kompetenz und Fortbildungswünsche" (Ames 2008:139-144), wobei überwiegend die eigene Qualifikation als gut eingeschätzt wurde, während weitere Fortbildungen eingefordert wurden. Viertens die Wahrnehmung der Klienten (Ames 2008:144-157). Dabei spielt insbesondere deren mangelnde Fähigkeit, eine Arbeit aufnehmen zu können, eine wichtige Rolle, etwa durch Krankheit oder Schwarzarbeit. Letztes Thema der Rollenwahrnehmung bezieht sich auf Sanktionen (Ames 2008:158-170) und die unterschiedlichen Meinungen zu der entsprechenden Gesetzeslage.

Die Studie erfüllt das selbstgesteckte Ziel, die Probleme der Mitarbeiter, die das SGB II anwenden, aufzunehmen. Interessant für die Fragestellung dieser Studie ist die relativ häufige Nennung von Statistiken als Unzufriedenheitsfaktor. Vor dem Hintergrund der verpflichtenden Zielvereinbarungen seit 2012 dürfte dieses Problem eher an Bedeutung gewonnen als verloren haben. Dies zeigt, dass das Thema ein in der Praxis vieldiskutiertes ist. Allerdings sind mehrere Einschränkungen beim Wissenstransfer zu berücksichtigen, die sich aus der Methode, der Auswertung und den Rückschlüssen der Studie ergeben.

So kommen etwa die Rollenverständnisse ohne einen theoretischen Unterbau aus, so dass es zuweilen bei Zusammenfassungen von Problemthemen verbleibt. Hier fehlt eine analytische Durchdringung des Datenmaterials, die einem erkennbaren qualitativen Auswertungsschema folgt. Folglich bleibt auch auf der Erkenntnisebene die Erkenntnis stehen, dass ein sehr heterogenes Meinungsbild existiert und „ein konsistentes Rollenverständnis" für die Autorin „nicht erkennbar" wird (Ames 2008:187). Hier wäre gerade die Heterogenität zu durchdringen gewesen, um Muster dahinter kenntlich zu machen. Doch stand hier wohl die Auftragserfüllung der Problemwiedergabe vor der konsequenten Anwendung einer qualitativ-wissenschaftlichen Methodik.

Diese methodischen Schwächen führen dazu, dass diese Studie nur mit Einschränkungen geeignet ist, zum wissenschaftlichen Verständnis beruflicher Identitäten von SLB beizutragen – auch wenn einige Beobachtungen in ihrer sprachlichen Pointierung zum Verständnis des Kontexts beitragen.

Schlussendlich ist noch die unveröffentlichte Studie von Bartelheimer u. a. (2013) zu nennen, die bei 72 Vermittlungsfachkräften deren Aufgabenverständnis und Handlungsmodelle untersuchte. Die Forscher fragten, was die Fachkräfte unter ganzheitlicher Betreuung verstehen, welche Hemmnisse und Unterstützungsbedarfe sie bei Klienten identifizieren und „wie sie arbeiteten". Auf Basis der Interviews konstruierten die Autoren zwei Achsen, anhand derer sie eine Typologie entwarfen.

Die erste Achse richtet sich danach aus, worin die Fachkräfte „das zu bearbeitende Problem" bei dem Klienten sehen (Bartelheimer 2013:3-5). Es dominieren vier charakteristische Problemsichten, die nachfolgend wiedergegeben werden: erstens „normgerechtes Bewerbungsverhalten" (Bartelheimer 2013:3), also die Frage, ob die Arbeitslosen sich so verhalten, wie es gesetzlich vorgesehen ist; zweitens „Konzessionsbereitschaft und Strategieänderung" (Bartelheimer 2013:3) – hierbei erkennen die untersuchten Fachkräfte an, dass sie am Markt nichts ändern können und passen ihre Strategie daraufhin an, indem sie beispielsweise nicht die Arbeitsmarktintegration, sondern die Abwanderung in die Rentenversicherung als Ziel avisieren. Drittens „beide Marktseiten im Blick" (Bartelheimer 2013:4), das sind jene Vermittlungsfachkräfte, die versuchen, beide Seiten unter schwierigen Bedingungen zusammenzubringen. Viertens „Unterstützungsbedarf im Einzelfall" (Bartelheimer 2013:4-5), dabei geht es darum, dass sich die Vermittlungsfachkräfte als Dienstleister am Kunden verstehen, die den Kunden individuell beraten und helfen, einschließlich seiner jeweiligen Stärken und Schwächen.

Die zweite Achse besteht aus einer Art Arbeitshypothese, wie die Fachkräfte die Beziehung zu den Arbeitslosen zu gestalten versuchen (Bartelheimer 2013:5-7). Auch hier dominieren nach Ansicht der Forscher vier Varianten, die im nachfolgenden dargestellt werden: erstens „Pflichten nachhalten" (Bartelheimer 2013:5), also als Vermittler das Gesetz vertreten und durchsetzen; zweitens „Geschäftsziele im Einzelfall erreichen" (Bartelheimer 2013:5-6), das individuelle Anpassen des Umgangs an den Arbeitslosen als „‚Gratwanderung'"; drittens „Als Experte/Expertin Regeln setzen" (Bartelheimer 2013:6), das heißt zur möglichst effizienten Bearbeitung; viertens, „Mitreden lassen", wobei der Interaktion mit dem Klienten Raum gegeben wird, damit „‚alle Themen auf'n Tisch'" kommen können. In der Kombination dieser Merkmale hat man die 67 Fachkräfte bestimmten Typen zugeordnet (Bartelheimer 2013:8-9), die im Nachfolgenden wiedergegeben werden:

– Modell A1/B1 bezeichnet die „regelorientierte und direktive Fallbearbeitung" (Bartelheimer 2013:8), die in einer uniformen Interaktion mit dem Klienten auf Basis bestehender Gesetze resultiert.
– Modell A2/B2 bezeichnet „pädagogische Anforderungen mit dem Ziel Verhaltensänderung" (Bartelheimer 2013:8). Diese Typen interagieren individueller am jeweiligen Fall. Trotzdem üben sie bei Bedarf Druck aus.

- Modell A3/B3 identifiziert „spezialisierte[r] Vermittlungsdienstleister" (Bartelheimer 2013:8), die den Weg vorgeben und sich auch sicher sind, dass dieser der richtige ist.
- Modell A4/B4 verbindet eine „fallbezogene Problemwahrnehmung mit einer aushandlungsorientierten Arbeitsbeziehung" (Bartelheimer 2013:8). Diese Typen können ihre Sicht durchaus ändern.

Die Grenzen der Übertragbarkeit dieser Studie liegen in der Fokussierung auf Mitarbeiter in einem Projektteam, dem Trägertypus und dem Rechtskreis. Trotzdem konnte die Studie eindrucksvoll die Verbindung zwischen der Arbeitsdisposition, in dieser Studie als Handlungsmodell bezeichnet, und dem Ermessen von Fachkräften oder SLB aufzeigen. So führten die vier konstruierten Handlungsmodelle der Fachkräfte zu unterschiedlichen Gestaltungen der Interaktionen mit Kunden und Arbeitgebern. Interessanterweise spielen allerdings Zielvorgaben, Peergroups und das mittlere Management, denen eigentlich eine hohe Bedeutung beigemessen wird, bei dieser Studie keine Rolle.

6. Zusammenfassung

Es gibt eine rechtliche und eine sozialwissenschaftliche Konstruktion des Ermessens. Die rechtliche Seite sichert gleichgelagerte Entscheidungen in ähnlichen Fällen und so das demokratische Handeln der Verwaltung. Darüber hinaus betont die sozialwissenschaftliche Diskussion die funktionelle Bedeutung des Ermessens für die Bewältigung des Arbeitsalltags von SLB, darunter fallen etwa das Management der Ressourcen, der Policies und der sozialen Interaktionen.

Zum Management der Ressourcen benötigen SLB ihr Ermessen, um die bestehenden Rechtsansprüche einer unterjährig dynamischen Anzahl an Klienten mit der jährlich fixen Höhe finanzieller und zeitlicher Ressourcen in Einklang zu bringen. Zum Management unterschiedlicher Policies brauchen SLB ihr Ermessen, um widersprüchliche und vage Vorgaben der Organisation, Profession und Gesetze in den Arbeitsalltag einer maschinellen und professionellen Bürokratie zu integrieren. Beim Management der sozialen Interaktionen benötigen SLB das Ermessen, um mit Klienten, Peergroups und dem Management situationsabhängig erfolgreich interagieren zu können. Die SLB-Klienten-Interaktion ist dabei in zwei Richtungen zielgerichtet: Der SLB muss vor allem sein Auswahlermessen ausüben, also den individuellen Fall unter ein vorgegebenes, starres Kriteriensystem subsumieren. Der Klient dagegen erwartet finanzielle und persönliche Hilfen, ohne dabei aber seine Ansprüche genau zu kennen. Zudem konstruiert der SLB bewusst diese Beziehung zum Nachteil des Klienten, weswegen gemeinhin von einer machtasymmetrischen Beziehung gesprochen wird. In Gänze ist der SLB in der Lage und nutzt diese Stellung, um in Abhängigkeit von der eigenen Dispositionen Klienten zu bevorzugen oder zu benachteiligen. Insbesondere Peergroups haben auf die individuelle Konstruktion der Arbeitsdispositionen einen starken Einfluss. Kontrovers wird dabei die Rolle der Manager diskutiert. Während ältere Erkenntnisse von einer natürlich antagonistischen Beziehung ausgehen, sprechen jüngere Erkenntnisse für eine lokale Wertegemeinschaft zwischen SLB und dem mittleren Management auf der einen und dem strategischen Management auf der anderen Seite.

Die Einführung von Zielvorgaben ist eine Policy-Entscheidung, die im Wesentlichen zwei organisatorische Adaptionen von SLB im SGB II erfordern. Erstens gilt dies für die Interaktion mit dem Klienten, der vom Objekt der Bewertung im Verlauf des Integrationsprozesses zum Subjekt wird, denn ohne dessen Mitwirkung in der Interaktion kann der SLB weder die Hindernisse zur Integration identifizieren noch diese beseitigen. Außerdem hat ein SLB weniger Zeit zur Verfügung, um eigene Gerechtigkeitsideale durchzusetzen, da sich seine Schwerpunktsetzung allein auf die Integration in Arbeit beschränken muss. Die Zielvorgaben verlangen vom SLB detailliertere Prüfungen des einzelnen Klienten in Bezug auf dessen Potenzial zur Arbeitsmarktintegration. Somit begrenzen Zielvorgaben von zwei Seiten die Möglichkeiten zur eigenen Ausgestaltung der Arbeit.

Zum anderen verändert sich die Beziehung zum Jobcenter. Das strategische Management ist aufgrund des Informationsmonopols auf das mittlere Management angewiesen, um die Zielvorgaben erfolgreich einzuführen. Aus Sicht der SLB ist damit eine Distanzierung vom mittleren Management verbunden. Gleichzeitig können SLB gegenüber dem Träger nicht garantieren, dass initiierte Maßnahmen zum Abbau der Integrationshemmnisse auch tatsächlich innerhalb einer bestimmten Zeit eine Integration garantieren. Zudem steht die bisher auf Koexistenz beruhende Interaktion unter Druck, da SLB nun untereinander in Konkurrenz stehen und gleichzeitig aufeinander angewiesen sind, um die Ziele zu erreichen.

Die Forschung zu Arbeitsidentitäten in deutschen Arbeitsverwaltungen bezieht sich im Wesentlichen auf vier Studien. Es gibt die Typologie der Selektions- und Allokationsmechanismen, die die Arbeitsvermittler als Makler, Sozialarbeiter, Bürokrat und Berater konstruieren. Dazu kommen die fünf Strategiedimensionen bei Vermittlungsfachkräften, anhand derer unterschiedliche Formen des Ermessens unterschieden werden können: Betreuungsintensität, individuelle Vorgehensweise, Vermittlungsorientierung, Normakzeptanz sowie Nähe zum Kunden bei Boockmann. Behrend identifiziert vier unterschiedliche Formen des Umgangs mit Chancenlosigkeit bei Vermittlern: das sozialstaatskonservative, das traditionell paternalistische, das arbeitsreligiöse und das aktivierende Deutungsmuster. Amens identifiziert zum einen vier Probleme und zum anderen vier Themen für das Rollenverständnis bei der Arbeit von SLB im SGB II: Statistiken, Benchmarking, Controlling, Belastung durch zu hohe Klientenzahlen sowie Druck und fehlende Anerkennung durch Vorgesetzte. Die vier Themen, die für das Rollenverständnis entscheidend sind, sind die Kritik an Hartz IV, unterschiedliche Auffassungen zwischen Mitarbeitern und Vorgesetzten, die Einschätzung der eigenen Kompetenz und der Fortbildungswünsche sowie die Wahrnehmung der Klienten in der Interaktion.

Im Verlauf der letzten Jahre wurden also immer wieder Studien zu den Arbeitsidentitäten von SLB in deutschen Arbeitsverwaltungen vorgelegt. Allerdings sind die zuletzt eingeführten Zielvorgaben über den § 48 SGB II bisher weitgehend unberücksichtigt geblieben, obwohl sie vor dem Hintergrund der theoretischen Diskussion erheblichen Wandel nach sich ziehen. Diese Lücke zu schließen ist Gegenstand und Aufgabe dieser Arbeit.

7. Erwartungen an die Empirie

Diese Arbeit will die breit rezipierten vorangegangenen Forschungsergebnisse bewusst nicht negieren, sondern die daraus resultierenden Annahmen im Sinne der „Illusion der vollkommenen Vorurteilsfreiheit" (Lamnek 1993:128) transparent machen. So resultieren aus der Literaturrezeption und -diskussion an die Empirie folgende fünf Erwartungen:

1. Die Erweiterung des § 48 SGB II mit Leistungsvergleichen und Zielvereinbarungen dürfte den SLB erhebliche adaptive Anpassungsleistungen abverlangen, sowohl was ihre Beziehungsebene zu zentralen Akteuren, insbesondere zu Klienten, Peergroups und mittlerem Management, als auch, was ihre bisherige gruppengeprägte Kultur des Ermessens anbelangt. Kurzum: Die Ziele dürften auch auf der vielfach skizzierten kollegialen Ebene diskutiert werden oder einfacher formuliert „ein Thema sein".
2. Der zentralen Annahme der SLB-Theorie folgend, dürfte dieser Wandel zu verschärften Konflikten innerhalb der SGB II-Träger führen – zumindest zu erheblichem Kommunikations- und Abstimmungsbedarf aufgrund unterschiedlicher und neu auszutarierender Interessenlagen.
3. Das Maß an Unzufriedenheit mit der Tätigkeit dürfte bei einem Teil der SLB zunehmen: Sie können durch die neuen Rahmenbedingungen vermutlich ihre Gerechtigkeitsideale weniger umsetzen als bisher, so dass ein Teil der Motivation wegfällt oder eine neue Strategie zur Verwirklichung unter veränderten Rahmenbedingungen gefunden werden muss.
4. Die Kommunikation innerhalb der Agency müsste unter den Bedingungen einer vollumfänglichen Umsetzung der Zielvorgaben für jeden Teil der Organisation erheblich um Zielvorgaben „kreisen": Sämtliche Aktivitäten und Dialoge mit dem Klienten dürften vor dem Hintergrund des Kriteriums „möglicher Beitrag zur Zielerreichung" direkt oder indirekt bewertet werden. Dazu gehört auch eine mögliche sport- oder wettbewerbsartige Grundhaltung, bei der ein andauernder „Soll-Ist"-Vergleich stattfindet.

5. Schlussendlich dürfte eine erhebliche Pluralisierung der Dispositionen der SLB zu beobachten sein: Die Vorgaben sind eine neue Thematik in der Arbeitswirklichkeit der SLB. Damit entstehen neue Bewertungskriterien und Möglichkeiten der Identitätsbildung, die vielfältig bewältigt werden dürften.

Kapitel II: Methode

1. Forschungsdesign

Diese Studie untersucht SLB, deren Jobcenter für die Arbeitsmarktintegration ihrer Klienten mittels Zielvorgaben verantwortlich gemacht werden. Der Schwerpunkt liegt auf dem Individuum am Ende der Politik-Implementationskette. Um dessen soziale Konstruktion der Wirklichkeit zu erfassen, stehen in den empirischen Sozialwissenschaften grundsätzlich das quantitative, das qualitative Forschungsdesign oder eine Kombination von beiden zur Verfügung (Creswell op. 2009:3). Ein quantitatives Forschungsdesign ist ein deduktives Verfahren, um Theorien durch den Zusammenhang zwischen messbaren Variablen mittels statistischer Verfahren zu testen (Creswell op. 2009:4). Es verifiziert oder falsifiziert Hypothesen und Theorien (Diekmann 2004:100–158). Qualitative Forschung dagegen ist ein induktives Verfahren, um den Sinn und die Bedeutung von Individuen und Gruppen gegenüber einem sozialen oder menschlichen Problem zu erfassen und zu verstehen (Creswell op. 2009:4). Ziel dieser Studie ist ein ganzheitliches Verständnis von SLB unter den Bedingungen von Zielvorgaben. Gerade qualitative Daten bieten den Vorteil, dass sie zunächst einmal ungefiltert eine Erzählung aus Sicht des Individuums wiedergeben. Es bietet damit einen weniger vorgefilterten Einblick in die Konstruktion der Wirklichkeit. Die Stärke der qualitativen Sozialforschung ist die breitbandige Erfassung des Untersuchungsgegenstands (Witt 2001:4), indem sie offen, kommunikativ, prozesshaft und reflexiv vorgeht (Lamnek 1993:21–30).

Innerhalb der qualitativen Sozialforschung stehen fünf Forschungsstrategien zur Verfügung: „Ethnographie", „Grounded Theory", „phänomenologische Forschung", „narrative Verfahren" und die „Fallstudie" (Creswell op. 2009:13). Da der § 48 SGB II erst 2011 eingeführt wurde, fiel die Entscheidung für eine Fallstudie. Eine Fallstudie erfasst gegenwärtige Phänomene ein oder mehrerer Individuen (Yin 2009:2). Im Rahmen dieser Studie ist ein Fall als die Arbeitsidentität eines SLB unter den Bedingungen der Zielvorgaben für Jobcenter definiert.

Um die Menschen zu finden, die das sozialwissenschaftliche Kriterium des Street Level Bureaucrats erfüllen, hat diese Studie zum einen Menschen darunter definiert, die über einen erheblichen Ermessensspielraum verfügen, indem sie eigenständig rechtswirksame Bescheide erlassen, also als Vertreter des Staates gegenüber Leistungsempfängern des SGB II fungieren. Folglich konzentrierte sich die Studie auf die Rechtsanwender des ehemaligen gehobenen Dienstes, unabhängig davon, welche Rechtsbescheide dies waren, ob Leistungen zur Eingliederung in Arbeit oder Leistungen zum Lebensunterhalt. Entscheidendes Kriterium war, dass sie mit Klienten interagieren. Zum anderen befragte die Studie nur Mitarbeiter, die mindestens seit einem halben Jahr diese Aufgabe wahrnehmen, um nur solche in das Sample aufzunehmen, die sich nach der Einarbeitung mit den Rahmenbedingungen auseinandergesetzt haben.

Die Aufgabe rechtswirksame Bescheide im SGB II zu erlassen, wird in aller Regel von Mitarbeitern in einem der 226 Jobcenter wahrgenommen. Aus forschungspraktischen Gründen hat sich diese Studie auf die 26 Jobcenter des Bundeslandes Hessen beschränkt. Ein Jobcenter ist in einem Landkreis der Träger der Grundsicherung (§ 6 SGB II). Zudem ermöglicht es diese Herangehensweise, SLB unter derselben institutionellen Fachaufsicht, dem hessischen Sozialministerium, und auf Basis derselben Zielvereinbarung, zwischen dem Bund und dem Land Hessen, zu interviewen. In Hessen gibt es 16, das sind rund 62 %, zugelassene kommunale Träger, bei denen der Landkreis Träger der Grundsicherung ist. Daneben gibt es gemeinsame Einrichtungen, sogenannte Arbeitsgemeinschaften, die aus Mitarbeitern der Bundesagentur für Arbeit und der Kommunen besetzt werden. Hessen hat nach Niedersachsen die zweithöchste Zahl an optierenden Kommunen. Dies war bei der Auswahl der Trägertypen zu berücksichtigen, was auch gelang: 10 der 21 Befragten waren bei einem optierenden Träger beschäftigt (rd. 48 %), während 11 der 21 Befragten bei einer ARGE tätig waren (rd. 52 %). Somit ist das Verhältnis der Interviewten durchaus ein treffendes Abbild der

Trägerstruktur im Bundesland Hessen. Insgesamt wurden SLB aus vier unterschiedlichen Jobcentern interviewt.

Zwei der vier Jobcenter haben nach der Prüfung der Anfrage (Anhang 3) diese an ihre Mitarbeiter weitergeleitet, die dann dem Durchführenden der Studie per E-Mail ihre Bereitschaft signalisierten, an der Studie teilzunehmen. Zwei Jobcenter wussten auf der Leitungsebene nicht, dass ihre Mitarbeiter an der Umfrage teilnehmen. Hier kam der Kontakt über persönliche Beziehungen zustande, die dann mittels der Schneeballmethode ausgeweitet wurden. Dies war wichtig, um auch SLB zu berücksichtigen, die möglicherweise Ängste vor hierarchischen Restriktionen haben. Aus Sicht des Autors hatte dies keinen erkennbaren Einfluss auf das Antwortverhalten.

2. Sampling-Strategie

Die vorliegende Studie hat auf einer Makro- und einer Mikroebene eine Sampling-Strategie entwickelt. Auf der Makroebene wollte diese Studie SLB unter unterschiedlichen wirtschaftlichen Rahmenbedingungen im Sample berücksichtigen. Die Arbeit teilte die Ansicht des BMAS, wonach die sozioökonomischen Rahmenbedingungen „die Aufnahmefähigkeit des lokalen Arbeitsmarktes" und „die Struktur der Bedarfsgemeinschaften" und damit die Möglichkeit der Jobcenter zur Zielerreichung beeinflusst (BMAS 2016). Deswegen wurde im Vorfeld der Trägertypus erhoben. In Hessen verfügen fast alle Jobcenter über eine durchschnittliche Quote an SGB II Klienten (Anhang 8). Innerhalb dieser Rahmenbedingung hat diese Studie SLB gewinnen können, die in vier Trägern tätig sind, die drei unterschiedlichen Typen zugeordnet werden:
- Ein Jobcenter im Typus IId (überwiegend Landkreise mit Schwerpunkt in Nordrhein-Westfalen mit eher durchschnittlichen Rahmenbedingungen und geringer saisonaler Dynamik)
- Zwei Jobcenter im Typus IIe (Städte und (hoch-)verdichtete Landkreise mit eher geringer eLb-Quote im Vergleich zu ähnlich verdichteten Räumen, sehr hohen Wohnkosten und sehr hohem Migrantenanteil sowie durch Großbetriebe gekenn-

zeichneten Arbeitsmärkten mit gering ausgeprägtem Niedriglohnbereich)
- Ein Jobcenter im Typus IIa (überwiegend Landkreise mit einem ausgeprägten Industriesektor und Niedriglohnbereich bei gleichzeitig hohem Anteil Geringqualifizierter und unterdurchschnittlichen Wohnkosten)

Damit war gewährleistet, dass SLB in möglichst heterogenen sozioökonomischen Rahmenbedingungen innerhalb des Bundeslands Hessens berücksichtigt werden konnten.

Auf der Mikroebene findet klassischerweise in der qualitativen Sozialforschung die bewusste kriteriengesteuerte Fallauswahl mit drei möglichen Strategien statt (Kelle & Kluge 2008:43): Gegenbeispiele, Stichprobenpläne und Theoretical Sampling. Bei letzterem ist das Ziel, mittels permanenter Vergleiche unterschiedliche Varianten eines Konzepts und Merkmalsausprägungen von Kategorien zu entdecken (Strauss & Corbin 1998:202). Es werden parallel die Fälle ausgewählt und analysiert nach dem Prinzip der Minimierung und Maximierung von Unterschieden bis zur sogenannten theoretischen Sättigung – die dann erreicht ist, wenn durch eine erneute Fallauswahl keine neue Erkenntnis hinzukommt (Przyborski & Wohlrab-Sahr 2010:178; Kelle & Kluge 2008:49).

Die Grundlage dieser Vergleiche waren dabei in einem Fragebogen erhobene Variablen über SLB (Anhang 5 & 6): Ausbildung, Dauer der Tätigkeit im SGB II, Alter und Vergütung. Dieses Prinzip wurde in der Weise angewendet, dass die Studie zunächst einen Teilnehmer ausgewählt hat, der über eine Verwaltungsfachhochschulausbildung verfügt und über viele Jahre das SGB II anwendet. Anschließend wurde dann ein SLB ausgewählt, der über ein sozialpädagogisches Studium verfügt. Im Verlauf des Projekts, etwa nach Teilnehmer acht, begann eine erste Analyse der Rohdaten und es wurden erste Annahmen über Konzepte, Kategorien und deren Ausprägungen getroffen, um dann gezielt nach Teilnehmern als Gegenbeispiel zu suchen. Es wurde also nicht mehr nur variablengestützt kontrastiert, sondern es wurde auch nach Empfehlungen für Teilnehmer gesucht, die „anders" arbeiten. Dies ist ein Vorgehen, das dem Theoretical Sampling entspricht (Strauss

& Corbin 1998:201) und es vermeidet, dass die erhobenen Daten allein Produkt einer spezifischen Gruppenkultur sind (Schein 1992:12). Aus forschungspraktischer Sicht war das Prinzip der Kontrastierung allerdings nicht immer vollumfänglich umsetzbar, da beispielsweise mehrere Interviews an einem Tag geführt werden mussten.

3. Sample-Empirie

Die empirische Untersuchung wurde im Zeitraum von Januar 2014 bis Dezember 2014 mit 21 Interviewpartnern durchgeführt, die in insgesamt vier SGB II-Trägern in Hessen (sog. „Jobcenter") tätig waren. Alle Interviewpartner waren mindestens drei Monate in dieser Funktion tätig, verfügten über ein erhebliches Maß an Ermessen bei der Umsetzung des Sozialgesetzbuchs II und haben freiwillig teilgenommen. Die Untersuchung wurde als Fallstudie durchgeführt, wobei jeder Interviewte einen Fall darstellte. Neben der Erhebung in Form eines problemzentrierten Interviews wurden zusätzlich standardisierte statistische Informationen erhoben, die sowohl bei der Datenanalyse zur merkmalsbasierten Fallkontrastierung genutzt wurden, als auch bei der späteren Analyse der Typen. Diese Informationen werden nachfolgend deskriptiv dargestellt.

Rund 57 % der Befragten war weiblich, 43 % männlich. Mit dieser Auswahl war eine relativ homogene Zusammensetzung zwischen den Merkmalen „Geschlecht" sichergestellt.

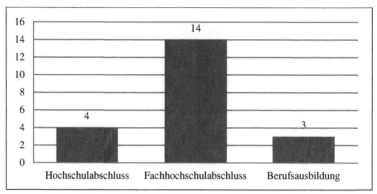

Abbildung 7: Höchster Bildungsabschluss der Befragten
(eigene Darstellung)

Die Darstellung zeigt, dass rund 85 % der Befragten über einen Fachhochschulabschluss oder einen Hochschulabschluss verfügten. Dies ist im Vergleich mit dem bundesdeutschen Durchschnitt von 15,9 % überdurchschnittlich hoch (Statistisches Landesamt Baden-Württemberg). Am relativ häufigsten verfügten rund 33 % aller Befragten über die Qualifikation des Diplom-Verwaltungswirts, gefolgt von rund 14 % mit einem Abschluss als Sozialpädagoge oder Sozialarbeiter, gefolgt vom Lehramtsstudium und einem Wirtschaftswissenschaftler. Damit sind die Interviewten überdurchschnittlich formal gebildet. Die „klassische" Ausbildung an einer Verwaltungsfachhochschule als Verwaltungswirt war damit die häufigste, wenn auch nicht vollumfänglich dominante, Ausbildung der befragten SLB.

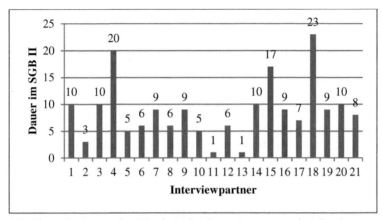

Abbildung 8: Dauer der Tätigkeit der Interviewpartner bei der Anwendung des SGB II
(eigene Darstellung)

Im arithmetischen Durchschnitt wendeten die Befragten rd. 9 Jahre das SGB II oder den Rechtsvorgänger an (Median 9), mit der Standardabweichung vom Durchschnitt um 5,40. Wenn man bedenkt, dass das SGB II vor Jahren eingeführt wurde, zeigt dies durchaus, dass eine gute Mischung aus kürzer und länger tätigen SLB in dem Sample berücksichtigt werden konnte.

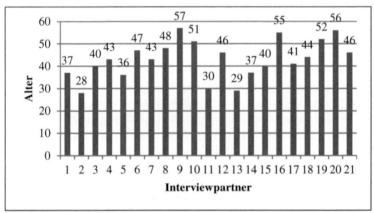

Abbildung 9: Alter der Interviewpartner
(eigene Darstellung)

Im arithmetischen Durchschnitt waren die Interviewten 43 Jahre alt (Median: 43 Jahre). Beim durchschnittlichen Alter der Beschäftigten im kommunalen Bereich von 45,0 Jahren, beim Personal der Sozialversicherungsträger und der Bundesagentur für Arbeit von 43,0 Jahren (Altis & Koufen 2011:1114) lagen die Interviewpartner damit durchaus im Durchschnitt der Beschäftigen im öffentlichen Sektor. Die Spannweite zwischen dem jüngsten und dem ältesten Interviewteilnehmer liegt bei 29 Jahren. Damit wurden sowohl SLB berücksichtigt, die am Anfang, als auch solche, die am Ende ihrer Erwerbstätigkeit stehen. Trotzdem zeigt die relativ geringe durchschnittliche Abweichung vom Mittelwert bei einer Standardabweichung von 8,30 Jahren, dass das Alter der interviewten SLB insgesamt relativ nahe beieinanderlag.

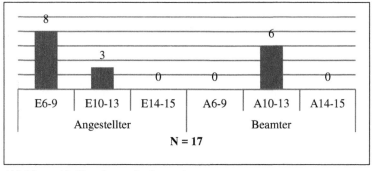

Abbildung 10: Vergütung der Interviewpartner
(eigene Darstellung)

Bei der Frage nach der Zuordnung zur aktuellen Eingruppierung haben vier Interviewte keine Angaben gemacht, was darauf zurückzuführen ist, dass manche Beschäftigte der Bundesagentur für Arbeit waren und der vorgegebene Fragebogen die entsprechenden Kategorien nicht enthielt. Andere Interviewpartner haben sich nach Ermessen in die analoge Angestelltengruppe eingetragen. Die Übersicht zeigt, dass die Vergütung der Interviewten dem gehobenen Dienst zuzuordnen ist. Nach der Beschreibung, wer für die Studie gewonnen werden konnte, wird im folgenden Kapitel die Frage beantwortet, welche Daten von den Teilnehmern wie erhoben wurden.

4. Datenerhebung

Die Auswahl der Erhebungsmethode richtet sich nach dem Forschungsziel, der Fragestellung und der Umsetzbarkeit. Grundsätzlich steht eine Vielzahl von Erhebungsformen in der qualitativen Sozialforschung zur Verfügung. So unterscheidet Creswell vier unterschiedliche Typen der Datensammlung (op. 2009:179–180): Beobachtung, Dokumente, audiovisuelle Materialien sowie Interviews. Die qualitative Sozialforschung strebt nach einem möglichst tiefen Verständnis des untersuchten Phänomens, weswegen dem Gegenstand angemessen meist nicht nur eine Datenerhebungsmethode angewendet wird, sondern mehrere (Creswell op. 2009: 178), was als Triangulation (Bloomberg & Volpe 2012:107) bezeichnet wird.

Diese Studie hat zum einen Beobachtungen in Form von Aufzeichnungen sowohl über die Organisation, in der der jeweilige SLB tätig war, als auch über den Arbeitsplatz und die Besonderheiten während des Interviews festgehalten. Diese Beobachtungen sind als Memos in das Softwareprogramm MAXQDA eingegangen, um das Interview und den Interviewten zu kontextualisieren. Um den spezifischen Policy-Kontext zu erfassen, wurden zum anderen die Zielvereinbarungen des Landes Hessens mit allen Jobcentern und die individuellen Zielvereinbarungen zwischen dem Land Hessen und dem jeweiligen Jobcenter berücksichtigt.

Im Mittelpunkt der Datenerhebung standen allerdings Interviews, die im Jahr 2014 durchgeführt wurden. Interviews sind laut Flick eine spezifische Form der Konversation, in der durch die Interaktion zwischen Interviewer und Interviewten Wissen hervorgebracht wird (Kvale 2007:xvii). Der Grund für die Anwendung von Interviews liegt dabei nicht allein in der forschungspraktischen Notwendigkeit, nämlich dass es aufgrund von datenschutzrechtlichen Bestimmungen es einfacher ist, SLB zu interviewen als etwa die Interaktion zwischen SLB und Klient aufzuzeichnen. Vielmehr hat beim Interview als Erhebungsmethode „der Befragte die Möglichkeit […] seine Wirklichkeitsdefinitionen dem Forscher mitzuteilen […]." (Lamnek 1993:61). Diese Funktion des Interviews in der qualitativen Sozialforschung ist für die Beantwortung der Forschungsfrage entscheidend. Das Produkt der Auseinandersetzung zwischen veränderter Rahmenbedingung und SLB, so die Annahme dieser Arbeit, ist eine Arbeitsidentität, die Normen, Werte und schließlich das Ermessen beeinflusst. Diese Arbeitsidentität kommt in den mündlichen Äußerungen zu verschiedenen Fragen wiederkehrend zum Vorschein.

Es gibt unterschiedliche Formen qualitativer Interviews, darunter narrative Interviews, Gruppendiskussionen oder Fokusgruppeninterviews, Experteninterviews, offene Leitfadeninterviews und authentische Gespräche (Przyborski & Wohlrab-Sahr 2010:91–155; Kvale 2007:67–77). Manche Autoren gehen von fünf (Kvale 2007:67–77; Lamnek 1993:35–91) unterschiedlichen Formen, andere von über acht (Przyborski & Wohlrab-Sahr 2010:91–159) bis 13 (Helfferich 2011:36–37) aus, aus denen ein Forscher das angemessene Interview in Abhängigkeit von Thema und Ziel (Kvale 2007:77) auswählt. Lamnek (Lamnek 1993:90–91) formuliert für alle qualitativen Interviews als „[...] zentrales Postulat das der Offenheit." (Lamnek 1993:90). Trotz dieser prinzipiellen Gemeinsamkeit unterscheiden sich die verschiedenen Formen voneinander. Eine anwendungsorientierte Unterscheidung qualitativer Interviews trifft Kvale (2007:67-77), indem er unterschiedliche Interviewformen entlang der Achse konsensuale-passive versus konfrontativ-aktive Interviewstils sortiert. Klassisches Beispiel des eher konsensualen Stils ist das von Schütz entwickelte narrative Interview (Lamnek 1993:70), bei dem der Interviewte aufgefordert wird, zu erzählen – weitgehend ohne Ein- oder Beschränkung durch den Interviewer. Diese Interviewform wird dem Erkenntnisinteresse der vorliegenden Studie allerdings nicht gerecht. Ein offen gehaltenes Interview liefe Gefahr, nur Antworten und damit Daten zu generieren, die von Autoritätsregeln präterminiert sind, etwa durch das Verwaltungsrecht, Handlungsleitfäden, Regeln der Organisation oder „Lehrbuchmeinungen". Die von der Studie avisierte Erhebung des Produkts der Auseinandersetzung des Individuums mit seinem Arbeitskontext könnte so nur unzureichend zum Vorschein kommen. Deswegen fiel im Rahmen der vorliegenden Studie die Entscheidung für eine qualitative Interviewform, die dem Forscher als Datenerheber eine aktive Rolle während des Interviews zubilligt, etwa, um Verständnisfragen stellen zu können, Widersprüche anzusprechen und den Interviewten auffordern zu können, zu begründen (Kvale 2007:74) und auch zur „Evokation von Derivationen" (Ullrich 1999:432).

Diese Möglichkeit bieten Interviewformen wie das fokussierte Interview, das diskursive Interview, das Dilemmata-Interview oder das problemzentrierte Interview (Helfferich 2011:36–37). So kommt Lamnek (Lamnek 1993:91) in einem methodologischen Vergleich unterschiedlicher qualitativer Interviews zu der Erkenntnis, dass es sich dabei um ein weitgehend offenes und zielorientiertes Interview handelt, das auf der Basis eines Konzepts aufbaut und sowohl thesengenerierend als auch thesenprüfend ist. Aus Sicht des Autors bot das problemzentrierte Interview die beste Balance zwischen Aktivität und Passivität während des Interviews. Es passt zudem zur Herangehensweise dieser Studie, die auf der einen Seite einen klaren thematischen Fokus hat, Literatur rezipiert und Erwartungen an die Empirie formuliert – auf der anderen Seite diese Erkenntnisse jedoch nicht einfach überträgt, sondern auch kritisch überprüft.

Bei der Durchführung des problemzentrierten Interviews wurden in Anlehnung an Witzel (2000:3), der diese Interviewform maßgeblich geprägt hat, vier Instrumente entwickelt, ein Kurzfragebogen (Anhang 5 & 6), ein Leitfaden für die Fragen (Anhang 8) und Postskripte zum Kontext der Interaktion (Raum, Schreibtisch, Jobcenter, Kommunikation vor und nach dem Interview) und zur Interaktion selbst (Begrüßung, „Smalltalk", auffällige non-verbale Äußerungen). Im Kurzfragebogen wurden soziodemografische Daten erhoben, die in Kapitel 3 dargestellt wurden (vgl. Anhang 5 & 6). Das Interview wurde auf Tonband aufgenommen.

Der Kurzfragebogen hat sich während der Durchführung des Interviews als wenig umsetzbar erwiesen. Doch konnte durchgängig das Interview begonnen werden, indem der Interviewer sich zunächst einen typischen Arbeitstag beschreiben ließ, wie z. B. bei Fall I9, was im Folgenden beispielhaft aufgeführt wird:

> I: „Ich würde Sie eingangs unseres Interviews bitten, dass Sie mir einen ganz normalen Arbeitsalltag schildern [...] Was

> *passiert morgens, was passiert mittags, was passiert abends? Einfach mal, dass Sie mir schildern, chronologisch, wenn Sie zu Ihren Freunden oder Verwandten kommen und sagen, das war ein typischer Tag"* (I9:2)

Im Nachgang zu diesen ersten Passagen wurden durch den Interviewer vereinzelt Nachfragen zu unklaren Begriffen gestellt, etwa was der SLB unter einer „Hilfestellung" (I11:8) versteht. In der Regel bezogen sich die Nachfragen darauf, vom SLB erwähnte Interaktionen noch einmal ausführlich zu schildern. So wurde beispielsweise I6 gebeten, den typischen Fall eines „Arbeitgeberkontakts" (I6:6) aus der letzten Woche zu beschreiben oder eine erwähnte Beratung (I16:6) vom Tag zuvor wiederzugeben.

Schlussendlich wurde bei allen Befragten nach meist etwas mehr als der Hälfte des Interviews das Gespräch thematisch auf die Ziele und Kennzahlen verengt. Dies fand durch zwei Abschnitte statt. Es wurde zunächst erfragt, inwieweit diese überhaupt bekannt sind, wie beispielsweise bei I19:

> *B: „Sie haben von diesen kleinen Erfolgen erzählt, es gibt ja so große Ziele, die vereinbart werden, zwischen Hessen und Jobcenter. Bekommen Sie da was mit im Arbeitsalltag?"* (I19:23)

Leicht abgewandelt findet sich diese Frage auch etwa bei I13:

> *B: „Und jetzt vor dem Hintergrund dessen, dass ich noch was Ihnen vorlege, hat das Land Hessen mit allen kommunalen Jobcentern in Hessen Vereinbarungen abgeschlossen. Kennen Sie Zielvereinbarungen, haben Sie davon schon mal was gehört?"* (I13:27)

Hierbei ging es darum, den Kenntnisstand und auf einer Werteebene die Meinung der SLB zu dem Thema zu erfragen. Im Anschluss daran wurden den Befragten drei Zielvereinbarungen des Landes Hessens vorgelegt (Anhang 7).

> *B: „Und dementsprechend würde mich interessieren, ob Sie die kennen und was das für Sie bedeutet. Das ist z. B. das Ziel 1 Verringerung der Hilfebedürftigkeit"* (I 10:56)

Nach der Erhebung der Daten stand deren Auswertung an. Das Vorgehen dazu wird im folgenden Kapitel geschildert.

5. Datenanalyse

Die in diesem Kapitel dargelegte Auswertung der Daten lehnt sich in der Darstellung der durchgeführten Schritte an das achtstufige Verfahren der Datenanalyse nach Creswell an (op. 2009:185).

5.1. Datenaufbereitung

Die Interviews wurden mit einem Diktiergerät aufgenommen und im Anschluss durch den Autor der vorliegenden Arbeit transkribiert. Eine Transkription verlangt vom Forscher eine Entscheidung über die Tiefe und Komplexität, inwieweit etwa jenseits des gesprochenen Wortes bei der Übertragung Informationen berücksichtigt werden (Gibbs 2007:23). Diese Studie strebte eine Balance zwischen Exaktheit und Umsetzbarkeit an, indem sie die einfachen Transkriptionsregeln anwendete (Kuckartz 2010:44; Dresing & Pehl 2011:21–25). Diese lassen grundsätzlich Intonationen außen vor – ermöglichen es aber, auffällige und zum Verständnis des Gesagten notwendige nonverbale Äußerungen im Transkript zu berücksichtigen. In der Folge wurden also in der Regel non-verbale Äußerungen außen vor gelassen, außer es war unabdingbar. Beispielsweise wurde bei I18 nur durch das Lachen deutlich, dass das Nicht-Hereinlassen eines Klienten keine Verweigerung des Zugangs ist, sondern zeigt, dass er nach einem Arbeitstag durch die Vielzahl und die Intensität der Interaktionen erschöpft ist:

> I: „Also die Zeit schaltet voran, 10, 12 Kunden. Sagen wir mal so Beginn 8 Uhr, das dauert ja sicher auch, oder?"
>
> B: „Also das ist in einem Sprechtag von 8 bis 12. Und dann von 13 bis 16 oder sagen wir eher 15:30, weil um 16 Uhr lasse ich hier auch keinen mehr rein (lacht). Also dann ist man schon ein bisschen ausgebrannt, aber es läuft eigentlich so im Großen und Ganzen mit der Kundenkontaktdich-

te. Ich persönlich habe immer Kunden bei mir am Schreibtisch, anstatt dass ich mit denen telefoniere." (I18:4-5)

Im Anschluss an das Verschriftlichen des Gesagten wurden das in MS-Word geschriebene Transkript in das Softwareprogramm MAXQDA (Version 11) eingespielt. Danach wurden die erhobenen Fallvariablen aufgenommen und für die Fallkontrastierung hinterlegt (Alter, Geschlecht, Träger, Schulabschluss, Berufsabschluss, ggf. Erwerb der Qualifikation im Rahmen einer Hochschule, Eingruppierung). Dieser Prozess wurde für alle Fälle durchlaufen.

5.2. Kodierung der Daten

Nach der Eingabe der ersten fünf Interviews wurde mit der Kodierung begonnen. Die Kodierung ist eine Form der qualitativen Analyse (Creswell op. 2009:183-202; Strauss & Corbin 1998:55-242). Darunter versteht man den analytischen Prozess, durch den Daten zerlegt, konzeptualisiert und integriert werden, um daraus eine Theorie zu entwickeln (Strauss & Corbin 1998:3). Ein Code ist ein Thema, eine Idee, ein Konzept oder ein Prozess, der nachweislich in den Daten vorhanden ist, weil Interviewte ihn ansprechen oder diskutieren (Hennink, Hutter & Bailey 2011:230). Ziel des Kodierens ist es, von einer einfachen Sichtweise auf die Welt oder Beschreibung der Welt durch die Interviewten zu Codes zu gelangen, die einen neuen theoretischen oder analytischen Weg eröffnen, um die Daten insgesamt zu erklären (Gibbs 2007:54). Klassischerweise ist ein dreistufiges Kodieren vorgesehen, vom offenen über das axiale zum selektiven Kodieren (Strauss 1994:94-106), also ein sequentielles Vorgehen. Kuckartz klassifiziert sechs Formen des Kodierens (2010:59). Die wohl vollständigste Übersicht von Saldaña (2013) zählt 25 Kodiermethoden allein für den ersten Kodierzyklus und sechs für den zweiten auf. Das Kodieren ist für den Anwender qualitativer Forschungsmethoden alles andere als die rein mechanische Anwendung eines vorab festgelegten Forschungsstandards, sondern mit einem erheblichen Ermessensspielraum verbunden. Wie dieser im Rahmen der hier vorliegenden Studie genutzt wurde, ist Gegenstand der nachfolgenden Berichterstattung über das Vorgehen.

Der Autor dieser Studie hat zunächst mit der Mikroanalyse (Strauss & Corbin 1998:57) des „rohen" Datenmaterials begonnen. Es wurde also jedes einzelne Interview ausgedruckt, Zeile für Zeile durchgelesen, Passagen markiert und Anmerkungen hinzugefügt. Dieses erste Durchlesen dient zum einen dazu, ein Gefühl für das tatsächlich Gesagte der individuellen Interviewpartner zu bekommen nach der direkten Interaktion des Forschenden mit den Interviewten. Zum anderen wurde bereits per Hand auf dem Papier mit der ersten Kodierung begonnen, die dann später übertragen wurde. Zunächst wurde bei dieser ersten Kodierung eine Prozesskodierung vorgenommen. Darunter wird eine Reihenfolge von Aktionen und Interaktionen in einer bestimmten Zeit und einem bestimmten Raum bezeichnet (Strauss & Corbin 1998:165). In diesem Fall hat die Studie aufgrund der Literaturrezeption und Diskussion sich auf die Kategorie „Interaktion" und die Subkategorien „Klient", „Peergroup" und „mittleres Management" bezogen. Es wird davon ausgegangen, dass auf Basis der geschilderten Interaktionen die Arbeitsidentitäten konstruierbar werden. Dies ist Bestandteil des deduktiven Kodierens. Darunter versteht man Codes, die vor der Sichtung des Materials definiert und auf das Datenmaterial angewendet werden. Während der Datenanalyse kamen noch „Arbeitgeber" und „organisationsexterne Akteure" als induktive Codes hinzu. Zudem wurden zu diesem Zeitpunkt erste Memos geschrieben. Alle Informationen wurden dann in das Softwareprogramm übernommen. Nach dieser ersten Kodierung waren dementsprechend die Daten vorstrukturiert in Interaktionen unterschiedlicher SLB mit unterschiedlichen Akteuren.

Nach der ersten Kodierung der ersten fünf Interviews in der eingangs geschilderten Form wurde zudem im Sinne eines offenen Kodierens festgestellt, dass die geschilderten Interaktionen die Datenlage nicht hinreichend wiedergeben. SLB verfallen immer wieder, ungefragt, in wertende Äußerungen, die sich mit Berichten über die Interaktionen vermengen. Deswegen wurden im Sinne des Wertkodierens (Saldaña 2013:110–111) noch die Daten kodiert, die reine Meinungsäußerungen der SLB beinhalten.

Zunächst wurden die verschiedenen Textsegmente nach den jeweiligen Codes in Excel generiert und ausgedruckt. Analyse im qualitativen Sinne bedeutet Interpretation (Strauss 1994:28), um die dem menschlichen Verhalten zugrundeliegenden persönlichen, gesellschaftlichen und kulturellen Bedeutungen zu entdecken (Hennink, Hutter & Bailey 2011:205). Basis der qualitativen Datenanalyse sind der permanente Vergleich zwischen unterschiedlichen Fällen und das Stellen von Fragen (Strauss & Corbin 1998:73-85). Mit der Vorstrukturierung durch deduktive Codes wurde technisch gesehen die Voraussetzung geschaffen, ähnliche Passagen zur notwendigen Fallkontrastierung per „systematischen Vergleich von Textstellen" (Kelle & Kluge 2008:56) identifizieren zu können. Die an die Daten gestellten sogenannten „generative Fragen" (Strauss 1994:44) richteten sich nach der empirischen Fragestellung dieser Arbeit. Sie haben das Ziel, die Daten analytisch zu lesen und hinter das offensichtlich Gesagte zu blicken (Hennink, Hutter & Bailey 2011:224). Diese Studie verwendete dabei die folgenden Fragen:

- Was passiert in dieser Interaktion?
- Welche Bedeutung hat das Ziel Arbeitsmarktintegration für die Interaktion?
- Wie gestaltet der SLB sein Ermessen vor dem Hintergrund der Zielorientierung?
- Was resultiert aus der Praxis des Ermessens für den Interaktionspartner?
- Inwieweit haben sich SLB mit den Zielvorgaben auseinandergesetzt?
- Was wissen SLB über die Zielvorgaben und wie denken sie darüber?

Abbildung 11: Generative Fragen während der Datenanalyse
(eigene Darstellung)

Auf Basis dieser Fragen wurden die Daten interpretiert und daraus entstanden weitere induktive Codes, die im Programm in einem Codebook definiert wurden. Codes, die induktiv generiert wurden, sich aber im Verlauf des kontinuierlichen Vergleichs als nicht evident erwiesen, wurden aus der Kodierung entfernt. Ebenso wurden Codes zusammengefasst und umbenannt, auch nach Diskussionen im kollegialen Austausch mit dem Erstbetreuer.

Im darauffolgenden Schritt wurden die Codes, die sich durchgesetzt haben, in Bezug auf deren gemeinsame Eigenschaft sortiert.

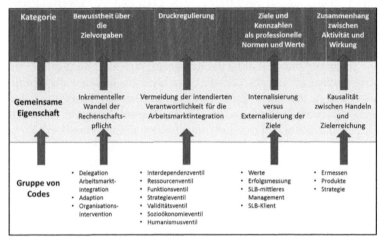

Abbildung 12: Codes, Eigenschaft und Kategorie
(in Anlehnung an Hennink, Hutter & Bailey 2011:247)

Aus dieser Form der Analyse entstanden vier zentrale Kategorien. Erstens wurde die Kategorie „Bewusstheit der Zielvorgaben" konstruiert. Darunter versteht diese Studie, dass SLB wissen und/oder ihr Ermessen danach ausrichten, dass es bei den Interaktionen nicht allein darum geht, vorgegebene Rechte korrekt anzuwenden oder geliehene Ressourcen nicht missbräuchlich zu verwenden, sondern auch, Ziele zu erreichen.

Zweitens entstand die Kategorie „Druckregulierung". Darunter wurde die Bewertung der SLB verstanden, mit den zur Verfügung gestellten Ressourcen und Fähigkeiten die erfolgreiche Integration in Arbeit des Klienten nicht vollumfänglich gewährleisten zu können. Dies ist auch gleichzeitig die Schlüsselkategorie, der sieben Subkategorien zugeordnet sind. Die Erkenntnis, dass die Kategorie „Druckregulierung" und die sieben Sub-Kategorien die Schlüsselkategorie bildet, setzte sich nach der abgeschlossenen Kodierung und der Darstellung der analytischen Zusammenhänge zwischen den Kategorien durch, die später in Abbildung 13 illustriert und diskutiert wird.

Drittens wurde die Kategorie „Zusammenhang zwischen Aktivität und Wirkung" konstruiert. Unter diesen Code fällt die Bewertung und Ermessenspraxis des SBLs, inwieweit zwischen Aktivitäten und Wirkung ein Zusammenhang besteht. Diese Kategorie wurde in die Subkategorie „hoch" versus „niedrig" dimensionalisiert.

Schlussendlich entstand die Kategorie „Ziele und Kennzahlen als Arbeitsidentität". Unter diesem Code wird im Rahmen der Studie verstanden, inwieweit Ziele und Kennzahlen als Bestandteil der Arbeitsidentität angenommen wurden. Dieser Kategorie wurde in „Internalisierung" versus „Externalisierung" dimensionalisiert.

Durch die Bildung von Kategorien und Subkategorien bzw. Merkmalsausprägungen hat die Studie die erste Stufe der empirisch begründeten Typenbildung des vierstufigen Verfahrens der Typenbildung im Sinne von Kelle & Kluge (2010:91-107) genommen.

5.3. Typenbildung

Im Anschluss an diesen Schritt wurden die Fälle dem entstandenen Merkmalsraum der vier Quadranten zugeordnet, indem die codierten Interaktionen und die Einstellungen hinsichtlich der Kategorien „Zusammenhang zwischen Aktivität und Wirkung" und „Ziele und Kennzahlen als Arbeitsidentität" miteinander verglichen wurden. Eine Typologie ist „das Ergebnis eines Gruppierungsprozesses, bei dem ein Objektbereich anhand eines oder mehrerer Merkmale in Gruppen bzw. in Typen eingeteilt wird" (Kluge, 2000:2). Im Anschluss wurden die Fälle den vier Typen zugeordnet und verglichen. Im dritten Schritt wurden die Typen und die subsumierten Fälle erklärt und voneinander abgegrenzt. Zur Erklärung der vier Typen hat die Studie im Sinne eines methodisch gemischten Ansatzes (Creswell 2003:203) die Fallvariablen hinzugezogen, um aus dem Vergleich der relativen Häufigkeiten von Merkmale im jeweiligen Typus die Zusammenhänge und Unterschiede zwischen den Typen nicht nur einer qualitativen, sondern auch einer quantitativen Analyse zu unterziehen (sogenannte „mixed method" oder Triangulation). Hierdurch ergaben sich Erkenntnisse über die Typen, die sich allein aus einer rein qualitativen Analyse nicht ergeben hätten. Abgeschlossen wurde der vierstufige Prozess mit der Charakterisierung. Hier wurden vier reale Fälle ausgewählt, die den jeweiligen Typus am besten repräsentieren.

6. Ethik und Empirie

Ethische Fragestellungen in empirischen Forschungsarbeiten stellten sich Anfang des 20. Jahrhunderts im Rahmen medizinischer Forschungen zur Verträglichkeit von Medikamenten und sie resultierten in Vorgaben von Standards zum Umgang mit Menschen als Versuchspersonen (Lichtman 2010:53). Im Mittelpunkt stand damals das Bestreben, die Teilnehmer der Studie nicht zu verletzen. Unter einem Ethikkodex versteht man etwa ethische Regeln und Prinzipien, die von Berufsverbänden verabschiedet werden und die handlungsleitend für die Durchführung der Studien in der jeweiligen Disziplin sind (Creswell op. 2009:227). Solche Standards findet man nicht für qualitative Sozialforscher in Deutschland. Zudem sind etwa die Risiken physischer Beeinträchtigungen der Teilnehmer an Studien in den Sozialwissenschaften – im Gegensatz zur medizinischen Forschung – tendenziell zu vernachlässigen. Trotzdem haben sich ethische Fragestellungen bei der Konzeption, der Durchführung, der Auswertung und Darstellung dieser Studie ergeben. Lichtman (2010:54–58) benennt fünf wesentliche Prinzipien eines Ethikkodes in der qualitativen Sozialforschung: Vermeidung von Schäden, Sicherung der Privatsphäre und Anonymität, Vertraulichkeit, informierte Einwilligung sowie Freiwilligkeit. Diese Prinzipien wurden im Rahmen dieser Studie wie folgt angewendet.

Die Gefahr eines physischen Schadens ist in den Sozialwissenschaften im Allgemeinen und durch die im Rahmen der vorliegenden Studie ausgewählten Datenerhebungsmethoden im Speziellen von vorneherein nahezu auszuschließen. Trotzdem achtete der Autor bei den durch das problemzentrierte Interview eingeräumten Nachfragen darauf, nicht hierarchisch oder autoritär nachzufragen, sondern unter dem Aspekt des Verstehens die Sicht des Befragten gemeinsam mit diesem zu erarbeiten. Dies sollte auch dazu beitragen, allzu stressige emotionale Reaktionen oder ein schlechtes Gewissen auf Seiten der Befragten zu vermeiden. Dass dies im Wesentlichen auch gelungen ist, zeigt sich daran, dass fast alle Befragten nach dem Interview aussagten (Postskripte), das Gespräch als angenehmen empfunden zu haben, und dass es für sie interessant gewesen sei.

Die Sicherung der Privatsphäre, Anonymität und Vertraulichkeit ist bei einem qualitativen Interview aus Sicht der Studie das wichtigste Thema, da bei sensiblen Themen ohne die Zusicherung dieses Kriteriums keine authentischen Antworten zu erwarten sind. Um dies zu gewährleisten, wurde den Teilnehmern bereits im Vorfeld zugesichert, dass die Daten im Rahmen einer Forschungsarbeit erhoben werden und nur durch eine Person ausgewertet werden. Allein das Dissertationskomitee hatte aus Qualitätsgründen die Möglichkeit, auf die Daten zuzugreifen. Bei der Transkription wurden die Daten anonymisiert: Alle geografischen Angaben oder Namen wurden entfernt, so dass weder auf das Jobcenter noch auf den Mitarbeiter geschlossen werden kann.

Schwieriger war die Gewährleistung einer informierten Einwilligung. Bei einer vollständigen Information über das Untersuchungsziel wären die vom Interviewer vorgelegten Zielvereinbarungen 2013 (Anlage 7) als Stimuli für spontane Reaktionen ungeeignet gewesen: Es hätte die Gefahr bestanden, dass die Interviewten sich vorbereitet hätten. Hier galt es, eine Balance zwischen vollständiger Informiertheit der Teilnehmer auf der einen und der Bewahrung des Forschungsziels auf der anderen Seite zu finden. Folglich hat sich der Autor dieser Studie entschieden, bei teilweise gestellten Nachfragen im Vorfeld bezüglich des Inhalts des Interviews, davon zu sprechen, dass es um den Arbeitsalltag im öffentlichen Dienst gehe und Menschen, die das SGB II anwenden würden (vgl. Anlage 3). Dass diese Vorgehensweise insgesamt zufriedenstellend gelungen ist, zeigt sich daran, dass die Befragten sich nicht über den Ablauf des Interviews beschwert und die Stimuli bereitwillig angenommen haben.

Die geforderte Distanz zwischen Forscher und Teilnehmer war aufgrund der einmaligen Interviewsituation mit den bis dahin unbekannten Teilnehmern unproblematisch. Allein bei den persönlich bereits bekannten Teilnehmern, das waren 4 von 21, galt es, während des Interviews Distanz zu wahren. Diese Situation war auch Gegenstand der Memos. Dies war aus subjektiver Sicht des Interviewers problemfrei, da die Teilnehmer sich schnell auf die Antworten konzentrierten. In den Interviews wurde erwiesenermaßen kaum auf das persönliche Verhältnis der Befragten Bezug genommen. Einige unbekannte Befragte haben dem Interviewer das „Du" angeboten, das angenommen und in Interviews kenntlich gemacht wurde.

7. Maßnahmen zur Sicherung der Datenqualität

In den Sozialwissenschaften gelten klassischerweise die Gütekriterien der Validität, die Reliabilität und die Objektivität (Diekmann 2004:216–219). Diese sind auf die qualitative Datenerhebung und -analyse schwer übertragbar, auch wenn in der qualitativen Forschung Fragen nach den Gütekriterien an Bedeutung gewinnen (Brühl & Buch 2006:7). Creswell (2009:8) schlägt acht Validitätsstrategien in der qualitativen Sozialforschung vor. In Anlehnung daran hat diese Arbeit Maßnahmen zur Qualitätssicherung realisiert.

Zunächst eignete sich der Forscher zur korrekten Durchführung der Datenerhebung und Auswertung bei einer MAXQDA-Anwendertagung vom 7.3.-9.3.2012 in Marburg die notwendigen praktischen Fertigkeiten im Umgang mit dem Programm an. Zudem wurde die allein durch den Forscher vorgenommene Transkription stichprobenartig durch eine dritte Person überprüft, um zu prüfen, inwieweit die Daten nach den angewendeten Transkriptionsregeln korrekt transkribiert wurden.

Neben diesen eher technischen Maßnahmen zur Qualitätssicherung wurden weitere Maßnahmen zur Sicherung der sozialwissenschaftlichen Gütekriterien implementiert. Besondere Sorgfalt war aus Sicht des Forschenden aufgrund des eigenen persönlichen Hintergrunds notwendig. Der Forschende war als Sozialwissenschaftler nach seinem Studienabschluss und während der Durchführung dieser Studie ununterbrochen in der öffentlichen Verwaltung beschäftigt, vier Jahren davon in leitender Funktion bei der Umsetzung des Sozialgesetzbuchs II in einem Jobcenter. Dies ermöglichte auf der einen Seite eine Kenntnis der (Fach-)

Sprache und der üblichen Begriffe. Durch diese Kontextsicherheit erfolgte aus Sicht des Forschenden zudem ein gewisses Maß an Kompetenzzuweisung durch die Interviewten, was sich positiv auf die Gesprächsführung auswirkte. Auf der anderen Seite bergen solche praktischen Erfahrungen immer die Gefahr der einseitigen Fokussierung auf bisherige Annahmen, ein Forschungsbias (Creswell op. 2009:192). Um diese Gefahr zu minimieren, wurden erstens zu Beginn der Interviews offene Fragestellungen gewählt. Dies eröffnete die Möglichkeit, auch unerwartete Aussagen zu erheben. Zweitens wurde die eigene Rolle auf diesen Aspekt hin in Memos reflektiert. Außerdem wurden in drei unterschiedlichen Kolloquien des Graduiertenkollegs der sozialwissenschaftlichen Fakultät Rückmeldungen von Professoren und teilnehmenden Promovierenden zu der Dissertation eingeholt, um fachliche Perspektiven von Seiten der sozialwissenschaftlichen Community zu berücksichtigen.

Nach der Erhebung der Daten wurden die Ergebnisse der Datenanalyse mit fünf Interviewpartnern und dem Erstbetreuer der Arbeit auf die Plausibilität hin besprochen und reflektiert. Dieses sogenannte „member checking" (Creswell op. 2009:191) diente dazu, die Angemessenheit der Analyse zu reflektieren, vor allem, um herauszufinden, inwieweit sich die SLB in der Beschreibung der konstruierten Typen wiederfinden können. Schlussendlich wurden abweichende oder widersprüchliche Informationen (Creswell op. 2009:192), also Befunde in der Empirie, die gegen die Interpretation sprechen, in den Forschungsergebnissen erwähnt.

Bei der Präsentation und Konstruktion der Ergebnisse in Kapitel III wurde darauf geachtet, dass diese möglichst evidenzbasiert am Datenmaterial erfolgen. Die Basis dieser „rich, thick decriptions" (Creswell op. 2009:191–192) gewährleistet Transparenz über die Erhebung und Analyse der Daten, so dass diese Schritte nachvollzogen werden können. Zudem wurden die Codes in einem Codebook definiert und festgehalten und können mit Hilfe des Softwareprogramms MAXQDA nachvollzogen werden, so dass die Erhebung und die Interpretation überprüfbar sind.

8. Grenzen der Studie

Diese Studie hat mit dem qualitativen Forschungsansatz ein Verfahren gewählt, das aufgrund der geringen Fallzahl eine generelle Aussage über die Population aller SLB in Deutschland, die das SGB II umsetzen, nicht zulässt. Zudem beschränkt sich die Fallauswahl auf das Bundesland Hessen. Auch wenn sich die institutionellen Zielvorgaben zwischen den Bundesländern ähneln, beschränkt diese länderspezifische Auswahl die Übertragbarkeit auf andere Bundesländer. Jedoch gilt es, sich im Sinne eines reflexiven und kritischen sozialwissenschaftlichen Ansatzes der Grenzen der Studie und ihrer Erkenntnisse bewusst zu sein.

Zum einen existierte für den Autor kein einfacher und freier Feldzugang zu den Fällen. SLB befinden sich in einem hierarchischen Abhängigkeitsverhältnis in einem Jobcenter, das wiederum in einer Rechenschaftspflicht gegenüber übergeordneten Fachaufsichten steht. Dies bedeutet, dass die rein kriteriengestützte Fallauswahl in der Idealform mit den Feldbedingungen nicht immer vereinbar war. Diese Annahme bestätigte sich, als von den aus vorherigen Forschungszusammenhängen bekannten angeschriebenen hessischen Jobcentern einige kein Interesse daran hatten, an der Befragung teilzunehmen. Somit waren dortige SLB als Teilnehmer von vornherein ausgeschlossen. Zum anderen meldeten sich nach der offiziellen Weitergabe durch die Geschäftsführungen einiger Jobcenter SLB bei dem Forschenden, um ihre Bereitschaft zur Teilnahme an der Studie zu bekunden. Das bedeutet, dass eine unbekannte Anzahl an SLB an der Befragung nicht teilgenommen hat, obwohl ihnen hierarchisch gesehen die Möglichkeit dazu eingeräumt wurde. Die Gründe hierfür können wissenschaftlich nicht nachvollzogen werden, müssen aber bei der Bewertung der Ergebnisse berücksichtigt werden.

Um diesem Phänomen zu begegnen, wurden auch informelle Zugänge zu SLB über persönliche Beziehungen gewählt. So wurden schlussendlich Interviewpartner aus zwei Jobcentern formell (Anfrage, Anschreiben, mit Wissen der Leitung) und aus zwei Jobcentern informell (persönliche Kontakte, Schneeballverfahren, ohne Wissen der Leitung) rekrutiert, um die Effekte einer zu engen Auswahl auf teilnahmebereite Jobcenter oder Interviewpartner zu begrenzen und eine möglichst heterogene Gruppe von Interviewpartnern zu generieren. Informelle Empfehlungen waren für den Feldzugang insgesamt überaus wichtig. Weiterempfehlungen erhöhten wesentlich die Akzeptanz und Bereitschaft zur Auskunft. So nahmen fünf Fälle nur daran teil, weil es eine Empfehlung von Seiten des vorherigen Interviewpartners gab.

Des Weiteren handelt es sich bei der empirischen Untersuchung um eine „ex post"-Betrachtung im doppelten Sinne: Die ursprünglichen Ausgangsdaten vor der Einführung der Zielvorgaben und Kennzahlenvergleiche sind nicht bekannt. Dadurch kann auch keinerlei Aussage über den Grad der Veränderung getätigt werden. Schlussendlich bilden Schilderungen über vergangene Ereignisse handelnder Akteure die Datengrundlage, nicht aber Tonband- oder Videoaufnahmen tatsächlicher Interaktionen mit Klienten. Auf der einen Seite führt dies zu der Schwäche, dass es zu Schilderungen kommen kann, die problematische oder für den SLB nachteilige Situationen vermutlich nicht enthält. Auf der anderen Seite ist die Motivation dieser Studie nicht eine detailgetreue Rekonstruktion von SLB-Klienten-Interaktionen, sondern eine Erfassung und Konstruktion der Sichtweise von SLB auf ihre Lebenswelt unter den neuen Rahmenbedingungen der Zielvorgaben. Somit ist das problemzentrierte Interview durchaus das geeignete Mittel der Wahl, das zum Forschungsziel passt.

Bei der Auswahl der Interviewpartner sind SLB, die möglicherweise das Aufgabengebiet verlassen haben – vielleicht auch aufgrund des erhöhten Drucks durch die Zielvorgaben – schwer für ein Interview zu gewinnen gewesen. Zudem bedeutet die Einführung des NPM, dass ein Großteil der öffentlichen Träger die Dienstleistungserbringung mittlerweile privatisiert hat (Langer & Pfadenhauer 2007:223). Die dort tätigen SLB sind nicht interviewt worden, obwohl sie durchaus unter die Definition der SLB fallen.

9. Zusammenfassung

Für die Studie wurde ein qualitatives Forschungsdesign gewählt. Dieses ermöglicht dem Forscher eine möglichst breitbandige Erfassung des Untersuchungsgegenstands, ohne dass eine Hypothese aufgestellt wird (induktives Vorgehen). Einen Fall definiert diese Studie als einen SLB und seine Strategie aufgrund der veränderten Rahmenbedingungen. Als SLB werden im Rahmen dieser Studie Akteure definiert, die rechtswirksame Bescheide erlassen können. Dabei konzentriert sich diese Studie auf SLB aus dem Bundesland Hessen. Es konnten SLB aus vier unterschiedlichen Jobcentern und aus drei unterschiedlichen sozioökonomischen Rahmenbedingungen zur Teilnahme gewonnen werden. Insgesamt wurden 21 SLB interviewt.

Auf der Basis von vier Variablen fand ein kriteriengestütztes theoretisches Sampling der Interviewteilnehmer statt: 57 % waren weiblich, 43 % männlich; 85 % verfügten über einen (Fach-)Hochschulabschluss, wendeten durchschnittlich rund 9 Jahre das SGB II an und waren durchschnittlich 43 Jahre alt. Alle Befragten waren in der Entgelt- oder Vergütungsgruppe des ehemaligen gehobenen Dienstes zu verorten.

Die Datenerhebung fand vor allem in Form problemzentrierter Interviews statt. Zudem wurden Memos geschrieben, die sowohl den Prozess der Datenerhebung als auch die Inhalte der Datenerhebung reflektierten. Das problemzentrierte Interview lief in der Form ab, dass der Forscher sich zunächst einen typischen Arbeitsalltag schildern ließ. Im Nachgang fanden Verständnisfragen zu Begriffen oder Interaktionen statt. Etwa in der Mitte des Interviews wurden dann drei Zielvereinbarungen in Hessen vorgelegt. Hier fanden dann gezielte Nachfragen statt.

Die Daten wurden für die Datenanalyse aufbereitet, indem eine Transkription auf der Basis einfacher Transkriptionsregeln stattfand. Im Anschluss an die Transkription wurden die Daten mit den Fallvariablen in das Softwareprogramm MAXQDA eingetragen. Die Kodierung beinhaltete deduktive und induktive Codes. Deduktive Codes waren geschilderte Interaktionen (Klienten, Peergroup, mittleres Management). Die Schlüsselkategorie des induktiven Kodierens war „Druckregulierung", um die sich die drei Codes „Bewusstheit der Zielvorgaben", „Zusammenhang zwischen Aktivität und Wirkung" sowie „Ziele und Kennzahlen als Arbeitsidentität" gruppierten.

Die beiden Codes „Zusammenhang zwischen Aktivität und Wirkung" und „Ziele und Kennzahlen als Arbeitsidentität" bildeten den Merkmalsraum, auf dessen Basis eine Typologie der Arbeitsidentitäten konstruiert wurde. Im Anschluss daran wurden die realen Fälle dem Merkmalsraum zugeordnet.

Zur Sicherung ethischer Standards war vor allem die Zusicherung der Anonymität wichtig, da die Daten sensible Schilderungen aus einem hierarchischen Umfeld enthalten, sowohl innerhalb des Grundsicherungsträgers als auch vom Grundsicherungsträger gegenüber der Aufsichtsbehörde. Deswegen wurden alle Daten, Orte und Namen bei der Transkription entfernt.

Zur Sicherung der Datenqualität wurden vielfältige Maßnahmen zur Sicherung der klassischen sozialwissenschaftlichen Gütekriterien unter den Bedingungen der qualitativen Sozialforschung unternommen. Zudem wurde der Forscher in der Programmanwendung geschult. Offene Fragen, das Schreiben von Memos sowie die Reflexion in unterschiedlichen Kolloquien der sozialwissenschaftlichen Fakultät der Georg-August-Universität Göttingen sollten das Forschungsbias minimieren. Zudem wurden die Analyseergebnisse mit einzelnen Interviewpartnern besprochen. Eine höchstmögliche Transparenz zwischen Daten und deren Interpretation wurde erreicht, indem sowohl die Daten und deren Codierung als auch die daraus gezogenen Rückschlüsse bei der Darstellung erörtert wurden. Dabei wurden auch möglicherweise von den Rückschlüssen abweichende Daten und alternative Interpretationen diskutiert.

Kapitel III: Ergebnisse

1. Inkrementeller Wandel der Rechenschaftspflicht

Klassisch-moderne Verwaltungskontrollen im Weberschen Sinne verpflichten SLB, rechenschaftspflichtig zu sein: Sie müssen nachweisen, dass die auf Basis legislativer Entscheidungen bewilligten Ressourcen nicht missbräuchlich verbraucht werden. So legitimieren SLB ihre Entscheidungen. Die Reform des NPM intendiert dagegen, dass SLB nicht nur rechenschaftspflichtig für die geliehenen Ressourcen sind, sondern auch für die Zielerreichung. Dieses Kapitel gleicht diese legislative Ambition „from the top" mit der Empirie „at the bottom" ab.

Die vorliegende Studie präsentiert ihre Ergebnisse anhand der vier zentralen Kategorien, deren inhaltliche Zusammenhänge in der Abbildung 13 dargestellt sind.

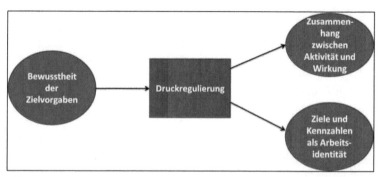

Abbildung 13: Kategorien der Studie
(eigene Darstellung)

1.1. Bewusstheit über die Zielvorgaben

Im Englischen versteht man unter „Awareness" das Wissen um eine oder die Wahrnehmung einer Situation oder Tatsache (Hornby & Cowie 1989:70). Im Deutschen stehen Begriffe wie

Bewusstheit, Wahrnehmung oder Bekanntheit als Übersetzung zur Verfügung. Diese Studie hat eine deutliche Botschaft in allen Interviews feststellen können: SLB im SGB II nehmen wahr und sind sich bewusst, dass es Zielvorgaben für die Umsetzung des SGB II gibt.

So steht die Antwort des Interviewten I4 prototypisch für die Antworten auf die Frage etwa zur Mitte des Interviews, ob der Befragte Zielvorgaben kenne und wenn ja, welche.

> B: Es gibt ja bestimmte Ziele, die ihr auch bekommt als SGB II-Träger. Kennst Du da welche, spontan, die Ziele, die Euch vorgeben worden sind?

> I: Gut, es gibt Zahlen, die weiß ich jetzt nicht auswendig (lacht). Wir sollen natürlich in den Arbeitsmarkt integrieren. Und wenn's geht möglichst auch dauerhaft integrieren. (I4:42-43)

Die Aussage („*Gut, es gibt Zahlen*") ist eine beinahe routinierte Bestätigung der Bekanntheit der Zielvereinbarungen, obwohl I4 allein Hilfen zum Lebensunterhalt gewährt und in der Wertschöpfungskette am weitesten entfernt von der unmittelbaren Aufgabe der Arbeitsmarktintegration tätig ist. Diese Kenntnis der Zielvorgaben ist in der Mehrzahl der Fälle zu finden: 15 von 21 Befragten (rd. 71 %) bejahen spontan die Nachfrage, ob es zwischen dem Land Hessen und dem Jobcenter Zielvereinbarungen gibt und ob sie diese kennen würden. Nach weiteren Hinweisen konnten alle Befragten das Konzept und dessen Umsetzung korrekt eigenständig einordnen. Zielvorgaben sind auf der operativen Ebene bekannt.

Das Wissen löst nachgewiesenermaßen Kommunikation innerhalb des Jobcenters aus, denn wie I8 etwa es ausdrückt, „*[...] wird darüber gesprochen, ganz klar.*" (I8:27). Während einige SLB sich durch die Kennzahlen „*[...] ganz schön unter Druck [...].*" (I6:26-28) gesetzt fühlen, sehen es andere „*[...] entspannter [...].*" (I5:24-27) oder stellen bei der Nennung einzelner Ziele, wie etwa bei der Integrationsquote, sogar fest, „*[...] dass mich die Zahl gar nicht juckt.*" (I14:35). Trotz dieser heterogenen Bewertungen der Bedeutung der Kennzahlen ist bei den SLB die Botschaft angekommen und für alle ist die Absicht, die seitens des Gesetzgebers hinter den Kennzahlen steckt, eindeutig: Es geht darum, Klienten in Arbeit zu integrieren.

Diese Erwartungen resultieren bei Einzelnen in tiefgreifenden Überlegungen bezüglich ihrer Arbeitsidentität. So schildert etwa I6 auf die Frage, was die Kennzahlen für die konkret geschilderte Interaktion mit dem Klienten bedeuten, Folgendes:

> *I: Vorname I6, warum bist Du hier? Du bist Sozialpädagogin. Vor Dir sitzt ein Mensch, der ist keine Maschine. Guck Dir an, worum es bei dem geht. (I6:69)*

In diesem persönlichen Zwiegespräch trifft das ausbildungsbedingte Professionsverständnis einer Sozialpädagogin auf die rechenschaftspflichtige Kennzahlenwelt des SGB II. Dieser Zusammenprall löst einen Identitätskonflikt aus.

Allerdings sind die reine Kenntnis und Auseinandersetzung mit dem Konzept nicht gleichzusetzen mit einer Detailkenntnis darüber. Die zahlreichen Ziele aus dem § 48 SGB II sind alles in allem unbekannt. So ist die Aussage von I17, der passive Leistungen gewährt, ob ihm die Zielvereinbarungen bekannt sind oder nicht, durchaus typisch:

> *Es ist nicht das Tägliche, was uns erreicht hier. Und demnach, wahrscheinlich sind Ziele weniger SGB II-Empfänger und eher Arbeitsmarktintegration. (I17:12-13)*

Für den studierten, oben bereits zitierten Diplom-Verwaltungswirt I17 sind Kennzahlen nicht das *„tägliche"* Geschäft. Er kennt die Ziele nur grob, es geht *„wahrscheinlich"* um *„Arbeitsmarktintegration"*. So soll bei anderen Interviewpartnern an ähnlicher Stelle *„[...] natürlich in den Arbeitsmarkt [...]."* integriert werden (I4:42-42) oder es ist bekannt, dass *„wir [...] vor allem Integrationsergebnisse [...]."* messen (I5:44-46).

Diese mangelnde Routine im Umgang mit Zielen und Kennzahlen im Arbeitsalltag zeigt sich auch, wenn den SLB konkrete Kennzahlen vorgelegt und sie gefragt werden, was diese für den Arbeitsalltag bedeutet. Fast immer kommt es dann in ansonsten flüssigen Gesprächen zu Pausen und Unterbrechungen. Wie lässt sich erklären, dass SLB Zielvorgaben kennen und sich damit auseinandergesetzt haben – dann aber das Wissen oberflächlich bleibt?

Erstens erhalten SLB ihr Wissen über Zielvereinbarungen der eigenen Wahrnehmung nach in der Regel gefiltert über die Geschäftsführungsebene des Jobcenters. Sie kriegen „[...] *es vorgestellt [...].*" (I2:32-38), erhalten „[...] *regelmäßig [...] Auswertungen [...]*" (I17:27) oder werden über „[...] *eine Präsentation [...]*" (I15:14-17) informiert. Das findet während einer „[...] *Personalversammlung [...].*" (I1:156-162) statt oder „[...] *wir bekommen frühzeitig von der Geschäfts-, Dienst- und Geschäftsleitung [...] diese mit dem HMAS vereinbarten Ziele [...] eine schriftliche Mitteilung.*" (I16:20-21). Die zahlreichen Beispiele verdeutlichen, dass die genannten Ziele keine eigenständige Prüfung der dort angesprochenen Themen vonseiten der SLB nach sich ziehen, sondern eher eine passive Kenntnisnahme der vom Jobcenter übermittelten Information.

Zweitens haben aus Sicht der SLB die Kennzahlen für ihr Ermessen keine hohe Relevanz. Das wurde insbesondere im Vergleich zwischen I17 und I15 deutlich. Beide SLB sind ähnlich alt, sie haben beide dieselbe Ausbildung, arbeiten im selben Team und Jobcenter. Trotzdem wusste I15 als einziger SLB differenziert alle drei Ziele sowie Zähler und Teiler der Kennzahlen zu benennen. I17 dagegen verfügte nur über rudimentäre Kenntnisse. Diese Diskrepanz ist allein funktionell bedingt. I15 vertritt regelmäßig den Fachvorgesetzten. Er muss den vorgesetzten Ebenen über den Stand der Zielerreichung berichten. Allein deswegen verfügt er über ein differenziertes Wissen über die Kennzahlen. I17 dagegen benötigt als Fallmanager diese Kennzahlen im Alltag aus eigener Sicht nicht und so ist auch die Detailkenntnis gering – wie auch bei allen anderen SLB. Die Kennzahlen spielen also im operativen Arbeitsalltag auf der Ermessensebene der SLB bewusst kaum eine Rolle. Sie sind keine notwendige Ressource, um den Arbeitsalltag bewältigen zu können.

Drittens werden die Zielvereinbarungen zuweilen als interinstitutionelle Interaktion wahrgenommen. Bei den relativ wenigen Fällen, die sich detaillierter zu ihrem Wissen über die Zielvereinbarungen äußern, werden die Verhandlungen „[...] *ganz oben [...].*" (I2:32-28) oder „[...] *mit unseren obersten [...].*" (I7:26-27) verortet. Mit dem Präfix „ganz" wird der Abstand verdeutlicht, den der Befragte hierzu hat.

Viertens werden die Zielvorgaben als eine von vielen Formen der Organisationsintervention wahrgenommen, die das Ermessen beeinflussen sollen. So berichtet ein Fallmanager auf die Frage, wie er bei Kunden, die er nicht kennt, vorgeht, wie er Informationen erhebt, bewertet und schlussendlich eine Maßnahme zur Integration in Arbeit initiiert. Bei dem Klienten handelt es sich um einen syrischen Flüchtling, der zunächst in einen Integrationskurs geschickt wird. Die unten zitierte Erzählung beginnt an dem Punkt, an dem es um die Auswahl des nächsten Instruments geht. Der SLB schildert am Ende der Ausführungen die Vielzahl an Variablen, die er bei seiner Entscheidung abwägt.

> *Und dann gucke ich, wenn es jemand ist, vielleicht erst seit 11/2 Jahren arbeitslos ist, auf mich einen motivierten Eindruck macht, für mich eine Idee hat, mir auch sagen kann, was er machen möchte, dann gucke ich, was die geeignete Maßnahme für die Person ist. In der Regel ist das dann ein Vermittlungsprojekt, wo es darum geht, wo Leute, arbeitsmarktnah, motiviert, die schicke ich dann in ein Vermittlungsprojekt. Wo sie dann direkt versucht werden sollen, in Arbeit zu vermitteln.* **Also wir gucken schon, dass wir die Leute, in Maßnahmen vermitteln, in geeignete.** *Das ist zum einen, müssen wir gucken, was für den Kunden richtig ist, zum anderen haben wir die Vorgaben, wir haben diverse Controllinginstrumente, Aktivierungsquoten, die wir erfüllen müssen, Vermittlungsquoten, die wir erfüllen müssen. Dann gibt es noch, dann wird noch nachgefragt, ob wir die Kunden alle drei Monate gesehen haben, ja. Das müssen wir auch alles erfüllen. Dann hat man den Mensch vor sich und dann müssen wir gucken, okay, welche Maßnahme passt, muss an die Aktivierung denken.* **Ich versuche die Leute immer dahin zu schicken, was Sinn macht.** *(I4:18, eigene Hervorhebung)*

Entlarvend sind hier die beiden Sätze, nach denen der SLB vor allem darum bemüht ist, für die Klienten „*geeignete*" Maßnahmen auszuwählen oder die Leute dahin zu schicken, „*was Sinn macht*".

Diese Selbstverständlichkeit ist für ihn im Arbeitsalltag schwierig umsetzen vor dem Hintergrund eines komplexen Anreizsystems seitens des Jobcenters, das aus *„diversen Controllinginstrumenten"* wie Prozess- (Aktivierungsquote, Mindestkontaktdichte) und Wirkungszielen (Integrationsquote) besteht und durchaus aus seiner Sicht auch Entscheidungen ermöglicht, die systemkonform, aber sinnlos sind. Es gibt also kein einfaches Ermessen bei der an und für sich eindeutigen Zielsetzung der Arbeitsmarktintegration. Es existiert für den SLB stattdessen ein wahrnehmbarer und entscheidungsrelevanter Anreizpluralismus, den er mit den Bedürfnissen seines Klienten in Einklang bringen muss, bei dem *„[...] Überwachungssysteme in irgendeiner Art und Weise [...]."* (I17:53) eine wichtige Rolle spielen.

Zielvorgaben und Kennzahlen sind also für SLB weniger ein Resultat der gesetzlichen Zielvereinbarungen als vielmehr eine Organisationsregel, eine Vorgabe, die erfüllt werden muss, um sich innerhalb des Jobcenters korrekt zu verhalten. Der SLB erhält von dort eine Rückmeldung, inwieweit er diese eingehalten hat: *„Wir haben eine Kollegin, die [...] unser Programm auswertet und uns gegenübergestellt wie die Zielerreichungen waren [...] über unsere Arbeitsgruppenleitung [...] kriegen wir ja wiedergespiegelt, wo wir in Bezug auf die Zielvorgaben stehen."* (I16:20-21). Diese Zahlen fordern dem SLB Reflexion ab, konfrontieren ihn mit lateraler (*„Kollegin"*) und hierarchischer (*„Arbeitsgruppenleitung"*) Kommunikation (vgl. Abbildung 14). Es sind keine abstrakt erhobenen Zahlen, sondern sie werden für den SLB im Jobcenter konkrete Lebenswirklichkeit. Gesetzlich vorgegebene Kennzahlen aus dem § 48 SGB II und lokal erhobene Organisationkennzahlen vermengen sich jedoch in der Wahrnehmung für SLBS und sind für häufig schwer bis gar nicht voneinander trennbar. Am Ende werden Fragen und Arbeitsaufträge der Organisation mit tatsächlich originär sozialstatistischer Natur, wie die nach der reinen Anzahl der Arbeitslosen, mit Fragen eher performanceorientierter Natur, wie die nach der Senkung der Kosten für eine Unterkunft in einem bestimmten Zeitraum, miteinander vermischt und entweder zu *„Statistik. De facto Statistik."* (I2:14) deklariert – oder sie werden als der berühmte Wald wahrgenommen, den man vor lauter Bäumen nicht mehr sieht. Dies zeigt sich bei I20, als er auf Zielvorhaben angesprochen wird und in einem leicht genervten Grundton davon spricht, dass ihm „[...] die ganzen Ausdrücke gar nicht [...]." (I20:24) einfallen.

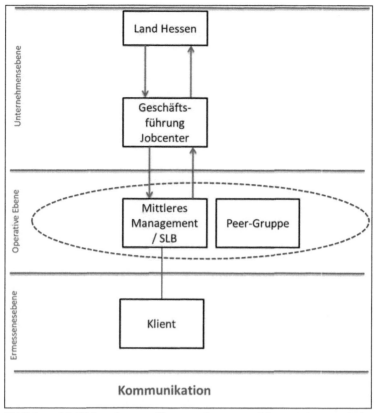

Abbildung 14: Wahrnehmung, Kommunikation und Interaktion aus Sicht des SLB als Resultat der Einführung des § 48 SGB II (eigene Darstellung)

Es gibt deutliche Hinweise, dass die in diesem Kapitel differenziert dargestellte Bewusstheit über die Zielvorgaben bei den SLB auf der Wissensebene auch einen Einfluss auf die Art und Weise hat, wie die SLB ihr Ermessen ausüben. Dies ist Gegenstand des nachfolgenden Kapitels.

1.2. Ziele und Ermessen

Beispielhaft ist die Antwort von I3 auf die offene Frage, wie der Interviewer sich einen typischen Arbeitsalltag vorstellen könne, dass er morgens anfange und ab 8 Uhr die Vorsprachen beginne. Auf die Nachfrage, was man sich als Laie unter einer typischen Vorsprache vorstellen könne, kommt es zu folgender Antwort.

> *Also, so eine Vorsprache, der Kunde kommt rein, nimmt Platz. Ich gucke im System, was gibt es darüber, was weiß ich von ihm. Habe ich einen Plan gemacht, gibt es irgendetwas, was ich frage, was er vorbereiten sollte.* **Ziel ist natürlich immer, klar, Integration in Arbeit.** *Und, ich gucke halt, wie weit sind wir an diesem Ziel.* (I3:17, eigene Hervorhebung)

Die Artikulation des Ziels „Arbeitsmarktintegration" im Rahmen einer offen gestellten Frage und im Kontext der Erzählung über einen typischen Arbeitsalltag ist ein deutlicher Hinweis auf die zentrale Bedeutung für den SLB als Ziel bei der Interaktion. Es ist für ihn *„klar"*, dass das Ziel dieser Interaktion die Arbeitsmarktintegration ist: Deswegen kommt man zusammen, deswegen ist der Klient gekommen, deswegen beschäftigt man sich mit der Lebensgeschichte, deswegen erstellt man einen *„Plan"*. Arbeitsmarktintegration ist für I3 Ausgangs- und Endpunkt der Kommunikation und Interaktion mit dem Klienten.

SLB wissen, dass diese Aufgabe grundsätzlich im Raum steht und dass sie wahlweise an ihn (*„[...] meine Hauptaufgabe [...]"*, I20:3), an sein Team (*„[...] unsere Hauptaufgabe"*, I19:3), an das Jobcenter (*„[...] wir sie dann irgendwann [...]"*, I18:3) oder einfach nur ein kollektives Arbeitsethos gestellt wird (*„[...] alles dafür zu tun [...]"*, I16:3). Diese Sätze werden allesamt tendenziell eher schneller gesprochen, auffällig salopp-monoton, betont routiniert. Sie tauchen inmitten freier Erzählungen über den Ablauf eines typischen Arbeitsalltags und die Interaktionen mit Klienten auf. Sie gehören zu den Standardfloskeln und das rhetorische Standardrepertoire der Befragten, ohne eine erkennbar tiefere Form der Reflexion. Dabei ist unklar, was die Autoritätsquelle dieses Ziels ist. Ein Fallmanager bleibt mit der Feststellung, dass es sich hierbei um eine gesetzlich übertragene Aufgabe handelt (I19:3), die Ausnahme. Das Ziel ist schlicht und einfach da.

Arbeitsmarktintegration als Ziel findet sich bei 12 von 21 Interviewten (rd. 57 %) grundsätzlich als zu bewältigendes Ziel zu Beginn des Interviews als Antwort auf die offen gestellte Frage, wie ein typischer Arbeitstag aussieht. Durch die Häufung und Prominenz dieser Aussage ist dies aus Sicht der Studie ein deutlicher Hinweis dafür, „dass" dieses Ziel tatsächlich Leitschnur des Ermessens ist.

Andererseits gibt es deutliche Hinweise darauf, dass die Bedeutung der Arbeitsmarktintegration für das Ermessen trotzdem relativiert werden muss. Erstens ist es als Ziel bei SLB, deren Funktion nicht unmittelbar die Integration in Arbeit ist, also bei denjenigen, die vor allem die Gewährung der Regelleistung übertragen bekommen haben, kaum bis gar nicht erkennbar. Diese SLB sind Gesetzesanwender und antworten erst auf gezielte Nachfrage überhaupt zu diesem Ziel. Beispielhaft seien hier Antworten von zwei Jobcentermitarbeitern in zwei unterschiedlichen Einrichtungen genannt:
- Ein 38-jähriger Sachbearbeiter, der seit 10 Jahren Regelleistung bewilligt, formuliert als persönliches Ziel *„[...] am Ende des Tages [...] den Schreibtisch leer zu haben [...]."* (I1:5).
- Für einen 41-jährigen Leistungssachbearbeiter gibt es *„[...] schöne Tage, da ist nicht so viel los, weil man die Post weghat."* (I17:3).

Für diese individuellen Ziele haben die beiden SLB auch eine einfache und plastische Form der Erfolgsmessung: Dass der *„Schreibtisch leer"* sei oder man die Post weghabe, das heißt, dass alle Poststücke bearbeitet und weitergeleitet wurden. Damit haben beide für sich eine präzise Form der Erfolgsmessung der eigenen Arbeit gefunden, in der die Arbeitsmarktintegration überhaupt nicht vorkommt. Diese „Denke" setzt sich auch bei einem 43-jährigen Sachbearbeiter fort. Für ihn unterbrechen *„[...] Publikum und Telefon [...]."* die reguläre Arbeit ebenso wie *„[...] Dienstbesprechungen, Rücksprachen mit Vorgesetzten [...] oder Rücksprachen mit anderen Kollegen, Fallmanager [...]"*, die *„[...] außerhalb der Reihe [...]."* (I4:5) stattfinden. Der Terminus „außerhalb der Reihe" verdeutlicht, dass die eigenständige Gesetzesanwendung an erster Stelle steht, wofür vor allem Zeit benötigt wird.

Es geht für die hier genannten SLB also in erster Linie darum, die vielfältigen Anforderungen in Einklang mit der knappen Ressource Zeit zu bringen. SLB mit diesen Antworten sehen sich als kleines Teil im Getriebe. Sie wollen als Teil der Maschine korrekt funktionieren, aber nicht irgendetwas erreichen. Das entspricht der klassisch-bürokratischen Sichtweise von Max Weber. Trotzdem versichern die drei Genannten auf Nachfrage im späteren Verlauf des Interviews, dass die grundsätzliche Aufgabe der Jobcenter die Arbeitsmarktintegration ist. Es gibt also einen Unterschied zwischen dem Wissen von der Arbeitsmarktintegration, der Nennung der Arbeitsmarktintegration als grundsätzliches Ziel und der tatsächlich individuellen Konstruktion der Erfolgsmessung im Alltag.

Zudem steht das Ziel der Arbeitsmarktintegration durchaus im Wettbewerb mit anderen Tätigkeiten, die SLB zu bewältigen haben – selbst SLB, deren originäre Aufgabe die Arbeitsmarktintegration ist. Deren Beschreibungen des Arbeitsalltags werden dominiert von Aktivitäten, die mit organisatorischen Aspekten der Tätigkeit zu tun haben, wie bei einem Fallmanager. Hier geht es zunächst weniger um das Ziel Arbeitsmarktintegration als vielmehr um die Vor- und Nachbereitung von Terminen sowie die Bearbeitung elektronischer und schriftlicher Kommunikation, weswegen die folgende Passage zu Beginn eines Interviews, wiederum auf eine offene Frage hin, vollständig wiedergegeben wird:

> *I: Erst mal, was ich mache ist, klar, das System hochfahren und als erstes gucken, Wiedervorlagen, Wiedervorlagen und Termine checken. Gucke noch mal nach, ob noch mal Post gekommen ist, was Dringendes im Postfach liegt. Dann geht's los. Dann schaue ich erst mal nach den Terminen, die ich habe. Bereite mich schon mal drauf vor. Gewisse Unterlagen, die da sind, suche ich die schon mal raus. Und wenn's Erstgespräche sind, bereite ich Eingliederungsvereinbarungen vorher schon mal vor. Je nachdem, dass dann auch schneller geht. Da gehe ich im Prinzip meine Wiedervorlagen durch und arbeite dann schon dementsprechend schon Wiedervorlagen und Post, die auf dem Tisch liegt, arbeite ich ab. Ja. [...]*

noch mal gucken, ob Telefonanrufe sind. E-Mails parallel. (I15:3)

Von dem SLB werden in einer enormen Anzahl von Prozessen unterschiedliche Tätigkeiten verlangt. Die Prozesse laufen parallel, wodurch ständig andere Tätigkeiten von ihm verlangt werden. So geht es einmal um die Dokumentation des Gesprächs *„[...] in unserem System [...]."* (I14:3) und parallel müssen *„[...] Post oder E-Mails [...]."* (I3:29) beantwortet werden, wie andere Interviewpartner erzählen. Häufig geht es dabei um das klassische Ermessen, beispielsweise einem Wohnungsumzug zuzustimmen (I19:9) oder Fahrtkosten anzuweisen (I14:4). Dieses Merkmal der Arbeit verlangt ein ständig neues Einstellen auf die nun zu bewerkstelligende Tätigkeit und die notwendigen Informationen als Entscheidungsgrundlage. Das ist es, was sich dahinter verbirgt, wenn SLB davon sprechen, wenn es um *„[...] die administrative Bewältigung der Vorsprachen [...]."* (I9:9) geht. Sie manifestiert sich in einer konstruierten Abgrenzung zu der direkten Interaktion mit dem Klienten: *„Dann, ja, checke ich meine E-Mails [...] dann eben Beratungen [...]."* (I11:5). So berichtet ein Berufsanfänger, dass seine nützlichen Beratungskonzepte aus dem Studium im Arbeitsalltag an den vielfältigen administrativen Aufgaben scheitern würden (I11:27-29).

Die Dichotomie „beratende versus administrative Tätigkeiten" ist eine übliche und an vielen Stellen anzutreffende Konstruktion der SLB über ihre Tätigkeit. Die Tätigkeit als Anwender des SGB II ist noch stark geprägt von der Rechtsanwendung, die bei der Klienteninteraktion im Wettbewerb mit der Bearbeitung des Ziels Arbeitsmarktintegration steht.

Außerdem fungiert das Ziel der Arbeitsmarktintegration als Ausgangspunkt, von dem aus Entscheidungen über die einzusetzenden Instrumente gefällt werden – das bedeutet aber nicht, dass SLB sie tatsächlich anstreben. So kommen etwa bei I18, wenn *„[...] es tatsächlich nicht um irgendeine Eingliederung auf den Ersten Arbeitsmarkt."* (I18:9) geht, eher Instrumente aus dem sozialfürsorgerischen Bereich in Betracht. Auf dieser Basis und in der Abwägung der Chancen auf Arbeitsmarktintegration werden dann innerhalb dieses Rahmens die schlussendlich ausgewählten Instrumente in eine aus seiner Sicht sinnvolle zeitliche Abfolge gesetzt. Arbeitsmarktintegration sei wichtig, wie I21 es schildert, aber „[...] in vielen Fällen zweit-, in manchen sogar drittrangig, weil eben viele andere Sachen mit dem Kunden [...] abzuarbeiten sind." (I21:3) und „[...] dann kann man [...].", laut I19, „[...] gucken im Gespräch mit dem Kunden, inwieweit man dann so eine Integrationsstrategie mit dem Kunden gemeinsam entwickelt." (I19:3). Die Funktion der Arbeitsmarktintegration als Kompass oder als „Benchmark" für das Ermessen ist für den SLB außerordentlich wichtig, „weil es bei meinen Kunden natürlich immer sehr [...] schwierig ist etwas Passendes zu finden." (I21:3). Die Arbeitsmarktintegration ist in der Regel vorrangiger und vorgeschalteter Bewertungsmaßstab bei der Auswahl möglicher Arbeitsmarktinstrumente, also eher Kompass als tatsächliches Ziel.

1.3. Zusammenfassung

SLB, die das SGB II anwenden, sind sich in der Regel der Zielvorgaben bewusst. Allerding ist die Bewusstheit über das Konzept der Ziele und Kennzahlen oberflächlich. Mit den Zielvorgaben wird zumeist nur die bundesgesetzliche Intention assoziiert, mehr Klienten in den Arbeitsmarkt zu integrieren. Dies ist auf drei Gründe zurückzuführen. Erstens werden SLB über die vereinbarten Ziele in der Regel über die Leitungen der Jobcenter informiert, wodurch keine eigenständige Prüfung der Ziele stattfindet, sondern eher eine passive Kenntnisnahme. Zweitens können die SLB nicht erkennen, was diese Ziele für ihr Ermessen im Alltag bedeutet. Drittens werden die Ziele zuweilen als rein interinstitutionelle Interaktion wahrgenommen. Viertens sind die Zielvorgaben aus Sicht der SLB eine von vielen Anreizen zur Beeinflussung des Ermessens. Ein durch die theoretische Diskussion zu erwartendes differenziertes Verständnis über Formen, Arten und Konsequenzen der Kennzahlen blieb aus.

Es gibt auf der einen Seite aber deutliche Hinweise, dass die spezifische Bewusstheit von den Zielvorgaben auf der Wahrnehmungsebene einen erkennbaren Einfluss auf das Ermessen hat. So benennen SLB im Rahmen freier Erzählungen in der Regel das Ziel der Arbeitsmarktintegration. Auf der anderen Seite existieren alternative Konstruktionen zur Messung des eigenen Erfolgs jenseits der Arbeitsmarktintegration. Außerdem steht das Ziel Arbeitsmarktintegration im Wettbewerb mit administrativen Aufgaben. Zudem ist das Ziel zentraler Bewertungsmaßstab der Interaktion, auch wenn es nicht tatsächlich angestrebt oder den Möglichkeiten angepasst wird. Arbeitsmarktintegration ist in diesen Fällen eher Kompass als Ziel. Alles in allem kann in Anbetracht der Befunde also nur schwer von einem radikalen, sondern vielmehr eher von einem inkrementellen Wandel der Rechenschaftspflicht gesprochen werden, wenn die Evidenzen gegenübergestellt werden.

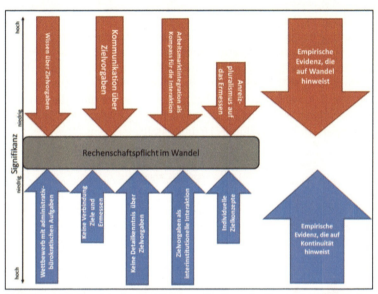

Abbildung 15: Empirische Evidenzen „Pro" und „Contra" Wandel der Rechenschaftspflicht
(eigene Darstellung)

Es ist also ein Spannungsfeld zwischen der eigentlich radikalen Veränderung der Rechenschaftspflicht aus dem NPM auf der einen und dem messbaren inkrementellen Wandel der Rechenschaftspflicht auf der Ebene der SLB. Wie halten SLB dieses Spannungsfeld auf Dauer aus? SLB haben Strategien entwickelt, wie sie den Druck der Verantwortlichkeit jederzeit regulieren können.

2. Druckregulierung als Strategie

SLB können aus ihrer Wahrnehmung heraus aus unterschiedlichen Gründen in unterschiedlichen Konstellationen mit den zur Verfügung stehenden Instrumenten nie vollumfänglich für die Arbeitsmarktintegration ihrer Klienten verantwortlich gemacht werden. I14 fasst diese Haltung zusammen, als er die Frage beantwortet, was die Arbeitsmarktziele nun für den zuvor diskutierten Fall eines gering qualifizierten älteren europäischen Migranten bedeuten: *„Ich werde nicht jeden Kunden in Arbeit vermitteln können. Aus verschiedenen Gründen."* (I14:24).

Druckregulierung ist Bestandteil von Beschreibungen über Interaktionen wie auch Gegenstand bewertender Äußerungen zum Ziel Arbeitsmarktintegration und sie beeinflusst schlussendlich das Ermessen. SLB stehen sieben Ventile zur Verfügung. Diese ermöglichen SLB, in jeder Situation den durch die Ziele ausgelösten Vordruck ablassen zu können. Die Folge ist, dass der Hinterdruck auf ein erträgliches Maß sinkt. Diese Metapher und deren Mechanik sind in Abbildung 16 dargestellt.

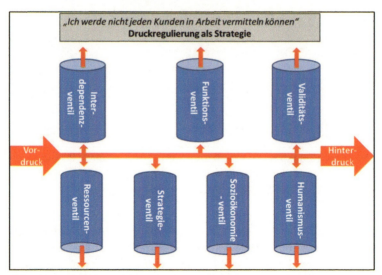

Abbildung 16: Sieben Ventile zur Druckregulierung
(eigene Darstellung)

Die Ventile werden kontingent angewendet, das heißt, sie werden fall- und situationsbezogen von SLB genutzt. So ist es normal, dass ein SLB unterschiedliche Ventile für unterschiedliche Situationen verwendet oder dass für die Bewertung einer Situation mehrere Ventile benutzt. Die Ventile sind darüber hinaus nicht „exklusiv": Jeder SLB nutzt einzelne Ventile, wenn auch im Lauf der Interviews nicht alle SLB jedes Ventil erwähnten. Nachfolgend werden die einzelnen Strategien exemplarisch anhand des empirischen Datenmaterials dargestellt.

2.1. Das Interdependenzventil

Unter dem Interdependenzventil versteht diese Studie, dass der SLB sich bewusst ist, dass er für die erfolgreiche Gestaltung des Prozesses und das Erreichen des Ziels Arbeitsmarktintegration von anderen Interaktionspartnern abhängig ist. In der Situation des SLB sind es insbesondere der Klient oder der Arbeitgeber. Dies entspricht dem Kerngedanken des Konzepts der Koproduktion, wonach Kunden oder Klienten an der Entstehung der Dienstleistung notwendigerweise beteiligt und aufeinander angewiesen sind. Diese Abhängigkeit oder Interdependenz verhindert aus Sicht des SLB, dass er die Arbeitsmarktintegration garantieren kann.

Der Einsatz dieses Ventils wird im Beispiel von I10 sichtbar. Er antwortet auf die Frage, inwieweit Eingliederungszuschüsse helfen würden, um die Hilfebedürftigkeit eines Klienten zu verringern, der aktuell einem Minijob nachgeht, folgendes:

> *Weil es gibt gute Gründe, dass es ein Minijob ist und kein SV-pflichtiger. Und da lässt sich ein Arbeitgeber nicht mit ein paar Euro abstubsen. (I10:57)*

Der Minijob ist für den SLB das unabänderliche Beschäftigungsverhältnis, mit dem der Arbeitgeber seinen Betrieb führt. Dies kann sich erst ändern, wenn der Arbeitgeber sein betriebswirtschaftliches Modell verändert. Das dem SLB verfügbare Instrument eines Eingliederungszuschusses reicht aus seiner Sicht nicht aus, um den Arbeitgeber zu einer Veränderung des Beschäftigungsverhältnisses zu motivieren. Es ist ein „stumpfes Schwert".

Der Arbeitgeber kann vollkommen frei entscheiden. Der SLB ist auf ihn vollumfänglich angewiesen.

Ein weiteres Beispiel: Ein anderer Fallmanager berichtet über einen Fall, bei dem er mit dem Arbeitgeber über die Leistung einer Klientin während der betrieblichen Trainingsmaßnahme reflektiert. Der Arbeitgeber konstatiert eine angebliche Minderleistung der Klientin.

> *I: Und [...] da kam dann vom Arbeitgeber die Rückmeldung, sie wäre zu langsam.*
>
> *B: Und wie gehen Sie damit um?*
>
> *I: [...] Ich muss jetzt erst mal so hinnehmen [...]. (I21:19-21)*

Aus seiner Sicht kann er die Ursache für die Aufkündigung des Arbeitsverhältnisses nicht beurteilen: Er war in der Situation nicht anwesend und verfügt über keine Branchenkenntnisse, um die Geschwindigkeit der Klientin beurteilen zu können. Hier ist er auf die Einschätzung des Arbeitgebers angewiesen. Auf dieser Basis muss er zu einer Einschätzung kommen, um sein Ermessen in zwei Richtungen auszuüben. Zum einen zöge eine vorsätzliche Minderleistung am Arbeitsplatz eine Minderung der SGB II-Leistungen nach sich. Zum anderen muss er einschätzen, inwieweit der Klient für diese Branche geeignet und willig ist. Für beide Urteile ist er auf den Arbeitgeber angewiesen. Interdependenz bedeutet also nicht nur Verhandlung zur Zielerreichung, sondern auch Interdependenz bezogen auf Informationen und Bewertungen.

Weitaus differenzierter und häufiger wird allerdings von den SLB die Angewiesenheit auf den Klienten genannt. So etwa beim Fall eines Befragten, der im Team Selbstständige betreut und immer wieder an Grenzen stößt, wenn es darum geht, die Selbstständigen dazu zu bewegen, das nicht auskömmliche Einkommen aufzugeben und Engagement in eine abhängige Beschäftigung zu investieren, das ein Leben ohne Hilfebezug ermöglicht.

> *Also ich habe einen Fall, da geht es um ein Café. Da geht's eigentlich nur noch 300-400 €, die noch fehlen. Die Tragfähigkeit ist mehrfach vom Träger nicht bescheinigt worden, aber*

sie möchte das Café nicht aufgeben. Ist ihr Lebensinhalt, sie arbeitet auch viel, mag auch alles so sein, ja. Und sie hat eine große Taktik entwickelt über die Jahre, sich dem Jobcenter zu entziehen [...] sie hat richtige Jobcentervermeidungsstrategie entwickelt, von Petition und allem Drum und Dran. (I19:61)

Die Erwerbstätigkeit als Selbständige ist aus Sicht des SLB für die Klientin mehr als nur eine „normale" Tätigkeit: Es ist *„ihr Lebensinhalt"*, also vermutlich tief verwurzelt und verankert in der persönlichen Identität. Dieser aus Sicht des SLB antizipierte Zustand führt dazu, dass die Klientin für alternative Vorschläge zur Beseitigung der Hilfebedürftigkeit durch den SLB nicht offen ist: *„Sie möchte das Café nicht aufgeben"*. Auch nachdem I19 versucht hat, der den Klienten langsam darauf vorzubereiten, indem er ihm bereits Zeit gegeben hat, ein ausreichendes Einkommen mit der Selbstständigkeit zu erzielen, beharrt der Klient weiter auf dieser Tätigkeit und entzieht sich jeglicher vorgeschlagenen beruflichen Alternative. Er gehört zu den Klienten, für den *„nichts anderes in Frage kommt."* (I19:57). Dem SLB fehlt nun auf der anderen Seite aus seiner Sicht die rechtliche Möglichkeit, den Klienten zur Aufgabe der Selbstständigkeit zu zwingen, nicht nur in diesem Fall.

Andere SLB erzählen von Klienten, die sich als *„[...] Systemopfer [...]."* (I16:51) betrachten und deswegen nicht bereit sind für die angebotene Beratung, oder von Klienten mit gesundheitlichen Problemen, welche die Klienten nicht versuchen, mit anderen Professionen zu lösen. So weigert sich ein stark übergewichtiger Klient seit dem Jahr 2000, abzunehmen (I16:57-65). Ein Alkoholiker begibt sich nicht in die Hände des Hausarztes (I8:15). Ein psychisch Kranker, der *„[...] eigentlich permanent Medikamente nehmen müsste. Es aber einfach nicht tut."* (I20:22) verhindert so, dass ein angemessenes Gespräch über seine Möglichkeiten auf dem Arbeitsmarkt stattfinden kann. In diesen Fällen liegt es an den Klienten mit ihrem mangelnden Mitwirkungswillen, dass SLB die Interaktion nicht erfolgreich gestalten können und *„[...] ihre Beratung abschließen [...]."* können (I16:51).

Neben dem Mitwirkungswillen gehört zur erfolgreich gestalteten Interaktion die Mitwirkungsfähigkeit. Diese beginnt bei alltäglichen Vorgängen, etwa dann, wenn ein Klient nach einem Beratungsgespräch mehrere Aufgaben zu erfüllen hat, „*[...] da ist es unmöglich, dass der einerseits bei der SCHUFA die Auskunft holt und gleichzeitig [...] ein Attest zu holen. Es gibt Kunden, die das nicht schaffen*" (I16:7). Hierdurch verzögert sich – klientenbedingt – die Integrationsarbeit, weil diese Aufgaben nur nacheinander, und damit verzögert, abgearbeitet werden können. Diese mangelnde Fähigkeit, sich selbst zu organisieren, und die daraus resultierende ineffiziente Mitwirkung setzt sich für SLB in anderen Situationen fort: wenn etwa ein Klient bei seinem Arbeitgeber die richtige Situation erspüren soll, ob er möglicherweise die Stunden aufstocken könne (I10:57) – oder wenn ein Busfahrer während der Probezeit eine Leitplanke touchiert (I5:23) und deswegen gekündigt wird. Für eine erfolgreiche Gestaltung der Interaktion als Voraussetzung für die Arbeitsmarktintegration ist der SLB auf den Mitwirkungswillen und die Mitwirkungsfähigkeit der Klienten angewiesen.

Diese Bewertung hat Schlussfolgerungen auf das Ermessen. Sind beide Voraussetzungen aus Sicht des SLB nicht erfüllt, die Klienten in den Worten von I17 „*nicht können und nicht wollen [...].*" (I17:23), folgt daraus eine grundsätzlich pessimistische Prognoseentscheidung bezüglich der Arbeitsmarktintegration: „*[...] da passiert nichts mehr [...].*" (I3:11) oder am Ende muss jeder „*[...] die Last [...] selber tragen [...].*" (I8:39). Diese Einschätzung resultiert in einer Entscheidung zur Reduktion der weiteren Gestaltung der Interaktion auf das Mindestmaß. So führt etwa I20 dann nach eigenen Angaben „*[...] ein bisschen Blabla-Gespräch [...].*" (I20:22). Das Ziel der Arbeitsmarktintegration ist dann zwar formal noch da, diesem wird aber real in den Interaktionen in solchen Fällen nicht mehr nachgegangen.

Die gemeinsam zu erbringende Dienstleistung Arbeitsmarktintegration ist für den SLB alles andere als ein planbarer oder perfekter Produktionsprozess. Die Bedingungen werden für den SLB erst im Lauf der Produktion vollumfänglich erkennbar. Der Klient ist für den SLB ein unsicherer Produktionsfaktor und ein sich wandelndes Produkt im Produktionsprozess. Der SLB ist auf ihn angewiesen, skeptisch und zögerlich, im Bewusstsein dieser Situation die Verantwortung für eine scheinbare statische Produktionslogik zu übernehmen, wenn er während der Produktion bemerkt, dass der notwendige Mitwirkungswille und die notwendige Mitwirkungsfähigkeit beim Klienten nicht vorhanden sind und er deswegen nicht vollumfänglich für die Arbeitsmarktintegration verantwortlich sein kann.

2.2. Das Ressourcenventil

Unter dem Ressourcenventil versteht diese Studie, dass der SLB sich bewusst ist, dass er für die erfolgreiche Gestaltung des Prozesses und das Erreichen des Ziels Arbeitsmarktintegration Ressourcen benötigt. Da die notwendigen Ressourcen zum Teil nicht in dem Maße vorhanden sind, wie es aus Sicht des SLB notwendig wäre, kann er die Arbeitsmarktintegration nicht garantieren. Die am häufigsten genannte Ressource, die aus Sicht der SLB fehlt, wird beim Klienten selbst verortet.

Der Einsatz dieses Ventils wird bei I14 deutlich. Er antwortet auf die Frage, wie er einen älteren europäischen Migranten in Arbeit integrieren möchte, wie folgt:

> *Mein Ziel wäre, dass er vielleicht einen Minijob hat. Ich glaube, mehr wird schwierig. Er ist 60, das darf man nicht vergessen [...]. Es gibt 60-Jährige, da hat man das Gefühl, die sind 70. Und es gibt 60-Jährige, die wirken optisch und vom Verhalten pfiffiger, jünger. Aber er ist körperlich eingeschränkt. Er hat außer Reinigungskraft nichts gearbeitet. Und das ist natürlich mit gesundheitlichen Einschränkungen nicht so einfach. Deswegen, wenn er Minijob hätte, wäre das toll. (I14:8)*

Für I14 ist der Klient nicht nur wegen seines Alters und seiner mangelnden Qualifikation, sondern auch wegen seiner gesundheitlichen Einschränkungen dauerhaft auf dem ersten Arbeitsmarkt vollumfänglich zu integrieren. Das ist eine recht typische Antwort: Gerade die Qualifikationen stehen verständlicherweise im Vordergrund und diese werden grundsätzlich, auch nach Jahren des ökonomischen Aufschwungs, von anderen SLB häufig pessimistisch bewertet: „*Wir haben keine Facharbeiter*" (I20:18) bedeutet bereits eine einschränkende Vorsortierung des Arbeitsmarktsegments, indem man sich gezwungenermaßen aufgrund der Ressourcen der Klienten bewegt. Weitere klientenbedingte Ressourcendefizite sind fehlende deutsche Sprachkenntnisse, die etwa I11 zweifeln lässt, ob die Voraussetzungen für mündliche Kommunikation vorhanden sind. Bei einem Flüchtling, der erst vor kurzem nach Deutschland gekommen ist, fragt sich der SLB: *"[...] kommt das, was ich sage, denn da auch so an"* (I11:7). Andere SLB stellen eine fehlende Motivation oder fehlende Arbeitsethik im Zuge der Gespräche mit Klienten fest (I17:23; I8:51; I12:7). Vereinzelt werden mögliche Vorstrafen genannt (I15:29), die verhindern, dass ein Klient, trotz erkennbarer Motivation, in einer bestimmten Branche mit Arbeitsmarktnachfrage tätig werden kann.

Die zweite fehlende Ressource ist aus Sicht einiger SLB die Ressource „Zeit" bei der Interaktion mit den Klienten. Zum einen ist es die Zahl an Klienten, die in der Regel dazu führt, dass der SLB aus seiner Sicht oberflächlicher arbeiten muss, als es notwendig wäre. So kann etwa nicht jedes Stellenangebot ausführlich durchgesprochen werden (I21:3) oder die in einer Eingliederungsvereinbarung festgelegten Aufgaben werden nicht optimal kontrolliert (I15:23). Besonders deutlich wird die strategische Dimension der Ressource Zeit für den Vertrauensaufbau mit einem Klienten:

> *Das ist dann häufig so, dass man hier sitzt und denkt, Alter, wie hast du hier zwei Jahre rumpalavert und hast mit ihm versucht irgendwas, man spürt, man merkt das ja, es ist irgendwas. Man kommt aber nicht ran an die Leute, eine Vertrauensbasis muss da sein, dass derjenige sagt, mein Innerstes kehre ich nach außen und erzähle das der Frau I20, das passiert nicht nach dem ersten Mal, nach dem zweiten, nach dem dritten Jahr, da geht mehr ins Land. Und dann kommt der mit irgendwelchen Sachen, ja, dass da was war, war mir klar. Aber was es ist, konnte ich nicht, bin ja kein Hellseher, und dann kommen die Sachen auf den Tisch wo man im Prinzip wieder von vorne anfängt, weil sich das alles total geändert hat. [...] bei manchen kriegt man schneller einen Zugang, bei manchen dauert es. (I20:18)*

I20 schildert, dass es ihm häufig kurzfristig nicht gelingt, eine notwendige vollumfängliche Erhebung der Ursachen für die bisher fehlende Arbeitsmarktintegration zu vollziehen. Ihm ist klar, dass ohne Zeit kein Vertrauensaufbau und keine vollständige Erhebung der Probleme stattfinden kann. Aber ohne das Wissen kann er wiederum nicht intervenieren. Also wartet er ab, bis der Klient sein „Innerstes" nach außen kehrt. Zeit ist diesem Fall Ressource und Strategie.

Zuletzt fehlen den SLB Instrumente als Ressource zum effektiven Handeln. Dieses Defizit an Fähigkeiten hat eine instrumentelle und eine professionelle Ebene, wie aus dem Fall eines Migranten ersichtlich wird, den I14 schildert.

> *I: Die Maßnahme haben wir jetzt beendet. Wenn sie wieder kommt, würde ich gucken, wie es ihr geht. Dann würde ich nochmal zu dem Arbeitsmediziner schicken (...) würde die nochmal fragen, wie ist denn jetzt die Situation. Wenn der sagt unverändert, ja, dann würde ich hoffen, sie noch mal motivieren zu können, eine andere Maßnahme zu besuchen [...] wo es ganz gezielt darum geht, einen Minijob zu finden. Allerdings wenn sie jetzt, ich sage mal so, wenn sie in dem gleichen Zustand ist, wie jetzt, zuletzt, dann muss ich da glaube ich [...].*
>
> *B: Gibt es eine Möglichkeit, diesen gesundheitlich schwierigen Zustand zu beenden?*
>
> *I: Ich kann den nicht beenden. (I14:10-12)*

Zunächst wird hier deutlich, dass I14 kein Vertrauen in die Effektivität der von ihm initiierten Maßnahme hat: Die Hoffnung, den Klienten erneut zum Arbeitsmediziner zu schicken, ist eine Notlösung, um eventuell zu erfahren, dass diejenige nicht mehr erwerbsfähig ist. Die Aussage zuletzt „den kann ich nicht beenden" weist einerseits auf ein nicht zur Verfügung stehendes Instrumentarium hin. Andererseits wird ersichtlich, dass der SLB keine Möglichkeit sieht, das Problem eigenständig lösen zu können. Ein anderer SLB erzählt, dass er beim Auftauchen von psychischen Problemen bei Klienten diese durchaus erkennt, aber eben nicht über die notwendige Ausbildung verfügt, um damit angemessen umzugehen: *„Ich bin kein Sozialpädagoge. Ich habe keine pädagogische Ausbildung, ich habe auch keine psychologische Ausbildung [...]."* (I20:20). Daraus zieht er den Schluss, dass er beim Erkennen solcher Probleme vorsichtig sein sollte und nicht weiter darauf eingehen kann. Das Ermessen wird also reduziert auf ein Ermessen in Bezug auf die Spannbreite wahrgenommener vorhandener Ressourcen. Wenn diese nicht zu dem aufgetretenen Problem passen, ist das ein Grund für die mangelnde Möglichkeit, Klienten in Arbeit integrieren zu können.

2.3. Das Funktionsventil

Unter dem Funktionsventil versteht diese Studie, dass der SLB sich bewusst ist, dass es vor allem andere Kollegen mit anderen Aufgaben gibt, deren Aufgabe das Erreichen des Ziels Arbeitsmarktintegration ist. Diese organisatorische Aufgabendelegation verhindert, dass Verantwortung für die Zielerreichung übernehmen werden kann.

Der Einsatz dieses Ventils zeigt sich bei der Schilderung von I13. Er antwortet auf die Frage, ob er für den Interviewer ein Beispiel aus den letzten drei Monaten erzählen könne, bei dem er das Ziel „Integration in ein sozialversicherungspflichtiges Beschäftigungsverhältnis" erreicht habe, wie folgt:

> *I: So direkt aus dem Gespräch, man versucht ja immer, gut zuzureden, nach dem Motto, komm´ und wir schaffen das, weiß man nie, was davon hängen bleibt. Weil im Grunde die direkte Vermittlung eigentlich eher separat verläuft. Bei uns ist vielleicht ein bisschen, also es wird sehr stark mit Trägern zusammengearbeitet. [...] Die Aufgabe wird in Trägern übernommen."*
>
> *I: Sie würden dann sozusagen Trägern [...].*
>
> *B: ... den Auftrag erteilen. So selber nach Stellen gucken ist eher seltener der Fall (I13:19-22)*

Prinzipiell hat der SLB ein Interesse daran, dass der Klient das Ziel der Arbeitsmarktintegration erreicht, ihn mündlich motiviert (*„gut zuzureden"*). Aber am Ende ist der tatsächliche Vorgang des Zusammenkommens zwischen seinem Klienten und dem Arbeitgeber örtlich und funktionell getrennt von seiner Tätigkeit. Obwohl er eine wichtige Tätigkeit im Rahmen dieser Wertschöpfungskette übernimmt, ist die Weitergabe an den Träger für ihn bezüglich der Arbeitsmarktintegration die Abgabe in eine „Blackbox": Was danach passiert, davon hat er keine Kenntnis mehr, denn nach der Auftragserteilung ist dies nicht mehr seine Aufgabe. Diese Aufgabe wird dann von „*Trägern*" übernommen – also noch nicht einmal von konkret benennbaren Kollegen, sondern von einer abstrakten Institution. In der Konsequenz konnte der Befragte aus den letzten drei Monaten kein einziges Beispiel nennen, bei dem eine Integration in Arbeit stattgefunden hat.

Häufig waren diese funktionalistischen Verschiebungen bei SLB anzutreffen, deren Schwerpunkt bei der Gewährung von Hilfen zum Lebensunterhalt lag. So glichen dann auch die funktionalistischen Verschiebungen den klassischen verwaltungsrechtlichen Prüfschemata, etwa wenn ein SLB auf die Nachfrage, was eigentlich das Ziel der Interaktion mit dem Klienten sei, den Satz mit den Worten „*die Integration in Arbeit und ich bin kein Fallmanager*" (I1:90) füllt. Diese Antwort ist Ausdruck der üblicherweise gelehrten und angewendeten verwaltungsrechtlichen Prüfschemata, die zunächst einen Vorgang nach der funktionellen Zuständigkeit sortiert und, wie es I4 formuliert, dadurch zum Schluss kommt „*[...] was gehört überhaupt nicht zu mir.*" (I4:4-5). In diesem Fall ist die funktionale Verschiebung Ausdruck der professionellen Sozialisation und der juristischen Arbeitsmethodik. Unabhängig von der Quelle der funktionellen Verschiebung resultiert sie einer sehr akzentuierten Ablehnung der Verantwortlichkeit für die Arbeitsmarktintegration.

2.4. Das Strategieventil

Unter dem Strategieventil versteht diese Studie, dass der SLB selbst weiß, dass es ihm an einer Vorstellung fehlt, worin die Ursache oder das Problem liegt, warum der Klient bisher nicht in Arbeit integriert werden konnte.

Der Einsatz dieses Ventils kann im bereits erwähnten Fall eines Klienten mit Migrationshintergrund beobachtet werden, der erfolglos eine Probearbeit absolviert hat und bei dessen Fall der SLB sich auch nach den Rückmeldungen des Arbeitgebers und des Klienten kein schlussendliches Urteil über die Ursachen des Nichtzustandekommens des Arbeitsvertrags bilden kann.

> *Es gibt Kunden, die sind lange arbeitslos. Aber die machen bei allem mit. Die sind motiviert. Aber trotzdem klappt es nicht. Das sind so die schwierigsten Kunden. Wo man weiß, die bringen eigentlich alles Mögliche mit. Und [...] trotzdem sind die ewig arbeitslos.* (I14:37)

Damit fällt der Klient nach Ansicht des SLB in eine schwierige Kategorie: Diejenigen, die dauerhaft arbeitslos sind, ohne dass der SLB hierfür eine Ursache erkennen kann. Dieser Umstand ist alles andere als unwesentlich aus Sicht der Zielsetzung Arbeitsmarktintegration. Der SLB findet keinen Interventionspunkt zur Überwindung des aktuellen Zustands, wodurch die Interaktion in einem „unvollendeten Zustand" verbleibt. So ergeht es auch I21, als er die Rückmeldung eines Arbeitgebers bewerten muss, wonach ein Klient sich am Arbeitsplatz ungebührend benommen habe, er deswegen seine Arbeit verliert und die Schilderungen des Klienten ihm ebenfalls plausibel sind: *„Ich kann mir nicht so ein richtiges Bild machen"* (I21:25). Wie beim Fall von I20, der bereits genannt wurde, ist die erfolgreiche Interaktion ein Produkt des Mitwirkungswillens des Klienten. Der SLB interagiert mit dem Klienten über eine lange Zeit, aber der Klient hat eine Art „Hidden Agenda": Er sagt nicht wirklich, was er denkt, offenbart nicht alle persönlichen Probleme zu einem bestimmten Zeitpunkt der Interaktion.

> Ich habe also Kunden gehabt, die sich nach Jahren erst geöffnet haben und einfach mal gesagt haben, was bei denen los ist. [...] Man kommt aber nicht ran an die Leute [...] dann kommen die Sachen auf den Tisch wo man im Prinzip wieder von vorne anfängt, weil sich das alles total geändert hat. (I20:18)

Der SLB kann aufgrund der mangelnden Mitwirkung nicht die notwendigen Informationen erheben, die es ihm ermöglichen, aus dem ihm zur Verfügung stehenden Instrumentarium die passende Abhilfe zu schaffen – und er weiß es noch nicht einmal. Der fehlende Ansatzpunkt für eine Intervention und die latente „Gefahr", auf Basis falscher Annahmen zu intervenieren, führt dazu, dass der SLB nicht garantieren kann, dass er mit dem, was er veranlasst hat auch das Richtige tut.

2.5. Das Validitätsventil

Unter dem Validitätsventil versteht diese Studie, dass der SLB das Kennzahlenset grundsätzlich für ungeeignet erachtet, die Leistung beim Beitrag zur Zielerreichung messen zu können. Die Anwendung des Ventils hängt stark vom Grad der Intensität ab, mit der sich der SLB mit den Zielvereinbarungen auseinandergesetzt hat. Am ausgereiftesten war dies bei dem Befragten I18. In einem allgemeinen Dialog über die Kennzahlen merkte er, dass der Druck ein bisschen größer werde. Auf die Nachfrage des Interviewers, in welcher Form dies der Fall sei, antwortete er:

> *I: In Form von ‚Hallo, ihr müsst jetzt noch entsprechende Integrationen machen'. Weil wir sind hier halt noch ein Team, was tatsächlich noch einen sozialen Brennpunkt hat mit hoher Arbeitslosigkeit und entsprechender Problematiken in der Vermittlung.*
>
> *B: Wie gehst Du dann damit um? Du hast ja auch ein bisschen Teamleiterfunktion?*
>
> *I: Ich vertrete das immer nach außen, dass wir diese Integrationszahlen nicht schaffen können, aufgrund der Tatsache der momentanen personellen Situation und der tatsächlichen Brennpunktsituation. (I18:54-56)*

Dies ist ein SLB, der in einer Art Zwitterfunktion tätig ist. Einerseits ist er Fallmanager, aber er fungiert zeitweilig auch als Stellvertreter des Abteilungsleiters („*Ich vertrete das immer nach außen*"). Bei Treffen mit anderen Hierarchieebenen außerhalb des Jobcenters muss er die vergleichsweise schlechten Zahlen hinsichtlich der absoluten Höhe der Arbeitslosigkeit und Langzeitarbeitslosigkeit im Vergleich zu anderen Jobcentern in der Großstadt rechtfertigen. Dabei verweist er, ebenso wie I2 (71), auf eine mangelnde Berücksichtigung der Brennpunktlage des Jobcenters bei dem Vergleich. In eine ähnliche Richtung geht die Kritik von I10, dass er als Individuum von der Minderleistung anderer SLB in Haftung genommen werde (I10:64). In den Worten von I2, der eine ähnliche Argumentation beim internen Vergleich vorbringt, lautet die daraus resultierende rhetorische Frage *„ist das überhaupt realistisch [?]"* (I2:21). Andere SLB bemängeln, dass bei der Integrationsquote auch kurzfristige Integrationen zählen, die aber in der Regel nicht in eine dauerhafte Beschäftigung münden, so dass etwas gut aussieht, was aber tatsächlich real nicht gut ist (I9:45). Damit zieht er die Legitimität der Kennzahlen als Beschleuniger der Zielvorgabe Arbeitsmarktintegration insgesamt in Zweifel: Es geht um das Konzept, weniger um das Ziel der Kennzahlen. Nach Ansicht der SLB lassen sich die erhobenen Zahlen den Beitrag zur Zielerreichung aus unterschiedlichen Gründen überhaupt nicht messen.

2.6. Das Soziöökonomieventil

Unter dem Soziöökonomieventil versteht diese Studie, dass aus Sicht des SLB nicht beeinflussbare makroökonomische Rahmenbedingungen verhindern, dass ein Teil der Klienten in den Arbeitsmarkt integriert werden kann. Im Vordergrund stehen dabei die Merkmale des Arbeitsmarkts und, in geringerem Ausmaß, die Auswirkungen konjunktureller Zyklen auf die Arbeitsmarktnachfrage.

Beispielhaft ist die Schilderung von I14 auf die Nachfrage, was ihm in den Sinn komme, wenn trotz initiierter Arbeitsmarktmaßnahmen Klienten nicht integriert werden könnten, während auf der anderen Seite eine Verpflichtung zur Reduktion des langfristigen Hilfebezugs um 2 Prozentpunkte vorgegeben werde.

> *Und dann gibt es Leute, die wollen, aber die bringen nicht die Anforderungen mit, die der Arbeitsmarkt heutzutage stellt. Ich sage mal, es sind viele Leute, die kommen aus dem osteuropäischen Raum. Die ein Leben lang als Maschinist gearbeitet haben in der Viehwirtschaft. Das sind richtige Schaffer. Die wollen, die können die Sprache nicht so gut. Die schicke ich irgendwo hin. Die schaffen. So. Jetzt haben die 24 Monate eine Arbeitsgelegenheit gemacht. Jetzt ist Feierabend. Dürfen sie nicht mehr machen. Die kriege ich niemals in den ersten Arbeitsmarkt. (I14:35)*

Auffallend an dieser Schilderung ist, dass der SLB die überdurchschnittlich vorhandene Ressource „Motivation" des Klienten bestätigt. Allerdings sind die Berufserfahrungen im primären Arbeitsmarktsektor („*Viehwirtschaft*") und die dort geschätzten mentalen und physischen Fähigkeiten („*richtige Schaffer*") für die in Deutschland nachgefragten tertiär dominierten Arbeitsmärkte uninteressant. Eine Anpassung der Fähigkeiten hin zur Wissensgesellschaft ist aus ressourcenbedingten Gründen, Sprache und Alter, nicht mehr möglich – weswegen diese Mischung in eine fast fatalistische Konsequenz bezüglich der Chancen des SLB mündet, diesen Klienten jemals in den ersten Arbeitsmarkt zu integrieren („*niemals*"). Hier deckt sich das Arbeitsmarktangebot nicht mit der spezifischen Arbeitsmarktnachfrage.

Diese Annahme gestaltet sich in unterschiedlichen Varianten. Es gibt nicht nur einen qualifikatorischen „Mismatch", sondern auch einen rechtlichen, wenn etwa ein SLB keinen Teilzeitjob für eine Klientin findet, was aber für die Lebenssituation unabdingbar ist für eine erfolgreiche Integration in den Arbeitsmarkt (I10:49). Auch wenn der „Match" stattgefunden hat, bedeutet dies aus Sicht des SLB oft keine vollkommene Zielerreichung, denn vorhandene atypische Beschäftigungsformen wie Minijobs oder in Branchen mit traditionell niedrigen Einkommen generieren nicht genug Einkommen, als dass der Hilfebezug vollständig beseitigt werden könnte (I5:48; I7:36; I9:43). Das führt dazu, dass SLB sich selbst sagen „*wir haben einen aus der Statistik raus*" (I2:55), trotzdem aber ganz genau wissen, dass der Klient kein vollkommen eigenständiges Leben führt. Es sind diese sozioökonomischen Grenzen, die für SLB nicht maßgeblich beeinflussbar sind.

2.7. Das Humanismusventil

Unter dem Humanismusventil versteht diese Studie, dass der SLB das Ziel der Arbeitsmarktintegration mit einem humanistischen Menschenbild als unvereinbar ansieht.

So antwortet etwa I5 auf die Frage, welche Auswirkungen die Integrationsquote von 26,1 % auf den Arbeitsalltag hat, das Folgende:

> *[...] für mich persönlich ist es einfach nicht menschenwürdig, weil wir arbeiten mit Menschen. Ich kann natürlich den Menschen dahingehend beraten und immer wieder vehementer, ich sag mal terrierartig, an ihm dranbleiben, und ihn dahingehend beraten. Ich kann ihn auch mal an die Händchen nehmen und sagen wir gehen da mal gemeinsam hin, wenn du Angst hast. Aber nichtsdestotrotz ist im Endeffekt ist es eine Entscheidung des Menschen. (I5:37)*

Für I5 ist klar, was mit den Zielsetzungen allgemein und im Speziellen von ihm erwartet wird: Er soll noch eingehender („*terrierartig*") mit dem Klienten dahingehend interagieren, damit dieser in Arbeit integriert wird. Diese Erwartung stößt allerdings auf ein – sein – humanistisches Menschenbild, im Sinne einer grundsätzlichen Menschenfreundlichkeit, das auch für seine Klienten gilt. Diesen spricht er nach wie vor das Recht zu, frei bestimmen zu können, ob sie mitwirken und damit die Voraussetzungen schaffen zu arbeiten oder nicht. I16 teilt diese Einschätzung und nennt auch das Grundgesetz als Legitimation dieser Haltung: „*[...] nur weil sie Leistungen von uns bekommen sind sie weder besser noch schlechter.*" (I16:79). Arbeiten ist für diese SLB Bestandteil der freien Entscheidungsmöglichkeit eines Menschen und kann also auch ein Zwang sein. In der Folge bedauern, aber tolerieren diese SLB mangelnde Mitwirkung.

Für andere SLB ist weniger die humanistisch begründete Entscheidungsmöglichkeit des Klienten als vielmehr eine Art humanistische Kritik am Zielkonzept handlungsleitend. So werden die offiziellen Zahlen alternativ durch vor allem qualitativ-fürsorgerische Zielsetzungen ersetzt, etwa bei I7, wenn ein kranker Klient in den SGB XII-Bereich abgegeben wird. Daraus folgt: „*[...] er muss sich nicht mehr bewerben, das ist auch ein Erfolg [...] wenn es dem besser geht.*" (I7:48).

Der gemeinsame Nenner dieser Form der Druckregulierung ist die Grundannahme, dass einer nach wie vor autonomen Person dann am besten geholfen ist, wenn individuelle Wunschvorstellungen über das Leben erfüllt sind. Wenn Arbeit nicht dazu gehört, gehört dies auch nicht zum Ziel der Interaktion des SLB mit dem Klienten. Die freiheitlich-demokratische Grundordnung und das dahinterstehende humanistische Menschenbild werden eigenständig dahingehend interpretiert, dass die Arbeitsmarktintegration um jeden Preis damit unvereinbar ist.

3. Beantwortung der ersten Forschungsfrage

Die erste Forschungsfrage lautete: Wie gehen Street Level Bureaucrats damit um, dass durch die Umsetzung des § 48a und b SGB II mittels quantitativer Zielvorgaben die Jobcenter für die Arbeitsmarktintegration ihrer Klienten verantwortlich gemacht werden? Die bisherigen Ergebnisse der Studie zeigen, dass SLB diese Verantwortlichkeit vermeiden, indem sie den Druck mit Hilfe von sieben Ventilen regulieren.
1. Das Interdependenzventil; darunter versteht die Studie, dass der SLB sich bewusst ist, dass er auf den Mitwirkungswillen und die Mitwirkungsfähigkeit von Klienten und Arbeitgebern angewiesen ist, um sein Ziel zu erreichen.
2. Das Ressourcenventil; darunter versteht die Studie, dass der SLB auf Ressourcen angewiesen ist, um das Ziel zu erreichen (z. B. Zeit, Qualifikation, psychische Stabilität).
3. Das Funktionsventil; darunter versteht die Studie, dass sich der SLB bewusst ist, nur für ein Segment in der gesamten Wertschöpfungskette Arbeitsmarktintegration Verantwortung tragen zu können, und andere SLB die unmittelbare Tätigkeit verantworten.
4. Das Strategieventil; darunter versteht die Studie, dass zuweilen SLB keine Ursache finden können, warum die Arbeitsmarktintegration bisher gescheitert ist. In der Konsequenz fehlt es an einer Interventionsmöglichkeit.
5. Das Validitätsventil; darunter versteht die Studie, dass das Kennzahlenset des § 48 SGB II die tatsächlich erreichten Ziele nicht hinreichend messen kann.
6. Das Sozioökonomieventil, darunter versteht die Studie, dass allgemeine Probleme am Arbeitsmarkt dazu führen, dass eine Zielerreichung nicht immer möglich ist.
7. Schlussendlich das Humanismusventil; darunter versteht die Studie, dass SLB das Ziel der Arbeitsmarktintegration für un-

vereinbar mit ihrem Menschenbild und der Grundordnung der Bundesrepublik Deutschland ansehen.

Die Rechenschaftspflicht für SLB, die das SGB II anwenden, hat sich aus deren Sicht nachweislich inkrementell verändert. Allerdings ist die Intention des Gesetzgebers eines radikalen Wandels der Rechenschaftspflicht hin zu Verantwortlichkeit nicht eingetreten. SLB haben sieben Ventile entwickelt, mit denen sie vermeiden, die vollumfängliche Verantwortlichkeit für die Arbeitsmarktintegration übernehmen zu können. Die konstruierten Typen von Arbeitsidentitäten bewegen sich folglich zwischen den beiden Polen Rechenschaftspflicht und Verantwortlichkeit.

4. Vier Arbeitsidentitäten zwischen Rechenschaftspflicht und Verantwortlichkeit

Eine Fragestellung dieser Arbeit lautet, welche Arbeitsidentitäten aus der Auseinandersetzung des Individuums mit den neuen Rahmenbedingungen emergieren. Zur Darstellung der Antworten auf diese Frage hat sich diese Studie für eine Typenbildung entschieden. Die Methode der Typenbildung kann ein Sozialwissenschaftler grundsätzlich nach Webers Idealtypus, theoriegeleiteten künstlichen Typen, empiriegeleiteten natürlichen Typen und Gestalttypen vornehmen (Kuckartz:4050–4054). Diese Studie hat sich aufgrund des empirischen Erkenntnisinteresses für eine empiriegeleitete natürliche Typenbildung entschieden, weil sie mit Merkmalen und einem Merkmalsraum aus dem Datenmaterial heraus, also induktiv, unterschiedliche Typen konstruiert (Kuckartz:4052–4053). Bei dieser Methode werden entlang eines Kontinuums unterschiedliche Arten von Verhalten, Einstellungen und Meinungen unterschieden (Hennink, Hutter & Bailey 2011:254–255). Der Gegenstand dieser Studie sind Arbeitsidentitäten. Darunter versteht diese Studie jede Art von Identität am Arbeitsplatz, die durch die Interaktion des Individuums mit dem Arbeitskontext entsteht (Kirpal 2004:300). Diese Studie hat vier Typen von Arbeitsidentitäten identifiziert, die in Abbildung 17 dargestellt sind. Die Arbeitsidentitäten reihen sich anhand von zwei Merkmalen auf: Erstens „Ziele und Kennzahlen als professionelle Normen" mit den beiden Ausprägungen „Externalisierung" versus „Internalisierung". Zweitens „Zusammenhang zwischen Aktivität und Wirkung" mit den Ausprägungen „niedrig" versus „hoch". Die Interviewpartner wurden dabei je nach Ausprägung auf einer Skala von 1 bis 10 anhand dieser beiden Achsen verteilt, so dass in der Merkmalskombination der beiden Achsen folgende Typen entstanden.

Kombination		Merkmal B: Zusammenhang zwischen Aktivität und Wirkung	
		B 1 niedrig	B 2 hoch
Merkmal A: Ziele und Kennzahlen als professionelle Normen	A 2 Inter- nalisierung	Der bemühte SLB (A2/B1)	Der steuernde SLB (A2/B2)
	A 1 Exter- nalisierung	Der prozess- fixierte SLB (A1/B1)	Der verschreckte SLB (A1/B2)

Abbildung 17: Darstellung der vier Typen als Kreuztabelle
(in Anlehnung an Kelle & Kluge 2008:96)

Im nachfolgenden Kapitel werden zunächst die Achsen als konstituierendes Element des Merkmalsraums der Typologie und deren Merkmalsausprägung erläutert.

4.1. Merkmale und Merkmalsausprägung der Achsen

4.1.1. Achse A: Ziele und Kennzahlen als professionelle Normen

SLB kennen die Ziele und Kennzahlen im SGB II. Allerdings unterscheiden sie sich darin, inwieweit diese Kennzahlen Bestandteil ihrer professionellen Norm geworden ist. Normen „[...] werden im Sozialisationsprozess internalisiert und [...] sind der Bezugspunkt für konformes und abweichendes Verhalten" (Peuckert 2001: 255). Diese Dimension ist also auf der Ebene einer Meinungs- oder Wertehaltung am Arbeitsplatz zu verorten, weswegen die Messung dieses Werts besonders deutlich anhand von wertenden

Meinungsäußerungen zu den Zielvereinbarungen deutlich wurde. Bei einer solchen Meinungsäußerung unterscheiden sich diejenigen, die diese Ziele und Kennzahlen als Bestandteil ihrer professionellen Normen internalisiert haben, von denen, die diese externalisiert haben.

Zu den SLB mit einem überdurchschnittlich hohen Wert auf der A-Achse gehört I 10. Als er während des Interviews auf das Ziel „Vermeidung von langfristigem Hilfebezug" angesprochen wird, offenbart er Detailwissen über die sinnvolle Konzeption von Zielen („*[...] das oberste Prinzip beim Verteilen von Zielen ist ja sie sind transparent, nachvollziehbar, erreichbar, ja, und vor allem auch kontrollierbar [...].*", I 10:64) sind. Allerdings benennt er Probleme bei der Übertragung und Umsetzung von Zielen im öffentlichen Sektor:

> „*Und da haben wir ja einen riesen Defizit, weil unter dem Deckmäntelchen des Datenschutzes darf ja niemand kontrolliert werden, ob jemand seine Ziele erreicht hat, das hat zur Folge das grundsätzlich das gesamte Team geschimpft wird. Und das geht einfach im 21. Jahrhundert geht das nicht, aus meiner Sicht. Mich frustet das richtig, weil ich mache meinen Job oder wir wussten, dass bestimmte Kollegen nur 40 % von einer Sache erreichen, haben zwei, meine Kollegin und ich, haben versucht aus Eigenschutz 100 %. 80 war eigentlich die Norm für jeden. Wir haben aber auf 100 % gearbeitet, also immer auch im Vorlauf, um nicht ständig dabei zu sein, weil ich das nicht ertragen kann. Ich bin da auch ein Spieler, wie gesagt, ich komme aus einer Vertriebsgeschichte, das ist kein Ding, ich will nicht zu irgendwelchen Losern gehören und das ist unser Team immer. Bei gleichzeitiger Ansage, dass unsere Auswertungsprogramme fehlerhaft arbeiten. Das ist einfach so und das ist bekannt, aber es wird trotzdem ständig auf das einzelne Ding geguckt, weil es macht nichts, dass ein System mal falsch rechnet und man die Fehlerquelle nach sieben Jahren nicht findet. Dann kann ich aber nicht auf jeden einzelnen rumreiten. (I10:64)*

Die Nutzung des Validitätsventils resultiert nicht in einer generellen Ablehnung der Kennzahlen („*ich will nicht zu irgendwelchen*

Losern gehören"). Im Gegenteil: Er nimmt den durch Kennzahlen entstandenen Wettbewerb an. Diese Annahme der Wettbewerbssituation resultiert sogar in eine Bereitschaft, die mangelnde Performance anderer SLB zu kompensieren. Ziele verbleiben damit nicht auf dem Level einer allgemeinen, grundsätzlichen Zustimmung oder allgemeinen Wahrnehmung. Sie resultieren in Handlungen. Ein weiteres Indiz dieser Annahme ist, dass I 10 – ebenso wie I 12 (29) oder I 14 (29-30) – eigene Listen über erfolgreiche Integrationen führt. Das gehört weder zur Aufgabenbeschreibung noch sind sie für die verwaltungsrechtlich korrekte Ermessensentscheidung notwendig. SLB, die Ziele und Kennzahlen annehmen, wissen häufig mehr über den Zielvereinbarungsprozess zwischen Jobcenter und dem Land Hessen als SLB, die das nicht tun.

Auf der anderen Seite gibt es SLB, die Ziele und Kennzahlen externalisiert haben. Ein SLB mit einem niedrigen Wert auf der A-Achse ist I 20. Auf den Hinweis, dass es Zielvereinbarungen zwischen dem Land Hessen und dem Jobcenter gibt, und auf die Frage, was er im Arbeitsalltag davon mitbekommt, antwortet er in schnellem Tempo.

> *I: Ja, natürlich, wir leben ja eigentlich nur von irgendwelchen Vorschriften, Mindeststandards (...) mir fallen die ganzen Ausdrücke gar nicht ein. Wir werden eigentlich ständig controlt. Wir haben Vorgaben, die berücksichtigt werden müssen. Wir müssen bestimmte Dinge zu bestimmten Zeiten machen. Wir sind verpflichtet Eingliederungsvereinbarungen zu machen. Wir sind verpflichtet [...] eine Kundenkontaktdichte zu halten [...]. Wir müssen die ganzen Verbis Geschichten machen. Wir müssen Datenschutz berücksichtigen. Wir dürfen nichts schreiben, was irgendwie negativ ist. Wir müssen uns überlegen, wie schreibe ich meinen Vermerk, ohne da rein zu schreiben, der Mann ist Alkoholiker. [...]. (I 20: 23-26)*

Der SLB assoziiert das gesetzlich eindeutig definierte Set von Kennzahlen und Zielvorgaben mit Organisationsregeln, Vorschriften, Mindeststandards oder Datenschutz, die nur bedingt mit der Intention oder Konzeption der Ziele zu tun haben. Dieses Konzept ist aus Sicht des SLB in erster Linie eine weitere Regel im Regeldickicht am Arbeitsplatz. Es fehlt jedes differenzierte Verständnis und Wissen. Dementsprechend ist auch eine weitere Beschäftigung mit dieser Thematik aus Sicht von I20 nicht notwendig („*ich muss ganz ehrlich sagen, mit diesen Statistiken, wenn ich sie kriege, ich kann sie nicht wirklich ab. Ich habe kein Bock, mich damit zu beschäftigen.*") *(I 20: 23-26).*

Ein anderer SLB antwortet auf die vorgelegte Integrationsquote, dass er Menschen näher an den Arbeitsmarkt führe, indem die soziale Integration verbessert werde. Dies lasse sich nicht in einer Integrationsquote messen, „*[...] immer so ein bisschen fraglich."* (I 5: 37). Für SLB mit niedrigen Y-Werten gehören die Ziele der Arbeitsmarktintegration zu den „*[...] Fragen, die gehen weit in die Zukunft."* (I 9:19). Sie haben keine unmittelbare Relevanz für die Interaktion mit dem Klienten.

In dieser Bewertungsform wurden die einzelnen Interviewpartner auf einer Skala von 1 bis 10 zugeordnet, wie in der Abbildung 18 ersichtlich.

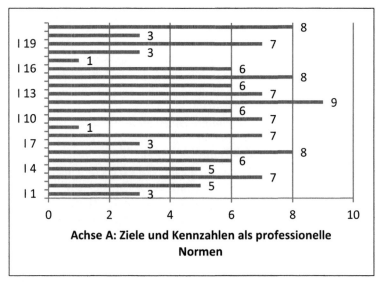

Abbildung 18: Merkmalsausprägung der Interviewpartner auf der Achse A (eigene Darstellung)

4.1.2. Achse B: Zusammenhang zwischen Aktivität und Wirkung
Verwaltungen erhalten Ressourcen (Inputs), mit denen sie Aktivitäten initiieren, um so Leistungen (Outputs) zu generieren, die dann schlussendlich zu Wirkungen (Outcome) führen (Schedler 2000:71–75). Diese Arbeit konnte nachweisen, dass SLB wissen, dass sie mit den zur Verfügungen stehenden Instrumenten der aktiven Arbeitsmarktpolitik (Ressourcen) die Arbeitslosigkeit bei den ihnen zugewiesenen Klienten beseitigen sollen (Wirkung). Allerdings unterscheiden SLB sich darin, inwieweit sie einen Zusammenhang zwischen ihren Aktivitäten und den Wirkungen annehmen.

Zu den SLB, die einen niedrigen Zusammenhang annehmen, gehört I 19. Als er gebeten wurde, den letzten Fall zu schildern, berichtete er über ein sogenanntes *„Neukundengespräch"* (I 19:9), bei dem ein Klient aus einer anderen Großstadt umgezogen ist und so in seine Zuständigkeit fiel. Das Interview diente zunächst der Datenerfassung und dem Kennenlernen. Im Gespräch stellte sich heraus, dass der Wunsch des Klienten ist, *„eine richtige Ausbildung"* (I 19:13) zu finden, etwa im Hotelbereich. Auf die Frage, wie die Integrationsstrategie von I 19 in dem Fall aussieht, antwortet er wie folgt:

> B: *[...] sie muss mir pro Monat, das haben wir vereinbart, das hat sie im anderen Jobcenter wohl auch vereinbart, 15 Bewerbungen pro Monat, werde ich sie in drei Monaten einladen und werde gucken, was sie gemacht hat. Und wenn sie sich bis dahin noch nicht abgemeldet hat, weil sie ein Job gefunden hat, dann können wir uns Gedanken machen, woran könnt es gelegen haben. Braucht sie jetzt Unterstützung, würde ich nach einem Träger gucken, der Bewerbungscoaching vielleicht mit ihr macht. Und dann würde es ja, würde es ja dann schon, das dauert ja dann noch eine Weile, bis dahin wäre ja dann auch möglicher Ausbildungsbeginn, das müsste man dann auch zweigleisig laufen lassen. Weiterhin verfolgen, dass sie einen Ausbildungsplatz findet, wenn, sie lebt ja allein. Da ist ja der Anspruch nicht so hoch, dann könnte sie das ja auch finanziell ja auch stemmen eine Ausbildungsbeihilfe oder Berufsausbildungsbeihilfe beziehungs-*

weise, wenn sie dann ein Ausbildungsgeld bekommt, dann fällt sie dann ja vielleicht auch aus der Hilfebedürftigkeit raus. Und wenn's halt nicht klappt mit dem Ausbildungsplatz und auch nicht mit Job, dann muss man halt nochmal ein bisschen genauer hingucken, woran liegt es jetzt und haben wir jetzt die Möglichkeit, in unserem Maßnahmeangebot eben, also, wir haben ja die Möglichkeit Bildungsgutschein, ob da wir ihr was anbieten können. Aber mit 25 wäre auch für mich die oberste Priorität, auch für mich, noch mal eine Berufsausbildung zu bekommen. Also sie hat ein Realschulabschluss, noch eine Jahr Berufskolleg gemacht, so da scheinen auch die Voraussetzungen zu sein, wenn sie es nicht selber schafft, was auch gut sein kann, dass sie das selbst hinbekommt, dann muss man ihr da noch mal ein bisschen Unterstützung zukommen lassen. Dann glaube ich, so wie sie sich präsentiert hat, kann man auf jeden Fall was hinbekommen mit ihr.

I 19 sieht ein mehrstufiges Vorgehen vor: Zunächst überlässt er es den eigenen Bemühungen des Klienten, sich eine Arbeit oder Ausbildung zu suchen. Wenn dies nicht zum Erfolg führen sollte („*Und wenn sie sich bis dahin noch nicht abgemeldet hat [...]*"), plant er ein ausführlicheres Beratungsgespräch. Wenn dieses wiederum nicht zum Ziel führen sollte, würde ein erneutes Beratungsgespräch angesetzt, in dem I 19 eine Prüfung von Maßnahmenangeboten vorsieht, um „*[...] ein bisschen Unterstützung zukommen lassen.*". In der Gesamtschau des Klienten kommt I 19 zu der Einschätzung, dass man „*[...] auf jeden Fall was hinbekommen [...]*" könne.

Keine der geplanten Maßnahmen hat an sich für I 19 eine mehr oder weniger große Aussicht auf Erfolg. Die jeweiligen von I 19 geplanten Maßnahmen (Eigeninitiative, Beratung und Vermittlung von Beratungsangeboten) werden von I 19 eher nach dem „Trial-and-error"-Prinzip ausgewählt: Es kann funktionieren, es muss aber nicht funktionieren („*[...] wenn's halt nicht klappt [...]*"). Es ist am Ende Zufall, ob vor oder nach einer der Maßnahmen die Arbeitsmarktintegration erfolgt, obwohl dem Klienten grundsätzlich positive Erfolgschancen eingeräumt werden. Es gibt nicht nur diese professionell-distanziert skeptische Prognose auf die eigene Fähigkeit, die individuelle Arbeitslosigkeit des Klienten zu beseitigen. Andere SLB haben auch eine beinahe politisierte Haltung, etwa wie I 9, der nach eigenen Angaben keine Vermittlungsvorschläge unterbreitet, weil die eine „[...] *eine Erfolgsquote von 0,5 Promille [...]"* (I 9:35) hätten. In der Konsequenz hat er eine pessimistische Sichtweise auf seine Möglichkeit, etwas zu verändern: „[...] *es gibt Leute, die kann man vermitteln und es gibt Leute, die kann man nicht vermitteln.*".

Anders dagegen I 21, der bei der Schilderung über einen typischen Arbeitsalltag erzählt, dass es nun ein neues Projekt gibt, bei dem andere SLB die Klienten zu Hause aufsuchen und er mit dem Projektmitarbeiter am Vortag eine Rücksprache hatte. Die Vorteile der persönlichen Ansprache in der Lebensumgebung des Klienten und die Vorgehensweise der Kollegen im Projekt skizziert er dem Interviewer daraufhin folgendermaßen:

> *I: Wenn man mal das Umfeld kennen lernt, ich meine ich bin ja auch Sozialpädagoge, da habe ich noch mal einen anderen Blick darauf als der Verwaltungsmensch, der Fallmanager ist, das andere Umfeld einfach mal kennen zu lernen, zu gucken, wo steckt der, wie sieht wirklich dem seine Wohnung aus. Was ist da auch noch an Defiziten da, kriegt man noch mal ein anderes Bild logischerweise. Wenn man Leute wirklich noch mal begleiten kann anders wohin, dann ist das noch mal eine andere Geschichte. Das habe ich hin und wieder mal gemacht, das ist aber die Ausnahme, weil es zeitlich nicht zu machen ist. [...] Die hat dann 10 Kunden, die intensiv betreut werden. Das heißt, sie hat wöchentlich Kontakt für zwei bis drei Stunden zur Verfügung für jeden Kunden. Und dann kann die mal nehmen und zum Zahnarzt fahren, weil er Angst hat, dahin zu gehen. Weil es dringend erforderlich ist. Das sind einfach so Sachen, die erledigt werden müssen. Weil, wenn ein Arbeitgeber, ich sage mal, der erste Eindruck zählt, da kann sich keiner von frei sprechen, wenn der Mensch zur Tür reinkommt und dann ein Lächeln hat mit nichts im Mund, dann sagt er auch lieber, um Gottes Willen. Auch wenn er es vielleicht nicht ausspricht. Aber es ist einfach so.*

I 21 zählt aus eigener Erfahrung zunächst die Vorteile der Arbeitsmethode der persönlichen Ansprache vor Ort auf. Aufgrund der zeitlichen Einschränkung ist ihm diese Methode aktuell nicht mehr möglich. Diese Aufgabe übernimmt ein anderer SLB, so dass für eine Beschäftigungsaufnahme hinderliche Gründe wie die Zahnhygiene durch den Kollegen nachweislich verbessert werden können. Das bisherige Hemmnis bzw. Angst kann durch den SLB beseitigt werden, den er beauftragen kann. Damit kann der SLB mit seinen Aktivitäten aus seiner Sicht dazu beitragen, dass die Chancen auf Beschäftigung erfolgreich erhöht werden. Es gibt SLB, die einen noch stärkeren Zusammenhang annehmen. I 12 etwa hat nach eigenen Angaben die Verringerung der Hilfebedürftigkeit *"[...] nachweislich geschafft, aber nur durch Erhöhung der Kontaktdichte. Das ist das Einzigste, was wirklich funktioniert. (I 12:18-19).* I 5 konnte durch den von ihm initiierten sozialpsychiatrischen Dienst und eine Arbeitsgelegenheit eine ehemalige Drogenabhängige in eine Teilzeitbeschäftigung integrieren. Gemeinsam ist diesen SLB, dass sie einen starken Zusammenhang zwischen eigener Aktivität und Integration in Arbeit annehmen. Je nachdem, wie hoch oder niedrig dieser Zusammenhang ist, wurden die einzelnen Interviewpartner folgendermaßen auf einer Skala von 1 bis 10 zugeordnet.

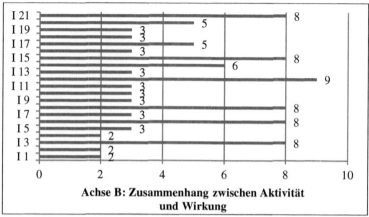

Abbildung 19: Merkmalsausprägung der Interviewpartner auf der Achse B (eigene Darstellung)

4.2. Vier Arbeitsidentitäten zwischen Rechenschaft und Verantwortlichkeit

Anhand dieser beiden Werte auf den jeweiligen Achsen wurden die Interviewpartner dann auf den beiden Achsen verteilt, wie in Abbildung 20 dargestellt.

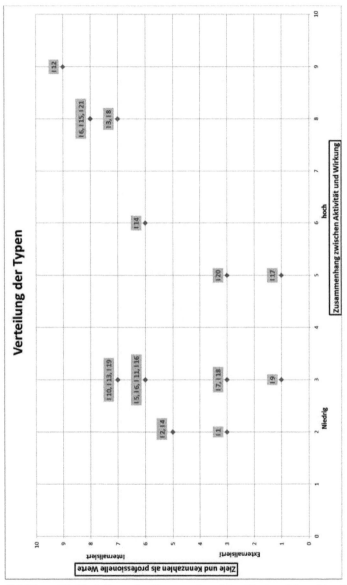

Abbildung 20: Verteilung der Typen anhand der Merkmalskombination (eigene Darstellung)

Hierbei wurden mittels geografischer Verortung vier unterschiedliche Typen klassifiziert, deren Zusammenhänge und Abgrenzungen untereinander in den nachfolgenden vier Kapiteln diskutiert werden. Dies geschieht, indem zunächst die hervorstechenden Merkmale von jedem Typus analysiert und charakterisiert werden. Basis für den Vergleich sind die arithmetischen Durchschnittswerte der erhobenen soziodemografischen Merkmale (vgl. Abbildung 21).

Durchschnittswerte (jeweils gerundet)	Der prozessorientierte SLB (A1/B1)	Der verschreckte SLB (A1/B2)	Der bemühte SLB (A2/B1)	Der steuernde SLB (A2/B2)
Geschlecht Ø m = 43% w = 57%	M = 50% W = 50%	-	M = 29% W = 71%	m = 50% w = 50%
Höchster Schulabschluss Ø 1 = Abitur (57%) 2 = Fachhochschulreife (33%) 3 = Mittlere Reife (10%)	1 = 38% 2 = 38% 3 = 25%	-	1 = 86% 2 = 14% 3 = 0%	1 = 60% 2 = 40% 3 = 0%
Dauer SGB II in Jahren Ø 8,8	11,4	-	5,1	9,5
Funktionale Aufgabe Ø 1 = Leistungen zum Lebensunterhalt (z.B. Leistungssachbearbeiter) = 19% 2 = Integration in Arbeit (z.B. Fallmanager) = 81%	1 = 50% 2 = 50%	-	1 = 0% 2 = 100%	2 = 0% 2 = 100%
Alter in Jahren Ø 43	42	-	43	43,4
Trägerverteilung Ø ARGE = 52% Optierer = 48%	ARGE = 50% Optierer = 50%	-	ARGE = 43% Optierer = 57%	ARGE = 50% Optierer = 50%
Ausbildung Verwaltungsfachhochschule Ø Ja = 33% nein = 67%	Ja = 63% nein = 38%	-	Ja = 0% Nein = 100%	Ja = 33% nein = 67%
Beamter Ø Ja = 35% Nein = 53% (N=17)	Ja = 80% Nein = 20%	-	Ja = 0% Nein = 100%	Ja = 16% Nein = 84%
N = 21 (100%)	8 (38%)	0 (0%)	7 (33%)	6 (29%)

Abbildung 21: Typenbasierte Auswertung der erhobenen soziodemografischen Merkmale
(eigene Darstellung)

Schlussendlich wird diese abstrahierte Darstellungsweise anhand eines ausgewählten Prototyps konkret dargestellt, der diesen Typus bestmöglich repräsentiert. Etwaige Varianzen innerhalb des Typus werden, sofern vorhanden, ebenso im Vergleich zum Prototyp dargestellt.

4.2.1. „Was gehört überhaupt nicht zu mir": Der prozessorientierte SLB (Typ A1/B1)

Der prozessorientierte SLB zeichnet sich, technisch gesehen, durch einen niedrigen Wert auf der Achse A und einen niedrigen Wert auf der Achse B aus. Ihm sind acht Fälle zugeordnet worden, wie in Abbildung 22 ersichtlich ist.

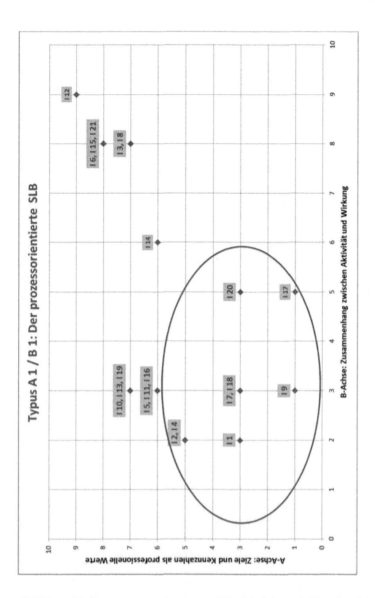

Abbildung 22: Der prozessorientierte SLB (niedriger A-Wert/niedriger B-Wert)
(eigene Darstellung)

SLB dieses Typus sind klassische Verwaltungsmitarbeiter: Sie haben die meiste Erfahrung bei der Anwendung des SGB II (11,4 Jahre; Ø 8,8). Viele SLB arbeiten sogar seit Jahrzehnten in der Sozialverwaltung. Die Tätigkeit in der Sozialverwaltung ist keine kurzfristige Tätigkeit, sondern ihr liegt häufig eine frühe Berufswahl zugrunde. Meist erfolgte unmittelbar nach der Schulausbildung der Eintritt in die Laufbahn des gehobenen Dienstes der Verwaltung, denn die häufigste berufsqualifizierende Ausbildung prozessfixierter SLB ist an einer Verwaltungsfachhochschule erworben worden (63 %). Fast alle SLB dieses Typus sind verbeamtet. Alle SLB, die für die Auszahlung von Leistungen zum Lebensunterhalt zuständig sind (4 von 21 Interviewten), wurden diesem Typus zugeordnet.

Im Kern geht es prozessfixierten SLB darum, die unterschiedlichen Anreize und die rechtlichen Widersprüche schlüssig und erfolgreich mit den täglichen Interaktionen in Einklang bringen zu können. Wie das geht, ist ihm in seiner Ausbildung vermittelt worden. In der Folge werden die Interaktionen mit dem Klienten danach ausgerichtet, mit diesem Rüstzeug die konkrete Interaktion situationsangemessen zu gestalten. Allen gemeinsam ist das Selbstverständnis eines Mitarbeiters einer Organisation, deren Aufgaben darin besteht, den komplexen und unplanbaren Rahmenbedingungen einen Prozess entgegenzusetzen. Das Ziel besteht darin, Stabilität und Berechenbarkeit zur erfolgreichen Bewältigung der Aufgabe im Alltag herzustellen. Diese Prozessfixierung ist Teil des gemeinsamen Selbstverständnisses am Arbeitsplatz. Erfolg ist in der Konsequenz, den Prozess tagtäglich in der Interaktion mit jedem Klienten gut genug zu gestalten – aber eben nicht mit dem Prozess Ziele zu erreichen. In der Folge gestalten prozessfixierte SLB die Interaktionen mit den Klienten reaktiv. Es gibt keine proaktive Agenda zur Zielerreichung mit dem Klienten, sondern die Abwicklung vor dem Hintergrund eines selbst wahrgenommenen grundsätzlichen Settings an Regeln und Vorgaben.

Zum Teil ist diese Einstellung funktionell bedingt. Aber eben nur die Hälfte ist als Sachbearbeiter zur Auszahlung passiver Leistungen eingesetzt. Dahinter liegt ein weiterer Mechanismus. SLB dieses Typus haben die längste Berufserfahrung aller SLB dieser

Typologie. Viele Klienten kennt man über die Jahre hinweg und weiß persönlich um die erfolglosen Versuche der Arbeitsmarktintegration. In der Folge sehen die SLB dieses Typus dieses Ziel dann auch als sehr begrenzt beeinflussbar an, wenn sie für die Leistungen zur Eingliederung in Arbeit zuständig sind. Zudem war das New Public Management in den meist länger zurückliegenden akademischen Ausbildungen an den Verwaltungsfachhochschulen noch nicht Bestandteil des Lehrplans. So greifen die Professionalisierungsinstanz der Verwaltungsfachhochschule, die überdurchschnittliche Berufserfahrung und das sichere Beschäftigungsverhältnis bei diesem Typus ineinander: Sie ermöglichen prozessfixierten SLB das professionelle und persönliche Sicherheitsgefühl, dass sie trotz der wahrgenommenen Veränderung im Bereich der Zielvorgaben in ihrer Komfortzone bleiben und weiterhin ihrer einmal gelernten Auffassung über die Tätigkeit nachgehen zu können. Wie sich diese abstrakt beschriebene Charakterisierung konkret in der Lebenswelt eines SLB in den Daten widerspiegelt, lässt sich anhand von I 4 nachvollziehen, einem Prototyp des prozessfixierten SLB.

I 4 hat den Studienabschluss Diplom-Verwaltungswirt und wendet seit 20 Jahren das SGB II an. Seine Antwort auf die Frage zu Beginn des Interviews, wie ein typischer Arbeitstag bei ihm aussieht, fällt folgendermaßen aus.

> *I: Ich komme morgens an, mein erster Weg, wenn ich noch angezogen bin gehe ich direkt zum Postfach und hol meine Post, die ich da drinnen habe ab und nehme das mit an meinen Arbeitsplatz. Dann schmeiße ich meinen Computer an und in der Zeit, wo dann die ganzen Programme rauffahren müssen, werfe ich schon mal so einen groben Blick durch, was ich so alles zu erwarten habe heute, priorisiere schon mal so ein bisschen vorab oder gucke, was gehört überhaupt nicht zu mir, dass es gleich wieder verschwindet. [...] Dann kommt natürlich dann, Publikum und Telefon. Man wird dann öfter mal unterbrochen (...). Danach richtet sich, ob man das vorgenommen Pensum schafft oder nicht. [...] Dann kommen natürlich noch außerhalb der Reihe Dienstbesprechungen,*

> *Rücksprachen mit Vorgesetzen dazu oder [...] andere Gewerke [...] (I 4:5).*

Der SLB schildert ausführlich, dass es im Kern bei dem Verständnis seiner Tätigkeit zunächst einmal um eine reguläre Bürotätigkeit geht, mit einer hohen Bedeutung des schriftlichen (*"hol meine Post"*) und elektronischen Schriftverkehrs (*"Computer hochfahren"*). Die Schilderungen würden sich vermutlich nicht erheblich von denen anderer Bürotätigkeiten unterscheiden: *"Publikum und Telefon"* oder *"Dienstbesprechungen"* stellen eine stete Gefahr dar, die avisierte Stetigkeit zu unterbrechen, die Prozessgeschwindigkeit ermöglicht. Deswegen wird streng nach funktionalistischen Gesichtspunkten das potenzielle Aufkommen auf das tatsächlich absolut notwendige Maß reduziert (*"[...] was gehört überhaupt nicht zu mir, dass es gleich wieder verschwindet"*). Nur für das, was funktionell ihm zugeordnet wird, übernimmt er die vollumfängliche Prozessverantwortlichkeit (*"nicht zu mir"*). Sowohl man selbst als auch die Interaktion ist Teil einer Maschine, die unabänderlich arbeitet. Diese Beschreibung ist zugleich das Ideal: Für ihn ist entscheidend, einen geregelten, autonom plan- und kontrollierbaren Tagesablauf zu haben: *"Dienstbesprechungen, Rücksprachen mit Vorgesetzen [...] anderen Kollegen, Fallmanager [...]"* finden *"[...] außerhalb der Reihe [...]"* statt (I 4:5).

Die klassische funktionale und verwaltungsrechtliche Prüfung der Zuständigkeit dominiert häufig den Blick auf die Wahrnehmung der Interaktionen. So wird die Interaktion mit Menschen stets neutralisiert und distanziert beschrieben. Die vorgetragenen Anträge der Klienten sind daher keine Gespräche mit einem Menschen, sondern stets ein *"Vorgang"* (I4: 15). Schwierige Vorgänge sind solche, bei denen beispielsweise *"uralte Unterlagen"* (I4: 27) gesucht werden müssen, sodass die Bearbeitung des Vorgangs, also der Prozess, länger dauert. Dabei geht es nicht darum, dass eine Integration in die Arbeit sich als kompliziert darstellt. Vielmehr ist die Fixierung auf die erfolgreiche Gestaltung des Prozesses das hervorstechende Merkmal dieses Typus in seiner Sichtweise auf die eigene Tätigkeit. Aus Sicht des prozessfixierten SLB hat er damit seine Aufgabe korrekt durchgeführt und die Verantwortlichkeit endet.

So ergänzt I 4 an späterer Stelle während des Interviews eigenständig die Frage, dass es ja Menschen gäbe, die aus bestimmten Gründen zum Jobcenter kommen würden, folgendermaßen:

> *I: [...] oft ist es derselbe Grund, die wollen Geld. Die kommen alle, weil sie kein Geld haben.*
>
> *B: Wie kann man den überbrücken? Diesen Grund?*
>
> *I: Ja, gut, wäre es gut, wenn die erst gar nicht in die Situation, dass sie kein Geld bekämen.*
>
> *B: Wie kann man den beheben, diesen Zustand?*
>
> *I: Ich verstehe glaube ich nicht die Frage. Die staatliche Leistung ist dazu vorgesehen, diesen Zustand zu überbrücken.*
>
> *B: Die Arbeitsaufnahme sozusagen.*
>
> *I: Ach so. Zunächst mal kann man es beheben, dass wir notdürftig einspringen. Es ist für eine Notsituation gedacht. Klar, aber eigentlich, aber gut, nicht nur Arbeit, bei mir fängt es schon früher an, bei der Frühbildung. Da glaube ich liegen ganz viele Defizite, weil es auffällig ist, dass die Leute, die zu uns kommen, aus einer bildungsfernen Schicht stammen (I 4: 37-41).*

Für I4 ist die Auszahlung zur Sicherung des Lebensunterhalts primäres Ziel der Organisation des Jobcenters. Dies ist durchaus verständlich, da es sich dabei um seine originäre Aufgabe handelt. Erstaunlich ist aber, dass die Aufgabe der Arbeitsmarktintegration in keiner Weise als Aufgabe des Jobcenters eingeordnet wird. Das Ziel der Arbeitsmarktintegration wird nicht abgelehnt – es ist aber eben nicht persönliche Aufgabe des SLB oder auch des Jobcenters insgesamt. In der Folge haben die Zielvorgaben auch keine Relevanz für den Arbeitsalltag, wie die nachfolgende Passage verdeutlicht. Diese entsteht, als I 4 die gezielte Frage gestellt bekommt, welche Ziele das Jobcenter gesetzt bekommt und ihm in Anschluss daran einige durch den Interviewer vorgelegt werden.

> *B: Ich hätte welche mitgebracht. Zum Beispiel ...*

I: Die Verringerung der Hilfebedürftigkeit. Meinen Sie das in Geld, in Euro?

B: Das Land Hessen hat das ausgehandelt mit den Jobcentern.

I: Verringern heißt, wir müssen weniger zahlen als vorher, oder?

B: Was bedeutet das für Sie und Ihren Arbeitsplatz aus Ihrer Sicht?

I: Es könnte mehrere Sachen bedeuten. Es könnte bedeuten, ob es noch weitere staatliche Förderung gibt für diese Personen. Oder es könnte bedeuten, dass eigenes Einkommen erhöht werden könnte, z. B. geringfügige Arbeit könnte man in eine Teilzeittätigkeit ausbauen, Vollzeit wäre wünschenswert. (I 4:44-49)

I4 antwortet detailliert, logisch und grundsätzlich auf das Ziel der Verringerung der Hilfebedürftigkeit ausgerichtet. Er ist nicht aktiv-agierend, sondern eher analytisch-bewertend, indem er grundsätzliche Möglichkeiten zur Zielerreichung durchdiskutiert. Es gibt für ihn kein abrufbares Konzept zur Erreichung dieses Ziels im Arbeitsalltag. Deswegen muss er sich diesem Ziel in dieser steril-distanzierten, beinahe sezierenden Art und Weise annähern. Die Ablehnung der Zielvorgaben grundsätzlich findet dagegen routiniert statt: Bei der Integrationsquote sei das *„das Wort ‚Qualität'"* nicht enthalten (I 4: 61). Es gehe ausschließlich um kritikwürdige schnelle Integration in Arbeit (*„Hauptsache er hat erst mal was"*), die mit Drehtüreffekten assoziiert wird (I4: 61). Selbst die Motivation, in Gesprächen einen Klienten darauf hinzuweisen, dass er arbeiten könne, um keine Probleme mit Freibeträgen zu haben, geht aus Sicht von I 4 auf *„[...] meine persönliche Überzeugung [...]"* zurück. Er tue das nicht, *„[...] weil mein Chef mir eine Quote vorgegeben hat. Das habe ich auch schon vor 15 Jahren gemacht, als keine oder ganz wenige Statistiken geführt wurden und keine Ziele vorgegeben waren"* (I 4:69). Der SLB handelt aus seiner Sicht also weniger als ein durch Zielvorgaben spezifisch sozialisierter Akteur, sondern vielmehr als normaler wertorientierter Bürger. Dies hängt argumentativ, nicht statistisch, mit dem geringen Vertrauen in die Wirksamkeit der grundsätzlich zur Verfügung stehenden und tagtäglich angewendeten Instrumente zusammen. So weist I 4 auf die Frage nach bestimmten Zielen durchaus glaubhaft nach, regelmäßig hierauf hinzuwirken.

> *I: Ja, ein ganz klassischer Fall ist, wenn die Leute, die bei uns anrufen, die wollen immer Geld haben, meistens mehr Geld. Mehr Geld geht, wenn man arbeitet. Und dann gibt es Freibeträge. Der Grundfreibetrag ist 100 Euro. Der ist immer frei. Dann kommt dieser klassische Anruf, der kommt bestimmt immer einmal in der Woche, wie viel darf ich eigentlich dazu verdienen? Das ist der Moment, wo ich meinen Zorn immer etwas unterdrücken muss (lacht) und das System der Freibeträge erkläre, dass es den Freibetrag von 100 Euro gibt. Je mehr man verdient, desto höher ist der Freibetrag. Aber die Frage, die sie eigentlich nur wissen wollen, sind die 100 Euro. Aber ich versuche denen dann klar zu machen, dass sie mit den 100 Euro auch nur kurz gedacht haben, sondern dass sie ja vielleicht versuchten sollten, den Einstieg ins Arbeitsleben zu finden, erstens, um ihren Lebenslauf lückenfreier zu gestalten. Und zweitens, dass sie aus einer bestehenden Tätigkeit heraus eine bessere Tätigkeit finden. Das einfach als Sprungbrett besser ist, als nur irgendwie die 100 Euro zu kriegen, damit ich einfach 100 Euro mehr habe. Aber eigentlich will ich gern auf Staatskosten leben (lacht).*
>
> *B: Wie reagiert der Typische darauf?*
>
> *I: Also, (lacht), eigentlich habe ich das schon ähnlich abgespult, wie ich das den Leuten sage. Und, ich weiß natürlich nicht, ob die Reaktionen immer ähnlich, immer ehrlich sind, sie versichern dann natürlich immer, dass sie selbstständig leben wollen. Aber ich habe immerhin die Hoffnung, dass ich bei dem ein oder anderen einen Denkprozess anrege (lacht) (I 4: 55-57).*

In dieser Passage steht der entscheidende Satz am Schluss: „*dass ich bei dem ein oder anderen einen Denkprozess anrege*". Hier zeigt sich das geringe Vertrauen in die Wirksamkeit der eigenen Mittel, die zur Zielerreichung verwendet werden, ein Resultat der eigenen Berufserfahrung, denn *„Viele von denen, die ich sehe, die aus dem Hilfebezug rauskommen, sind auch schnell wieder drinnen. Das ist eins der größten Probleme, finde ich" (I 4: 65).*

In der Konsequenz bearbeitet dieser SLB nur das, was an ihn herangetragen wird. Beispielsweise wird eine Rückforderung dann veranlasst, wenn eine andere Behörde bestätigt hat, dass das Einkommen in der Vergangenheit höher als angegeben war (I 4: 27). Es findet kein eigenes Ermitteln zur Reduktion des Missbrauchs statt, was durchaus in dieser Funktion zur Zielerreichung möglich wäre. Ein Gespräch mit einem Klienten, der sich über ein steigendes Einkommen informiert, führt nicht dazu, dass beispielsweise Kollegen aus der Arbeitsvermittlung diese Information bekommen, um eventuell dabei zu helfen. Es bleibt bei einer allgemeinen Aufklärung eher staatsbürgerlicher, nicht professioneller Natur (I 4: 55-57). Es fehlt bei diesem Typus das systematische Bearbeiten der Zielsetzung im Alltag.

4.2.2. „Alles andere wäre einfach zu viel Aufwand": Der verschreckte SLB (A1/B2)

Der verschreckte SLB zeichnet sich, technisch gesehen, durch einen niedrigen Wert auf der Achse A und einen hohen Wert auf der B-Achse aus. Ihm konnte kein Fall zugeordnet werden, wie in Abbildung 23 ersichtlich ist.

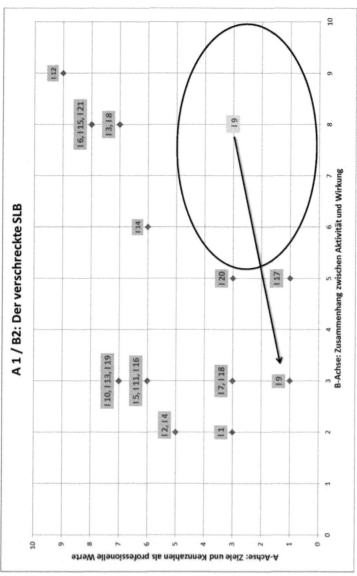

Abbildung 23: Der verschreckte SLB (niedriger A-Wert/hoher B-Wert) (eigene Darstellung)

Dieser Typus konnte nicht in Reinform ein Fall in der Empirie zugeordnet werden. Die Kombination hoher A-Wert und niedriger B-Wert ist demnach zunächst einmal ein theoretisch konstruierter und kein empirischer Raum. Dennoch lässt sich aufgrund dessen vermuten, dass es SLB gibt, die diesem Typus zuzuordnen sind. SLB sind meist entweder ganz neu in diesem Arbeitskontext oder haben nach einer gewissen Zeit gekündigt und sich andere Beschäftigungsverhältnisse gesucht. Dieser Typus zeichnet sich dadurch aus, dass die Ziele zwar nicht internalisiert wurden, aber ein Wirkungsoptimismus bezüglich des eigenen Handelns besteht. Wie sich diese allgemeine und nur bedingt auf empirischen Daten beruhende Charakterisierung dieses Typus in der Empirie darstellt, lässt sich zumindest teilweise an I 9 beobachten, der Züge dieses Typus im Interview aufweist. Die geografisch nahestehenden Typen I 17 und I 20 wiesen diese Ähnlichkeit zum vierten Typus nicht auf. I 9 wendet das SGB II seit 9 Jahren an und verfügt folglich über eine durchschnittliche Berufserfahrung in dem Aufgabengebiet. Die nun folgende Interviewpassage setzt an einer Stelle ein, als es darum geht, woran er festmacht, was mit einem Klienten erreichbar ist und was nicht. Für ihn sind sowohl seine *„Berufserfahrung"* als auch seine *„Menschenkenntnis"* (I 9: 49) die entscheidenden Faktoren zur schnellen Identifikation von denjenigen, bei denen eine Integration in den Arbeitsmarkt möglich ist. An der Stelle schildert er sein Vorgehen, wenn er erkennt, dass der Klient eine Drogenproblematik hat.

> *„Die Konsequenz ist, dass ich diesen Kunden, wie soll ich es sagen, ich gucke, dass ich mit ihm das Nötigste mache, was so als gesetzliche Vorgabe vorgegeben ist. Ich, für mich, das ist meine persönliche Meinung, kann ihn auch in Ruhe lassen. Wenn ich denke, dass sein persönliches Ding ist, was er braucht, weil, alles andere, wäre einfach zu viel Aufwand"* (I 9:51).

Der entscheidende Satz steht am Ende des Zitats, dass trotz der zahlreichen Hemmnisse Möglichkeiten bestünden, diese grundsätzlich für die Arbeitsmarktintegration hinderliche Problematik durchaus zu verändern: Dies wäre aber *„[...] einfach zu viel Aufwand"*. Hier kommt eine, wenn auch verdeckte, optimistischere

Einschätzung der Wirksamkeit des Handelns zutage, als es beispielsweise der prozessfixierte SLB an den Tag legen würde: Unter idealisierten Bedingungen wäre diese Problematik demnach positiv beeinflussbar. Diese Einschätzung speist sich auf eigene berufliche Vorerfahrungen in der Drogenberatung, resultiert aber nicht in irgendeine Aktivität mit dem Klienten („*kann ihn auch in Ruhe lassen*"), weswegen der Gedanken auch nicht weiterverfolgt wird. Schlussendlich verweilt er aber im Nichtstun und ist in der Folge auch dem ersten Typus zuzuordnen. Nachdem keine weiteren Fallbeispiele diesem Typus zugeordnet werden konnten, ist keine Aussage über mögliche Auswirkungen auf das Ermessen möglich, da diese sich nicht bei I 9 als Arbeitsidentität durchgesetzt hat.

4.2.3. „Wir versuchen": Der bemühte SLB (A2/B1)

Der bemühte SLB zeichnet sich, technisch gesehen, durch einen hohen Wert auf der Achse A und einen niedrigen Wert auf der B-Achse aus. Ihm konnten sieben Fälle zugeordnet werden, wie in Abbildung 24 ersichtlich ist.

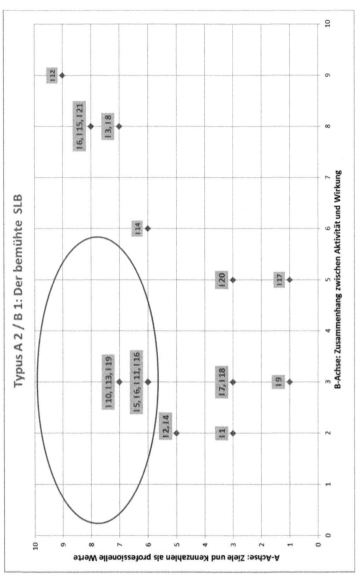

Abbildung 24: Der prozessorientierte SLB (hoher A-Wert/niedriger B-Wert) (eigene Darstellung)

SLB dieses Typus sind Mitarbeiter, die dieser Tätigkeit bereits einige Jahre nachgehen. Aber sie verfügen im Durchschnitt mit rund 5 Jahren Berufserfahrung über deutlich weniger Berufserfahrung als der Durchschnitt des Samples (Ø 8,8 Jahre). Es sind zudem mit 71 % (Ø 57 %) überproportional viele Frauen in diesem Typus repräsentiert. Fast alle bemühten SLB haben mit 86 % (Ø 57 %) das Abitur, während das Fachabitur mit 14 % (Ø 38 %) unterdurchschnittlich abgelegt wurde. Auffällig ist, dass keiner der Befragten seine Qualifikation an der Verwaltungsfachhochschule erworben hat (Ø 33 %). Sie kommen häufig aus anderen Berufen oder haben Studiengänge absolviert, die sie nicht im Speziellen auf die spezifische Tätigkeit der Anwendung des SGB II vorbereitet haben. So sind darunter ein diplomierter Ökonom, ein Soziologe und ein Pädagoge, ein Reiseverkehrskaufmann und ein Kellner. Nur ein SLB dieses Typus kann mit dem Abschluss als Bachelor „Soziale Arbeit" eine eindeutige Vorbereitung auf diese Tätigkeit nachweisen – allerdings ist dieser auch gleichzeitig derjenige mit der kürzesten Berufserfahrung.

Diese soziodemografischen Abweichungen vom Durchschnitt des Samples lassen sich durchaus schlüssig mit den empirischen Erhebungen und der Analyse verbinden. Bemühte SLB haben gemeinsam, dass sie ihre Aufgabe nicht „von der Pike auf" gelernt haben. SLB dieses Typus fehlt also die spezifische Verwaltungssozialisation. In den Beruf des Sachbearbeiters im SGB II sind sie eher durch „learning by doing" hineingerutscht. Ihre Motivation, im sozialen Bereich tätig zu sein, ist zwar in den Interviews nicht explizit thematisiert worden, aber sie dürfte bei einer Mehrheit von einem gewissen Idealismus geprägt sein, denn für alle bemühten SLB steht, mehr als bei den prozessfixierten SLB, der Mensch als Individuum im Mittelpunkt: Sie sind empathischer und berücksichtigen demzufolge eher individuelle Probleme der Klienten. Aus Sicht der bemühten SLB sind diese Interaktionen eine Form sozialer Fürsorge, die zum Aufgabengebiet dazugehört.

Dies ist erstaunlich vor dem Hintergrund, dass der bemühte SLB, mehr als der prozessfixierte SLB, Ziele und Kennzahlen in seine Auffassung des Berufsfelds internalisiert hat. Er prüft jeden Tag Klienten auf seine Möglichkeit hin ab, inwieweit sie in den Arbeitsmarkt integrierbar sind. Der bemühte SLB hat dieses Ziel verstanden. Er weiß, dass er Ergebnisse nachweisbar produzieren muss – und er versucht es. Dieses Ziel dominiert nachweislich die Interaktion mit dem Klienten. Auch aufgrund eines fehlenden Methodenkoffers verbleibt diese Internalisierung in der tatsächlichen Interaktion auf der Ebene eines eher banalen Creamings. Wenn bestimmte Merkmale auftauchen, die einer Arbeitsmarktintegration entgegenstehen, versucht er es, ohne innere Hoffnung und Nachdruck. Damit bringt der SLB sich aber selbst in eine Dilemmata-Situation, weil er damit zwischen Fürsorglichkeit und Zielerreichung eine Balance herstellen muss. Diese Situation wird für ihn zusätzlich erschwert, weil er nicht glaubt, dass er die Situation selbst deutlich beeinflussen kann. Für ihn steht das tägliche Bemühen um eine Auflösung der komplexen Situation im Alltag im Vordergrund. Hier unterscheidet sich dieser Typus z. B. vom prozessfixierten, dem allein die Prozessgestaltung ausreicht. Der bemühte will auch am Ende ein Ziel erreichen. Wie diese abstrakt beschriebene Charakterisierung konkret in der Lebenswelt eines SLB sich in den Daten widerspiegelt, lässt sich anhand von I 19 nachvollziehen, einem Prototyp des bemühten SLB.

I 19 ist ursprünglich gelernter Industriekaufmann, der seit 9 Jahren das SGB II anwendet. Seine Antwort auf die Frage zu Beginn des Interviews, wie ein typischer Arbeitstag bei ihm aussieht, fällt folgendermaßen aus:

> I: *„Ja, ein ganz normaler Tag. Also unsere Hauptaufgabe ist ja, die Leute in Arbeit zu vermitteln, was ja auch das Gesetz so vorgibt, dass die Hilfebedürftigkeit möglichst schnell beendet werden soll. Und da gibt es natürlich verschiedene Möglichkeiten und es kommt natürlich bei unserer Arbeit darauf an auf den Einzelfall. Also, die Leute kommen ja mit verschiedenen Voraussetzungen zu uns. Dann muss ich erst mal schauen, was hat der Mensch für einen Lebenslauf, der vor mir sitzt. Am Schreibtisch sitzt, was hat er für Vorstellungen, in welchem Bereich möchte er arbeiten. Möchte er sich vielleicht noch mal qualifizieren oder brauch er noch anders, andere Unterstützung, also zum Beispiel, dass im familiären Bereich was nicht in Ordnung ist oder die Wohnsituation nicht in Ordnung ist. Das sind alles Dinge, die erst mal in einem*

Erstgespräch abgeklopft werden und dann kann man gucken im Gespräch mit dem Kunden, inwieweit man dann so eine Integrationsstrategie mit dem Kunden gemeinsam zu entwickeln" [...] *(I 19:3).*

Gleich zu Beginn auf die offen gestellte Frage wird deutlich, dass dieser Typus sich mit seiner Fokussierung auf die Arbeitsmarktintegration (*„unsere Hauptaufgabe ist ja, die Leute in Arbeit zu vermitteln*) deutlich vom prozessfixierten SLB unterscheidet, bei dem es in erster Linie um eine Verwaltungsaufgabe geht. Zweitens steht bei I 19 das Individuum (*„es kommt natürlich bei unserer Arbeit darauf an auf den Einzelfall*) und seine individuelle (Berufs-)Biografie im Vordergrund (*„verschiedenen Voraussetzungen"*). Drittens ist es grundsätzlich das Ziel des SLB, in der Klienteninteraktion eine proaktive und zielorientierte Agenda zu entwickeln (*„eine Integrationsstrategie mit dem Kunden gemeinsam zu entwickeln"*). Der stärker prozessfixierte SLB konzentriert sich bei der Klienteninteraktion auf Zuständigkeiten, Prozesse und eigene Ressourcen. Der bemühte SLB dagegen blickt auf den Klienten, dessen Hintergründe und dessen mögliche Arbeitsmarktintegration. Dies wird auch deutlich, als I 19 gebeten wird, vom letzten Gespräch mit einer Klientin zu berichten.

I: „Ja, das war ein Neukundengespräch. Die Kundin ist von Stuttgart hierher gezogen und da habe ich eben auch noch gar keine Daten dazu im PC. Und da habe ich jetzt erst mal das Neukundenprofiling mit ihr gemacht. Sie hat gesagt, sie möchte sich jetzt erst mal Arbeit suchen und strebt ab August eine Ausbildung an. Sonst wäre die Überlegung gewesen, haben wir eine passende Kurzqualifizierung für sie, dass ich mit ihr kurz angerissen. Und dann hat sich aber im Gespräch herausgestellt, nein, sie möchte eine richtige Ausbildung machen, hat auch schon ein Praktikum absolviert, also in dem Hotelbereich. Und da werde ich jetzt erst mal gucken, und so habe ich es mit ihr besprochen, dass wir versuchen, für sie ein Job zu finden und wenn sie Unterstützung braucht, wenn sie kein Job findet, entweder Bewerbungstraining oder eine Ausbildungsstelle zu suchen, das sie dann einfach nochmal auf mich zukommt" (I 19: 9).

Zunächst richtet I 19 seine Beschreibung auf den Klienten und seine berufliche Biografie. Er übernimmt Verantwortung für die Arbeitsmarktintegration („*wir versuchen, für sie einen Job zu finden [...]*"). Zu neudeutsch würde man sagen, er ‚committet' sich auf dieses Ziel. Dieses Bekenntnis ist vom SLB ernst gemeint. An späterer Stelle ist er von der Qualifikation und den Möglichkeiten des Klienten überzeugt, Fuß zu fassen auf dem ersten Arbeitsmarkt („*So der erste Eindruck, würde ich so einschätzen, dass sie eigentlich im nächsten Jahr weg sein müsste*" (I 19: 15). Der Verweis auf den Einsatz bestimmter Instrumente in der Zukunft (Bewerbungstrainings, Ausbildungsstellensuche), die erst eingesetzt werden, wenn die eigenen Bemühungen erfolglos verbleiben, ermöglicht es dem bemühten SLB, Zeit zu gewinnen und sich noch nicht der Verantwortlichkeit zur Arbeitsmarktintegration stellen zu müssen. Angesprochen auf die avisierte Eingliederungsstrategie, wenn nach den drei Monaten nichts passiert, antwortet I 19 das Folgende:

> I: „*Dann würde ich ein Bewerbungscoaching machen. Wenn nach drei Monaten sich da nichts tut [...]. Es ist bei uns sowieso im Team, da sind wir uns unter Kollegen eigentlich, die meisten, einig, dass wir immer versuchen, wenn die Möglichkeiten da sind, sprich Geld, Bildungsgutscheine, dass wir dann auch versuchen, immer eine Ausbildung hinzukriegen, weil das am nachhaltigsten einfach ist. Und wenn die Leute noch jung genug sind und die Fördervoraussetzungen mitbringen, warum soll ich das nicht machen*" (I 19: 17).

I 19 will alle verfügbaren Instrumente einzusetzen, auch längere und kostenintensivere („*warum soll ich das nicht machen*"). Alle Instrumente, die sinnvoll erscheinen, werden in Betracht gezogen und würden dem Klienten zur Verfügung gestellt werden. Inwieweit diese Instrumente tatsächlich helfen werden, spielt für I 19 bei der Abwägung kaum eine Rolle. Die Motivation speist sich aus dem Willen, für eine junge Klientin alles zu tun, was möglich ist („*wenn die Leute noch jung genug sind*"). So denkt er bereits über eine mögliche Abfolge aller möglichen Instrumente nach. I 19 ist in jeder Hinsicht daran interessiert, Hilfestellungen zu ermöglichen, die möglicherweise zur Arbeitsmarktintegration beitragen können. Trotzdem bleibt es selbst bei einem ressourcenstarken

Klienten beim Versuch („*wir versuchen für sie einen Job zu finden [...]*." bzw. „*dann auch versuchen, immer eine Ausbildung hinzukriegen.*"). Bei einem anderen Klienten mit schlechten Sprachkenntnissen, der selbstständig ist, wird „*versucht, ein bisschen besseres Deutsch hinzubekommen, um dann vielleicht (...) ja, eine Integration hinzubekommen.*" *(I 19: 11)*. Die Arbeitsmarktorientierung, gepaart mit einer Wirkungsskepsis, durchzieht die Schilderungen. Dies ist charakteristisch für I 19 und den Typus des bemühten SLB insgesamt.

Nur vor diesem Hintergrund ist zu verstehen, dass I 19, angesprochen auf die Ziele, durchaus distanziert die organisatorischen Abfolgen dargelegt:

> B: *„Es gibt ja auf der großen Ebene ja Ziele, die auch vereinbart worden sind, wo das Land Hessen mit dem Jobcenter gesagt hat, ihr müsst so und so viel erreichen. Sind die ihnen bekannt, haben sie davon schon mal etwas gehört?*
>
> I: *Ja (lacht). Ja, wir haben immer unsere Auftaktveranstaltung und diesen Zielnavigator, wo dann immer über die Ziele gesprochen wird. Und wo ja auch geguckt wird, dass die Ziele möglichst eingehalten werden. Wir kriegen unsere Integrationsquote und die anderen Ziele und dann soll man das möglichst dann die Maßnahmen gut besetzten etc. PP."*

Die Antwort ähnelt durchaus der eines Externalisierers. Als aber I 19 angesprochen wird, wie er diese Ziele anwendet, antwortet er folgendermaßen:

> I: *„Ist dann halt die Frage, was für Voraussetzungen bringt derjenige mit. Wenn es eben so ein Fall ist, wie geschildert, dann dauert es zwar länger, bis die Hilfebedürftigkeit beendet werden kann, aber die Chance ist auch größer. Es gibt immer um die Verringerung der Hilfebedürftigkeit, das ist immer das oberste Ziel. Und, das kriegen die Leute auch von mir gesagt, von Anfang an."*

I 19 hat die Arbeitsmarktintegration als Bestandteil seiner Arbeit vollumfänglich akzeptiert und internalisiert („*das ist immer das oberste Ziel*"). Jedoch beteuert I 19, dass dies „*die Leute auch von mir"* von Anfang an gesagt bekämen. Das klingt eher nach einem Elternteil, das nicht mehr weiterweiß, wie es den pubertierenden Teenager zum gesellschaftskonformen Verhalten anleiten kann, nicht aber wie ein erfahrener Verwaltungsmitarbeiter, der systematisch Instrumente zur Zielerreichung im Einzelfall abwägt und auswählt. Hier spricht der bemühte SLB, der die Ziele und Kennzahlen durchaus angenommen hat, der aber von seinen Möglichkeiten zur Zielerreichung selbst nicht überzeugt ist.

4.2.4. „Hätte ich nur mal selber angerufen": Der steuernde SLB (A2/B2)

Der steuernde SLB zeichnet sich, technisch gesehen, durch einen hohen Wert auf der Achse A und einen hohen Wert auf der B-Achse aus. Ihm konnten sieben Fälle zugeordnet werden, wie in Abbildung 25 ersichtlich ist.

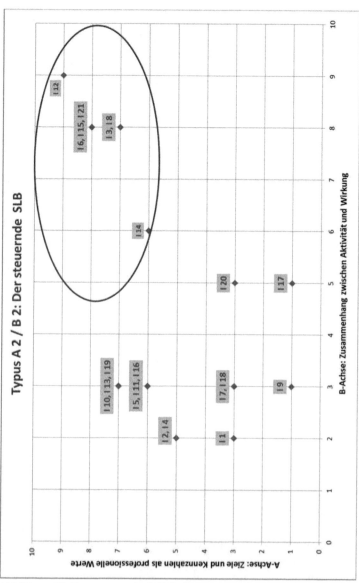

Abbildung 25: Der steuernde SLB (hoher A-Wert/hoher B-Wert) (eigene Darstellung)

Die soziodemografische Zusammensetzung dieses Typus ist auffällig unauffällig: Im Wesentlichen entsprechen fast alle Werte dem arithmetischen Mittelwert des Samples. Jedoch ist unterhalb dieser Durchschnittswerte eine interessante Abweichung zu verzeichnen: 71 % sind entweder diplomierte Verwaltungswirte oder Sozialarbeiter/-pädagogen. Von fünf Diplom-Sozialarbeitern/-pädagogen im gesamten Sample befinden sich drei (43 %) in diesem Typus. Der Anteil derjenigen mit Fachabitur liegt bei 40 % und ist damit leicht überdurchschnittlich (Ø33 %), aber dennoch am höchsten unter allen Typen.

Diese soziodemografischen Werte lassen sich mit den empirischen Erhebungen und deren Analyse verbinden. Überdurchschnittlich viele SLB stammen aus akademischen Fachhochschulausbildungen, die auf die beratende (v. a. Diplom-Sozialpädagogen) oder administrative Tätigkeit (v. a. Diplom-Verwaltungswirte) in einer Sozialverwaltung vorbereiten. Diese Art von Tätigkeit fiel also auf einen frühen Zeitpunkt im Leben, die zeitlich nach dem ersten berufsqualifizierenden Abschluss zu verorten ist. Das Fachhochschulstudium war aber auch gleichzeitig der höchste Abschluss, der unmittelbar angestrebt werden konnte. Der steuernde SLB hat sich also früh auf die Arbeit mit Klienten eingelassen. Er hat sich dafür ausbilden lassen und ist dieser Berufswahl bis heute treu geblieben. Steuernde SLB können die notwendige Nähe zum Klienten eingehen, weil sie es gelernt haben und es auch wollen. Bei diesen SLB ist ein hohes Maß an Selbstvertrauen in die eigenen Fähigkeiten festzustellen. Überdurchschnittlich häufig spielt die eigene Lebenserfahrung bei der Interaktion mit den Klienten eine Rolle, auf die verwiesen wird. Sie sehen sich in der Lage, in der Klienteninteraktion den Unterschied auszumachen.

Der steuernde SLB ist in der Regel kein Illusionär: Er geht, wie SLB aller anderen Typen, nicht davon aus, dass er jeden und alle Klienten in Arbeit integrieren kann. Trotz schwieriger Voraussetzungen als Individuum beim Klienten eine signifikante Bewegung in Richtung Arbeitsmarkt bewirken zu können, ist das stilprägende Element dieses Typus. Während etwa der bemühte SLB die Situation als beinahe unüberwindbaren „Status Quo" hinnimmt und darin verharrt, ist es für den steuernden SLB eine normale

Situation, die er, in gewissem Maße, beeinflussen und lenken kann. In der Konsequenz kann man bei ihm das höchste Maß an Vertrauen in die Wirksamkeit des eigenen Handelns messen: Steuernde SLB führen häufig eine Liste der Integrationen, die sie erreicht haben, um die eigenen Erfolge für sich transparent zu machen. Sie agieren situativ während der Klienteninteraktion. Wenn sich der Klient anders verhält als erwartet, bleiben sie nicht bei ihrer ursprünglichen Strategie, sondern wählen eine neue aus. Sie sind interessierter an kleinteiligen Beobachtungen einzelner Prozessschritte.

Trotzdem ist das diesem Typus hervorstechende Vertrauen in die Wirksamkeit der eigenen Instrumente nicht allein durch die Ausbildung entstanden. Ein Teil der SLB mit derselben Ausbildung sind prozessfixierte SLB geworden. Es ist folglich anzunehmen, dass diese Arbeitsidentität erst nach einer gewissen Zeit in der Tätigkeit entstanden ist. Förderlich für diese Entwicklung scheint die von diesem Typus forcierte direkte Klienten- und Arbeitgeberinteraktion zu sein – oder auch physische Nähe. Sie sehen sich selbst am Ende der Wertschöpfungskette. Sie mischen sich mehr ein und verhandeln mehr mit den Interaktionspartnern als SLB anderer Typen. Die Integration in Arbeit ist nichts Abstraktes, sondern beobachtbare und damit beeinflussbare Realität. Wie sich diese abstrakt beschriebene Charakterisierung konkret in der Lebenswelt eines SLB in den Daten widerspiegelt, lässt sich anhand von I 6 nachvollziehen, einem Prototyp des steuernden SLB.

I 6 wendet seit sechs Jahren das SGB II an. Er hat das Abitur und ein Fachhochschulstudium mit dem Abschluss als Diplom-Sozialpädagoge verlassen. Nachdem I 6 einen typischen Arbeitsalltag geschildert hat und darin einen Arbeitgeberkontakt erwähnt, antwortet er auf die Nachfrage seitens des Interviewers, ihm einen typischen Arbeitgeberkontakt zu erzählen, folgendermaßen:

> B: „... ja, gestern zum Beispiel, da haben wir eine Kundin [...] Deren Tochter schickt mir eine Mail, weil sie selber so etwas nicht kann, den Kontakt zum Arbeitgeber, der da was ausgeschrieben hat, mit der Bitte, ob ich da anrufen kann, weil ich das besser kann als die Kundin, weil sie ist ursprünglich rus-

> *sischsprachig und telefonieren ist nicht so ihre Stärke. [...] Also nehme ich den Hörer in die Hand, Jobcenter Kreis XY, weil die sind in der Stadt XY, sage worum es geht, dann kommen wir ins Gespräch. Und gestern war es dann wunderbar, weil er sagte, die ist gerade noch da, die fährt heute oder morgen zurück, wollen sie die noch kennenlernen, können sie das noch einrichten, zack, hatte die ein Vorstellungsgespräch, dann muss man es ja loslassen, ne (lacht). Das ist halt so typisch. Genau.*
>
> *I: Loslassen heißt ...*
>
> *B: (...) Es liegt nicht mehr in meiner Hand. [...] oder manche kriegen es halt selber nicht gebacken und nehmen den Hörer in die Hand und ich denke dann, hätte ich nur mal selber angerufen" (I 6: 6-9).*

I 6 beschreibt ausführlich die kommunikativen Fähigkeitslücken des Klienten, von denen er aus der E-Mail der Tochter erfahren hat. Angesichts der kommunikativen Defizite kommt I 6 zu der Einschätzung, dass der Klient während eines solchen Telefonats nicht die richtigen Antworten geben und in der Folge kein Vorstellungsgespräch bekommen wird. Die Umstände sind aus Sicht von I 6 für das erfolgreiche Zustandekommen des Vorstellungsgesprächs alles andere als günstig. Er hat aber aus seiner Sicht eine wirksame Interventionsmöglichkeit parat: I 6 organisiert selbst per Telefon das Vorstellungsgespräch, um nicht im Nachhinein zu denken, „*[...] hätte ich nur mal selber angerufen [...]*". Der Umstand, dass der Arbeitgeber in einem anderen Bundesland ist, bedeutet für I 6, dass er diese Situation aufgrund der Distanz nicht mehr selber beeinflussen kann („*Es liegt nicht mehr in meiner Hand. [...]*"). I 6 hat für den Fall des „*Versemmelns*" des Klienten beim Arbeitgeber im Anschluss vor, das Gespräch mit der Kundin zu reflektieren, „*[...] dass sie das vielleicht beim nächsten Mal anders gemacht*" (I6: 9). Er hat also selbst beim Scheitern des organisierten Vorstellungsgesprächs aus seiner Sicht weitere Optionen, seine eigene Beeinflussungsmöglichkeit für die Arbeitsmarktintegration mit dem Klienten aufrechtzuerhalten. Dieser Wirkungsoptimismus kennzeichnet I 6 und ist typisch für den Typus des steuernden SLB.

Jedoch bedeuten diese häufig beobachtbaren Zeichen einer tatsächlichen Internalisierung nicht bei allen eine Annahme auf der Werteebene bezüglich Kennzahlen. So antwortet etwa I 6 auf die Frage, nachdem der Interviewer die aktuelle Integrationsquote vorgelesen und ihn nach der Bedeutung dieser Zahl für seine Arbeit gefragt hat:

> *„Das kommt immer drauf an (lacht). Nach solchen Geschichten (...) muss ich dann immer wieder in mich gehen, muss sagen, Vorname I 6, Du bist Sozialpädagogin. Du machst die Arbeit aus einem anderen Grund. Nicht wegen der Zahlen. Wenn da gute Zahlen dabei rauskommen, super. Ich bin aber nicht immer so cool. Manchmal setzt es mich ganz schön unter Druck. Dann setze ich auch die Kunden unter Druck. Ich kann das nicht über einen Kamm scheren, weil für manche Kunden ist es super. Dass man die ein bisschen unter Druck setzt. [...] Druck heißt jetzt nicht, ich stehe mit der Peitsche hinter ihnen. Aber ich konfrontiere sie mit etwas (...) was sie bisher nicht so in ihr Leben gelassen haben. Aber ehrlich gesagt, schön finde ich es nicht [...] Ich sage es auch mal so, dass es nicht einfach ist, diese Zahlen auch ehrlich zu erreichen. Also wir nutzen da schon auch Integrationen, die Integrationen sind, aber vielleicht kurzfristig oder so. (...) Also ich mache eine Unterscheidung, zwischen es gibt unterschiedliche Arten von Erfolgen. Ich versuche nicht daran zu denken, dass davon mein Arbeitsplatz abhängt, ob ich das erreiche oder nicht. Weil dann kann ich nicht arbeiten. Ich bin Sozialpädagoge."*

I 6 assoziiert mit den Zielen und Kennzahlen zunächst einmal die Botschaft, verstärkt Menschen in Arbeit zu integrieren. Diese Botschaft ist konkret an ihn gerichtet und löst Gefühle aus (*„Ich bin aber nicht immer so cool"*). Diese sind so intensiv, dass er sogar in Frage stellt, ob diese Vorgaben überhaupt in Einklang mit der Ausbildung für ihn zu bringen sind (*„muss ich dann immer wieder in mich gehen"*). Dennoch hat er am Ende einen Weg gefunden, die Ziele nicht abzulehnen und ohne die professionelle Ausbildung zu leugnen. Dies realisiert er dadurch indem die damit assoziierten Erwartungen, wie z. B. Druck weitergeben bei Klienten, bei denen es auch sozialpädagogisch geboten ist (*„für manche Kunden ist es super"*), weitergegeben wird. Zweitens werden durchaus kurzfristige Integrationen angestrebt. Drittens gibt es, in dieser Passage nicht weiter ausgeführte, eigene Definitionen des Erfolgs. Mit diesem Dreiklang gelingt I 6 die Balance zwischen Zielen und eigenen professionsbedingten Auffassungen. Der höchste gemessene Wert auf der A-Achse war bei I 12, der auf die Frage nach der Kennzahl zur Reduktion der Hilfebedürftigkeit antwortet: I: *„Die Verringerung der Hilfebedürftigkeit habe ich tatsächlich geschafft, auch nachweislich geschafft, aber nur durch Erhöhung der Kontaktdichte. Das ist das Einzigste, was wirklich funktioniert. Also nur, wenn ich Kontakt habe, kriege ich ihn weg"* (I 12: 19). Seine Strategie der Kontaktdichte ist aus seiner Sicht das Mittel der Wahl zur Zielerreichung, dem er eine höchste Wirksamkeit attestiert (*„Das ist das Einzigste, was wirklich funktioniert"*). Steuernde SLB nehmen das Ziel an, suchen nach Möglichkeiten und verfügen nach eigener Auffassung über die notwendigen Ressourcen, um dies zu erreichen.

Diese vier konstruierten Typen werden im nachfolgenden Kapitel zusammengefasst und vor dem Hintergrund bisheriger Typologien zu Arbeitsidentitäten aus den Studien von Eberwein (Eberwein & Tholen 1987), Bartelheimer (2013) oder Behrendt (Behrend & Ludwig-Mayerhofer 2008) eingeordnet.

5. Beantwortung der zweiten Forschungsfrage

Die zweite Forschungsfrage lautete: Welche Arbeitsidentitäten emergieren aus der Auseinandersetzung der Street Level Bureaucrats mit den veränderten Rahmenbedingungen? Diese Studie hat auf Basis der Datenanalyse vier Arbeitsidentitäten zwischen Rechenschaftspflicht und Verantwortlichkeit konstruiert.

Für den prozessfixierten SLB steht im Vordergrund, die vielfältigen Bedingungen am Arbeitsplatz zu bewältigen. Allein die regelkonforme Bearbeitung des Prozesses reicht aus seiner Sicht für die erfolgreiche Interaktion mit dem Klienten aus. In der Folge kennzeichnen diesen Typus eine passiv-reaktive Interaktion mit dem Klienten und eine Fokussierung auf die Rechtsanwendung, zu einem nicht unerheblichen Teil funktionell bedingt. Der prozessfixierte SLB nutzt sein Ermessen zur Prozessbeschleunigung. Dementsprechend skeptisch, ignorant, distanziert und teilweise zynisch sind SLB dieses Typus gegenüber der individuellen, organisatorischen und institutionellen Fähigkeit des Staates insgesamt, Menschen in Arbeit bringen zu können. Der in dieser Studie konstruierte prozessfixierte SLB ähnelt der von Bartelheimer (2013) konstruierten regelorientierten und direktiven Fallbearbeitung oder Eberweins Typus des Arbeitsvermittlers als Bürokraten (Eberwein & Tholen 1987:117–120). Es scheint der „natürliche" Typus Mitarbeiter in einer Verwaltung zu sein, der am erfolgreichsten ist, wenn es darum geht, sich von den neuen Bedingungen der Rechenschaftspflicht am weitesten zu distanzieren. Seine Immunität gegenüber Zielen ist ein Problem für den Staat, wenn er sich nicht nur durch Rechtsanwendung legitimieren möchte.

In Bezug auf den verschreckten SLB ist zu mutmaßen, dass er durchaus weiß, was er tun müsste, um die Ziele zu erreichen. Allerdings ist er nicht bereit, dies auch zu tun. Vermutlich stehen hier die Hürden und die Zeitintensität nicht im Einklang mit den Erwartungen an seinen Arbeitsplatz. Möglicherweise scheidet er frühzeitig aus der Tätigkeit aus oder hat sich in Richtung anderer Arbeitsidentitäten entwickelt. Eberwein & Tholen (1987) geben durchaus Hinweise, welche Typen von Mitarbeitern dazu gehören könnten: Etwa der Arbeitsvermittler als Makler (Eberwein & Tholen 1987:108–113), der eher eine unbürokratische Arbeitsweise bevorzugt und den das rigide Regime des SGB II abschreckt; der „Sozialarbeiter" (Eberwein & Tholen 1987:113–117), der mit der Lösung von Alltagsproblemen keinen ausreichenden Legitimationsnachweis der Kompetenz in einer Behörde darlegen kann. Dieser Typus ist durchaus für die Frage nach den Ursachen von Fluktuationen ein interessanter Forschungsansatz, der aber eher mit einer Zeitreihe empirisch zu untersuchen wäre.

Der bemühte SLB versucht aus eigener Wahrnehmung heraus, das Bestmögliche für solche Klienten zu erreichen, die augenscheinlich motivierbar oder förderwürdig sind. Ihm fehlt aber auf der anderen Seite das Instrumentenset, um die gewünschte Zielerreichung auch gewährleisten zu können. Diesen Widerspruch löst er dahingehend auf, dass auf Basis eines pater- oder maternalistischen Verständnisses eine bestmögliche Betreuung des Klienten durchgeführt wird. Bei diesem Typus dürfte eine Bestenauslese der Klienten die größte Bedeutung haben. Der bemühte SLB hat Nähe zu dem Deutungsmuster des Aktivierens (Behrend & Ludwig-Mayerhofer 2008:50–53), der versucht, jeden Klienten in Arbeit zu bekommen, unabhängig von der tatsächlichen Chance, damit erfolgreich zu sein. Damit versucht dieser Typus, ebenso wie der bemühte SLB, sein Bestmögliches zu geben, um das Ziel zu erreichen. Für SLB dieses Typus dürfte sich die Interaktion mit dem Klienten deutlich verändert haben: Die bereits antizipierte gesetzeskonforme Übernahme des Ziels Arbeitsmarktintegration steht nun unter dem wiederum angenommenen Erfolgsdruck über Kennzahlen bei gleichzeitig geringem Vertrauen in die eigene Fähigkeit, dies zu erreichen. Zu vermuten ist, dass hier auch die bei Ames (2008:16) zahlreich geäußerten abwertenden Urteile zu Controlling herrühren: SLB dürften mit dem Zustand hadern und dagegen ankämpfen – akzeptiert haben sie ihn offenkundig nicht.

Der steuernde SLB verfügt dagegen über „das Mittel der Wahl" bei einer bestimmten Situation. Diese Selbstsicherheit ermöglicht den diesen Typus auszeichnenden Wirkungsoptimismus. Er ist nicht der Situation ausgeliefert, er kann sie gemäß eigener Vorstellungen gestalten. Der SLB dieses Typus entwickelt eine klientenbezogene Strategie zur Integration in Arbeit. Vereinzelt kann diese Strategie allerdings immer wieder demselben Muster folgen. In der Folge sind die Klienteninteraktionen bei diesem Typus nicht immer, aber am häufigsten situativ und zielorientiert geprägt. Der steuernde SLB dürfte so etwas wie der intendierte Musterfall des NPM sein. Er nimmt die Kennzahlen und eine hohe Wirkung zwischen seiner Aktivität und der Wirkung an. Denn Ziele und Kennzahlen geben nicht vor, wie es zu tun ist, sondern nur, dass an der Zielerreichung zu arbeiten ist. Deswegen verhält sich der steuernde SLB mit seinem Wirkungsoptimismus konform zu dieser Philosophie.

Er ist wohl das, was Eberwein & Tholen als „Makler" (1987:108–113) kennzeichnen: eine oberflächliche Arbeitsintensität mit dem Arbeitssuchenden. In einer späteren Studie von Boockmann ordneten sich 5 % der befragten Mitarbeiter diesem Typ zu (Boockmann u. a. 2010:5). Auch in dieser Studie war dieser Typus seltener, als etwa der prozessfixierte Typus.

Mit dieser Zusammenfassung ist die Darstellung des empirischen Teils dieser Studie abgeschlossen. Im nächsten Kapitel werden die empirischen Ergebnisse mit den eingangs formulierten fünf Erwartungen verglichen.

6. Empirie – Theorienabgleich

Erstens ging der Autor davon aus, dass die Erweiterung des § 48 SGB II von SLB erhebliche adaptive Anpassungsleistungen abverlangen und auf der kollegialen Ebene erörtert werden würde. Zwar gab es in den Interviews deutliche Hinweise, dass die Zielvorgaben diskutiert und kurzzeitig zu Beginn der Einführung diskutiert wurden. Allerdings konnten SLB durch die Strategie der Druckregulierung dieser notwendigerweise adaptiven Aufgabe größtenteils aus dem Weg gehen – eine darüber hinausgehende differenzierte Erörterung der Thematik im Anschluss daran blieb aus.

Zweitens erwartete der Autor, dass die Zielvorgaben zu verschärften Konflikten innerhalb der SGB II-Träger führen würde. Die Strategie der Druckregulierung führte dazu, dass SLB weitgehend in ihrer Komfortzone bleiben konnten und diese Konflikte grundsätzlich nicht in dem erwarteten Maß gemessen werden konnten. Wichtige Erkenntnis allerdings war, dass SLB ihr Ermessen autonomer wahrnehmen, als es der Autor vermutete – die Interaktionspartner spielten im geschilderten Alltag kaum eine Rolle. Eine Ausnahme bildeten die steuernden SLB. Bei ihnen konnte beobachtet werden, dass es nach einer gewissen Zeit der Interaktion mit Klienten bei mangelnder Mitwirkung zu zielbedingten Konflikten gekommen ist. Diese Konflikte waren bei den anderen Typen erkennbar weniger ausgeprägt.

Drittens ging der Autor davon aus, dass SLB ein höheres Maß an Unzufriedenheit mit der Tätigkeit haben, da sie durch die neuen Rahmenbedingungen vermutlich ihre Gerechtigkeitsideale weniger umsetzen können als bisher. Grundsätzlich konnten Gerechtigkeitsideale bei den Ermessensentscheidungen nur in vereinzelten Interaktionen beobachtet werden. Insofern konnte hierzu keine dezidierte Aussage getätigt werden.

Viertens erwartete der Autor, dass die Kommunikation innerhalb der Agency unter den Bedingungen einer vollumfänglichen Umsetzung der Zielvorgaben innerorganisatorisch erheblich um Zielvorgaben „kreisen" müsste. Aus den geschilderten Interaktionen wurde bei drei von vier Typen deutlich, dass für SLB Erfolgskriterien bei den Ermessensentscheidungen in der Regel keine dominierende Rolle spielen. Anders hingegen die Situation bei den steuernden SLB: Für SLB dieses Typus spielte die Aussicht, eine erfolgreiche Arbeitsmarktintegration zu erzielen, eine erkennbar höhere Bedeutung. Mehrere SLB dieses Typus berichteten dann tatsächlich ungefragt über eigene Listen zur Dokumentation des eigenen Erfolgs.

Schlussendlich erwartete diese Studie eine erhebliche Pluralisierung der Dispositionen der SLB, da neue Bewertungskriterien der Identitätsbildung entstanden sein müssten. Auch hier gilt es, eine differenzierte Bewertung zu treffen. Generell hatte das Thema nicht die erwartete Dominanz bei der Ermessensausübung, so dass das Potenzial zur Identitätsbildung insgesamt deutlich niedriger bewertet wird als zunächst erwartet. Allerdings konnte die Studie bei zwei Typen interessante Beobachtungen in Bezug auf diesen Aspekt gemacht werden: Für den prozessorientierte Typus waren die Kennzahlen eher ein Thema, das ihn in seiner Identität als neutraler Anwender von Gesetzen bestärkte, während der steuernde SLB auf der anderen Seite diese neue Thematik nutzte, um sich zum Teil auch von anderen SLB abzugrenzen.

Das nachfolgende Schlusskapitel beantwortet die dritte Forschungsfrage bzw. klärt, was die Forschungsergebnisse auf der individuellen, der organisatorischen und gesamtstaatlichen Ebene für das Bemühen des Staates bedeuten, um sich über die Einführung der Ziele beim Problem der Langzeitarbeitslosigkeit zu (re)legitimieren. Auf Basis dieser Schlussfolgerungen werden Empfehlungen gegeben.

Kapitel IV. Diskussion

Diese Studie konnte nachweisen, dass die Vertreter des Staates die Arbeitsmarktphilosophie der Aktivierung (Ludwig-Mayerhofer & Promberger 2008:6) nicht nur kennen, sondern auch, als handlungsleitendes Motiv in ihre Arbeitsidentität aufgenommen haben. Insofern funktioniert grundsätzlich die Legitimitätsproduktion auf der Ebene der Gesetzesumsetzer: Sie richten ihr Handeln bzw. ihr Ermessen nach der Arbeitsmarktintegration aus.

Allerdings wissen wir seit Eberwein (1987), dass bereits Ende der 1980er Jahre das Ziel der Arbeitsmarktintegration ein zentrales Thema der Mitarbeiter der Arbeitsverwaltungen ist. Später konnte Behrend (Behrend & Ludwig-Mayerhofer 2008) empirisch nachweisen, dass das Ziel bereits vor der Zeit der Kennzahlen bei den Mitarbeitern der Arbeitsverwaltung das handlungsleitende Paradigma war, denn in deren Studie dominiert das Deutungsmuster „Aktivieren". Darunter verstehen die Autoren die Haltung der SLB, wonach jeder Klient Arbeit bekommen sollte (Behrend & Ludwig-Mayerhofer 2008:50–53). Die Aufgabe der „Produktion der Fürsorglichkeit" (Wolf 1983) hat sich aus Sicht der SLB nicht erst mit den Hartz-Reformen zu einer Produktion der Arbeitsmarktintegration gewandelt. Diese Studie reiht sich mit dieser Feststellung in dieser Hinsicht in bereits bekannte Forschungsergebnisse ein. Das bedeutet, dass die Veränderung, die auf die Zielvorgaben des § 48 SGB II zurückzuführen sind, in der Gesamtbetrachtung des Forschungsstands insgesamt als moderat einzustufen ist. Die auch vom Autor dieser Studie erwartete Dominanz der Zielvorgaben im Arbeitsalltag war nicht in dem Maße zu beobachten, wie es theoretisch zu erwarten gewesen wäre. Kennzahlen und Ziele waren nicht die entscheidenden Kriterien, woran SLB ihre Arbeitsidentität ausgerichtet haben, sondern eher eine von vielen Subidentitäten (Beijaard 2004:122).

Dieser Widerspruch konnte durch zwei weitere empirische Erkenntnisse erklärt werden: Unter den Bedingungen der quantitativen Ziele reicht SLB ein allgemeines Deutungsmuster der „Chancenlosigkeit" (Behrend & Ludwig-Mayerhofer 2008:45-48) dazu, warum manche Klienten nie Arbeit finden werden, nicht mehr aus. Diese Studie konnte die unter diesen Bedingungen beinahe überlebensnotwendige Mechanik herausarbeiten, wie SLB diesen Druck, der durch „Statistiken, Benchmarking, Controlling" (Ames 2008:16) entstanden ist, ablassen: Sie regulieren ihn über Ventile. Mit dieser Strategie weisen SLB als Verwaltungsmitarbeiter in einer Bürokratie das notwendige Fachwissen und die Kompetenz nach, denn ein Verwaltungsmitarbeiter muss begründen können, warum er trotz zugewiesener „Amtskompetenzen" und „Fachqualifikation" (Weber 2006:222) das Ziel nicht erreicht. Ansonsten liefe er in der von Weber geprägten Vorstellung einer modernen Verwaltung in Gefahr, inkompetent zu sein. Die Druckregulierung versetzt den SLB in die Lage, jederzeit eine mögliche Ursache für die nicht erfolgte Arbeitsmarktintegration benennen zu können. Sie ist paradoxerweise eine bürokratische Reaktion auf die antibürokratische Strategie des NPM: kompetent zu bleiben unter den Bedingungen der konstruierten Inkompetenz.

Dem Klienten und der Gesellschaft verspricht der Staat, dass sein Problem der individuellen und der kollektiven Arbeitslosigkeit einer staatlichen Institution zugewiesen wurde, die alles daransetzt, dieses Problem zu beseitigen. In Wirklichkeit nimmt das darin tätige Individuum SLB dieses Ziel abstrakt an. Aber es ist gleichzeitig strukturell gezwungen, es unter den Bedingungen des Kompetenzparadigmas zu relativieren und sich so zu distanzieren: Dem Individuum gelingt es nur bedingt, die gesetzlich manifestierte normative Philosophie des NPM und die klassischen Regeln der modernen Bürokratie schlüssig miteinander zu verbinden.

Hier kommt die zweite zentrale Erkenntnis ins Spiel: das mangelnde Vertrauen der SLB in die Wirksamkeit der eigenen Aktivitäten. Verwaltungen sollen im NPM das politisch formulierte Ziel mit den politisch zur Verfügung gestellten Ressourcen erreichen. Verantwortung für komplexe gesellschaftliche Probleme werden im Modell des NPM „nach unten durchgegeben" (Bovaird & Löffler

2003:163), so dass Kreativität zur Problemlösung auf der Umsetzungsebene freigesetzt wird. Der häufig von SLB angenommene niedrige Zusammenhang zwischen Handeln und Wirken zeigt, dass SLB sich unsicher sind, wie sie dieses Ziel erreichen können. SLB üben folglich keinen kollektiven Widerstand gegenüber den Zielen oder dem Management aus, wie das klassische Argument der SLB-Theorie lautet (Lipsky 2010:23-25). Sie haben vielmehr eine individuelle Kreativitätslücke, wie sie die Ziele erreichen können.

Diese Bewertung und Einordnung der zentralen empirischen Ergebnisse hat Folgen für die Interaktion mit dem Klienten, die Organisation des Jobcenters und den Versuch des Staates insgesamt, sich hinsichtlich des Problems der Langzeitarbeitslosigkeit über den § 48 SGB II zu legitimieren.

1. Interaktion: SLB – Klient

Für die Klienten bedeutet dies, dass sie eben nicht auf ein Gegenüber treffen, das unter hohem Druck alles daransetzt, die Arbeitsmarktintegration zu realisieren, wie eigentlich gesetzlich intendiert, denn der SLB verfügt nach wie vor über die Möglichkeit, nach eigener Bewertung diesen Druck abzulassen. Dieses entdeckte Muster ist für die Legitimitätsproduktion doppelt problematisch.

Zum einen kann davon ausgegangen werden, dass das bei SLB beobachtete Phänomen der Bevorzugung von lohnenswerten Klienten (Maynard-Moody & Musheno op. 2003:20), dem sogenannten „Creaming" (Lipsky 2010:107), durch die Ziele nicht aufgebrochen wird, denn die Druckregulierung bedeutet, als SLB nicht intervenieren zu können und zu müssen. Klienten, die eventuell auch zur Veränderung ihrer Lebenssituation den produktiven Konflikt benötigen würden, werden unter den Bedingungen der Druckregulierung und des eher mangelnden Vertrauens in die Wirksamkeit der Instrumente diese möglicherweise notwendige Behandlung nicht erfahren. Dies ist besonders schwierig für die Legitimität des Staates, weil er das Fordern der Hilfebedürftigen stets betont hat.

Zum anderen ist der Klient immer noch „auf der anderen Seite": Die in dieser Arbeit notwendigerweise herausgearbeitete Verschiebung des Blickwinkels auf den Klienten durch den SLB als Ressource zur Zielerreichung wird durch die Strategie der Druckregulierung zum Teil obsolet. Eventuell unabdingbare notwendige Aushandlungen zwischen den Interaktionspartnern finden weiterhin nur begrenzt statt. In der Folge unterbleibt die notwendige Tiefe der Interaktion des SLB mit dem Klienten. Dies bedeutet, dass die letzte Konsequenz, das letzte Maß an Einsatz zur Zielerreichung, unterbleibt. Die machtasymmetrische, hoheitliche Distanz des SLB zum Klienten bleibt so insgesamt beibehalten. Sie mündet nur bedingt in eine, aus der Theorie der Ko-Produktion ableitbare, notwendige Interaktion und Verhandlung auf Augenhöhe.

2. Organisation: SLB – Jobcenter

Diese Arbeit hat dargelegt, wie messbare Leistungsstandards für Organisationen im öffentlichen Sektor als Methode des NPMs (Hood 1995:97) institutionell eingeführt worden sind. Die empirischen Erkenntnisse dieser Arbeit haben gezeigt, dass das Konzept in der Wahrnehmung der Umsetzer aber auch auf dieser abstrakten Ebene verblieben ist. Eine spezifische Einstellung, differenzierte Haltung oder gar ein distinktives Professionalisierungskonzept der SLB gegenüber Kennzahlen und Zielen war in der Regel nicht messbar.

Alles in allem bedeutet das für SLB in Jobcentern, dass sie weitgehend in ihrer Komfortzone bleiben können. Sie adjustieren mit der Strategie der Druckregulierung den Erfolgsdruck auf ein erfüllbares Maß und hinterfragen ihre Arbeitsmarktinstrumente nicht in dem Maße, wie es unter einem umfänglich implementierten Effizienzdruck entstehen würde: Die Peer-Gruppe kann in der bekannten Gruppensolidarität (Wilson 1989:46) verbleiben. Es entsteht kein Wettbewerb untereinander. Das mittlere Management verbleibt in einer Wertegemeinschaft mit den SLB vor Ort.

Diese theoretisch eingangs diskutierte Situation hat Auswirkungen auf die Umsetzung der Kennzahlen im Jobcenter als Organisation. Zum einen werden der fehlende Austausch zur Zielerreichung und die erfolgskritische Bewertung der eigenen Instrumente verhindern, dass das Jobcenter als Organisation sich weiterentwickeln und verbessern kann. Zum anderen fehlen der Austausch und der Druck zwischen Peer-Gruppen, um miteinander in einer ko-produktiven Verantwortung für die Arbeitsmarktintegration des Klienten zu sorgen. Schlussendlich ist das mittlere Management nicht befähigt, die bei einer Einführung von Zielen möglichen Kontrollen durchzuführen.

Damit fehlen dem strategischen Management die notwendigen Informationen und Partner, um durch ein „[...] talking through [...]" (Paton 2006:221) aus der mannigfaltigen Kennzahlenwelt, die durch den § 48 SGB II entstanden ist, geeignete und situationsangemessene Kennzahlen mit den SLB zu entwickeln. Bereits Lipsky stellte fest, dass Leistung von SLB schwer zu bewerten ist und eine durch und durch politisierte Aufgabe darstellt (2010:48). Vor dem Hintergrund des Befunds dieser Arbeit liegt der Schluss nahe, dass die strategischen Akteure in den Jobcentern des SGB II diese schwierige Aufgabe bisher teilweise vermieden haben. In der Folge kann die vollständige institutionelle Zielsteuerung im SGB II nicht mit einem organisatorischem Performance Management in den Jobcentern gleichgesetzt werden.

Was diese Befunde für die Bemühungen des Staates insgesamt bedeuten, um sein Handeln beim Thema Langzeitarbeitslose zu legitimieren, ist Gegenstand des nachfolgenden Kapitels.

3. Legitimation: Grundsicherungsträger-Staat

Mit der Einführung des modifizierten § 48 SGB II hat der Gesetzgeber die institutionelle Aufgabenzuweisung noch einmal für den Bürger verdeutlicht, an wem es ist, dieses Problem in welchem Umfang zu lösen. Zugleich versetzt der Staat sich in die Lage, bewerten zu können, wie gut die einzelnen Jobcenter und die Grundsicherungsträger insgesamt diese Aufgabe bewältigen. Über diese Maßnahmen versuchte der Staat, sich bei dem Problem der Langzeitarbeitslosen zu legitimieren.

Bei diesem Bemühen hat der Staat Erfolge vorzuweisen. Er kann nachweisen, dass die Implementationsmaschine SGB II funktioniert: Die delegierte Aufgabe Arbeitsmarktintegration hat nicht nur den langen Weg von der Politikformulierungsebene bis zur umsetzenden Ebene genommen, sondern sie ist in der Regel Leitschnur für das Ermessen der SLB. Jene haben diese durch die Zielvorgaben eindeutig vorgegebene normative Ordnung der Arbeitsmarktintegration in der Regel akzeptiert.

Legitimität herzustellen ist eine klassische Aufgabe des Staates. Legitimität ist die „[...] Orientierung der Handelnden an einer normativen Ordnung [...]" (Breuer 1998:20). Sie entsteht in der rationalen Herrschaft durch Rechtsanwendung (Weber 2006:218). Ihre Umsetzer müssen sich am festgesetzten Recht orientieren. Der Staat kann nachweisen, dass SLB versuchen, das gesetzte Recht der Arbeitsmarktintegration im Alltag umzusetzen. Hier funktioniert der Nachweis der Legitimation. Die quantitativen Ziele haben über den § 48 SGB II ihren Teil dazu beigetragen. In kaum einem Politikfeld setzt sich der Staat ähnlich ambitionierte Ziele und lässt sich an diesen öffentlichkeitswirksam messen. So ist es, nach heutigen Gesichtspunkten, undenkbar, dass etwa im Bereich der Kriminalität einzelne Polizeistationen Zielvereinbarungen zum Abbau der Kriminalitätsrate für ein bestimmtes Delikt mit den Landesministerien vereinbaren würden. Der Staat nimmt das Problem der Langzeitarbeitslosigkeit ernst – und seine Mitarbeiter tun es erwiesenermaßen auch.

Allerdings existieren zwei ungelöste Herausforderungen bei der Legitimationsproduktion. Behörden als „[...] regelgebundener Betrieb von Amtsgeschäften" (Weber 2006:222) und deren Mitarbeiter sind darauf ausgerichtet, Recht umzusetzen. Allerdings sind SLB unsicher, was sie tun müssen, um die nun durch den Paradigmenwechsel des NPM erwartete Wirkung der Arbeitsmarktintegration zu erzielen. Auch die Jobcenter haben die quantitativen Zielvorgaben zwar rechtskonform mit den Landesministerien umgesetzt. Innerhalb der Jobcenter deutet die fehlende differenzierte Haltung bei SLB allerdings darauf hin, dass diese Ziele nicht weiter funktions- und aufgabenangemessen angepasst worden sind. In der Folge sind kaum erkennbar organisatorische Regeln entstanden, die SLB aus ihrer Sicht konsequent zur Zielerreichung anwenden können. Aus diesem Grund ist das legitime Handeln für SLB unter diesen Bedingungen schwierig. SLB wissen zumindest zum Teil nicht, obwohl sie das gleiche Ziel teilen bzw. wie ein angemessenes Verhalten und Agieren mit dem Klienten unter den Bedingungen der Zielvorgaben aussieht.

Diese individuelle und organisatorische Kreativitätslücke wird besonders in Kombination mit der Konstruktion der Zielvorgaben problematisch. Der Gesetzgeber hat mit den Zielvorgaben für die gesamtgesellschaftliche Herausforderung der Arbeitslosigkeit eine institutionelle Aufgabenzuweisung an die Jobcenter vorgenommen: Entsteht Arbeitslosigkeit, tritt gleichzeitig mindestens eine institutionelle Teilschuld ein. Der politischen Verantwortungsübernahme des Problems Arbeitslosigkeit folgt die institutionelle Verantwortungsabgabe vom Gesetzgeber hin zur Institution Jobcenter und den Hilfebedürftigen, die an ihrer Integration mitwirken müssen. Mit der Strategie der Druckregulierung haben SLB und Jobcenter bereits gelernt, dieses konstruierte Versagen zu vermeiden. Das fördert die bei SLB ohnehin vorhandene Skepsis und den Negativismus gegenüber der politikformulierenden Ebene (Sandfort 2000:745), wie auch diese Arbeit zeigen konnte. Die für die Legitimität notwendige Gefolgschaft bei SLB für die Umsetzung des Rechts ist für den Staat durch die Kreativitätslücke und die Vermeidung des Versagens nur teilweise vorhanden. Der erfolgreichen Legitimitätskonstruktion auf der politikformulierenden Ebene steht eine stockende Legitimitätsproduktion auf der Umsetzungsebene der SLB gegenüber.

Kapitel V. Empfehlungen

NPM war in den 1990er Jahren mit großen Hoffnungen verbunden. Der Staat sollte mit einer veränderten Philosophie und Methoden aus der Privatwirtschaft seine Ziele effizienter und effektiver erreichen. Mit dem § 48 SGB II führte der Gesetzgeber die NPM-Instrumente der Zielvereinbarungen und Kennzahlenvergleiche im Bereich der Grundsicherung ein. Dem Staat ist damit der Aufbau eines umfassenden institutionellen Leistungsmessungssystems gelungen. Mit diesem stellt er sicher, dass er negative Performance-Ausreißer einzelner Jobcenter erkennen und beheben kann. Der Staat hat bewiesen, dass er die Methode der Leistungsmessung aus dem privatwirtschaftlichen Sektor auf den öffentlichen übertragen und in der Welt der Grundsicherung anwenden konnte. So wird die institutionelle Leistung der Grundsicherungsträger insgesamt normiert.

Nun hat die Diskussion über die Zukunft der Zielsteuerung auf der institutionellen Ebene begonnen. Brülle (u. a. 2016) schlagen vor, dass die bestehenden Wirkungsziele nicht nur die Arbeitsmarktintegration, sondern unter anderem auch die Befähigung des Leistungsberechtigten an der sozialen Teilhabe umfassen sollten. Ganzheitlichere Kennzahlen können die Widersprüchlichkeiten des SGB II auch in der Kennzahlenwelt abbilden und so eine Balance der unterschiedlichen Ziele herstellen. Auf der institutionellen Ebene sind die Vorschläge ein sinnvoller Beitrag zur Fortentwicklung des Steuerungssystems.

Allerdings haben die empirischen Ergebnisse dieser Arbeit gezeigt, dass auf der SLB-Ebene Wirkungsziele generell eher ein stumpfes Schwert bei der Herstellung individueller Verantwortlichkeit sind, unabhängig von der Art der Wirkungskennzahl. In den Jobcentern sollte das institutionelle System Anreize dafür schaffen, dass die regelorientierten Bürokratien durch ein zielorientiertes Performance Management ersetzt werden. Diese Hoffnung scheint aus Sicht der empirischen Ergebnisse dieser Arbeit nur zum Teil erfüllt worden: SLB kennen zwar, in der Regel oberflächlich, die institutionellen Kennzahlensets, nehmen diese aber als distanziert und wenig relevant für ihren Arbeitsalltag wahr – ein Indiz dafür, dass dem institutionellen Benchmarking nur bedingt ein organisatorisches Leistungsmanagement in den Jobcentern gefolgt ist und ein Befund, der durchaus bekannt ist aus der Evaluation der Zielsteuerung im SGB III und den Arbeitsmarktreformen anderer Länder. Besonders schwer fällt dabei die Entwicklung leicht messbarer und verständlicher Leistungsindikatoren für operative Ziele in den jeweiligen Organisationen (Mosley, Schütz & Breyer 2001:ii). Hier wäre weitere Forschung notwendig, um den Stand der Einführung des Performance Managements und Performance Measurements auf der Ebene der Jobcenter umfassend zu erheben, wie sie etwa für den Bereich der Steuerung der Kommunalverwaltungen durch Bogumil (Bogumil, Grohs & Kuhlmann 2006) vorgelegt wurde.

Auf der Ebene der Umsetzer sollten die Reformen dazu führen, dass die umsetzenden SLB sich als kleine Unternehmer begreifen, die eigenständig und eigenverantwortlich Verantwortung für die Problemlösung des Klienten übernehmen. Die Ergebnisse dieser Arbeit sind, was dieses Reformziel anbelangt, ambivalent. Auf der einen Seite konnten Typen wie der steuernde SLB gefunden werden, die dieses „role model" angenommen haben: Sie wollen den Klienten in Arbeit integrieren und sind optimistisch, es erreichen zu können. Es ist aus Sicht des NPM notwendig, mehr über diesen Typus zu erfahren – darüber, was dessen Entstehung begünstigt (z. B. Biografie, Ausbildung, Organisationssozialisation) und wie das mittlere Management den Weg dahin unterstützen kann.

Auf der anderen Seite führt die Strategie der Druckregulierung dazu, dass die vollumfängliche Verantwortlichkeit nicht übernommen wird – und dass damit ein zentrales Versprechen der Arbeitsmarktreform, jeden zu fordern und fördern, im Ermessensalltag nicht in der versprochenen Nachhaltigkeit erfolgt. Verschärft wird dieses Legitimationsproblem des Staates durch den festgestellten Befund bei drei weiteren Typen, die skeptisch sind, ob sie die Ziele überhaupt erreichen können. So wird beispielsweise der bemühte SLB durch diese, aus seiner Sicht nur bedingt lösbare Situation, frustriert. Diese Wirkungsskepsis resultiert teilweise in einer kontraproduktiven Ermessensausübung: Förderungen finden immer wieder nicht in dem Maße statt, wie es die

Gesetzgebung vorsieht – nicht, weil die zuständigen SLB nicht wollen, sondern weil sie skeptisch sind, dass sie damit etwas bewirken. Das Aktivierungsparadigma reicht SLB als legitimierende Grundlage nicht (mehr) aus.

Dies ist vermutlich die wichtigste Botschaft der Studie: Es klafft eine Lücke zwischen der institutionellen Leistungsmessung auf der einen und der wirkungsorientierten Ermessensausübung im operativen Alltag auf der anderen Seite. Auch die handlungsorientierte Methode der Klientensegmentierung der BA, das 4-Phasen-Modell der Arbeitsmarktintegration, konnte diese Lücke nicht füllen. Denn SLB in gemeinsamen Einrichtungen, die diese Methode der Handlungsorientierung anwenden, sind gleichermaßen skeptisch wie ihre Kollegen aus den optierenden Kommunen. Das bedeutet, dass die wirkungsorientierte Steuerung durch empirisch belegte Antworten, was wirkungsorientiertes Handeln ist, erweitert werden sollte. Wenn der Staat sich kreative Problemlöser in seinen Agenturen wünscht, darf er sie mit dieser Wirkungsskepsis nicht allein lassen.

In der Folge ist der gesetzesformulierenden Ebene zu empfehlen, die Legitimation durch Rechtsanwendung (Weber 2006:218) um eine Legitimation durch wissenschaftliches Wissen (Klatezki 2005:260) zu erweitern. Der SLB handelt demnach nicht nur legitim, wenn er das Recht anwendet, sondern auch, wenn er Wissen anwendet. Es gilt, auf Basis wissenschaftlicher Standards zu definieren, was „gute Arbeit" (Wilson 1989:171) zur Zielerreichung der Arbeitsmarktintegration bedeutet. Damit ließe sich die individuelle Kreativitätslücke sinnvoll füllen. Legitimation durch Wissen bedeutet: weg von einer Verantwortlichkeit für Ergebnisse und hin zu einer Verantwortlichkeit für die Anwendung professioneller Standards auf Basis empirisch gesicherter Erkenntnisse.

Vorbild dieses Paradigmenwechsels ist das Gesundheitswesen, das zwar keine Vorgabe macht, wie viele Menschen geheilt werden müssen, aber mittels wissenschaftlicher Leitlinien definiert, was auf Basis evidenzbasierter Standards bei bestimmten Krankheiten die angemessene Intervention ist. In sogenannten Leitlinien erhalten Ärzte Entscheidungshilfen im Alltag. So werden etwa, in Abhängigkeit von der Qualität der empirischen Information, Empfehlungen für die Entscheidung des Arztes in Abhängigkeit von den festgestellten Symptomen gegeben. So ist auch im Bereich der Arbeitslosenverwaltung vorstellbar, dass solche Handlungsleitfäden zur weiteren Professionalisierung der Ermessensentscheidungen entstehen. Dieser Strategiewechsel bei der Legitimationsproduktion ist allerdings nicht einfach möglich, da die Bedingungen einer klassischen Profession wie der Medizin (Noordegraaf 2007:761) nicht mit der Welt der Sozialverwaltungen vergleichbar sind. Die Medizin in Deutschland verfügt über ein differenziertes System der Fachgesellschaften, die Wirkungsstudien auswerten, abwägen und auf dieser Basis bindende professionelle Leitlinien erstellen. Das bedeutet, dass aus bisherigen Forschungen, etwa über die Beschäftigungsfähigkeit von Arbeitslosen oder der Studien des Instituts für Arbeitsmarktforschung, anwendbare professionelle und verbindliche Standards für wirkungsorientiertes Handeln entwickelt werden müssen. Das dazu entsprechende System der Fachgesellschaften aus der Medizin könnte Vorbild sein. Jobcenter sollten die Professionalisierung fördern, indem sie einerseits zunehmend Mitarbeiter rekrutieren, die spezielle Studiengänge besucht haben, die genau auf dieses Berufsbild ausbildet wurden. Anderseits muss über Fallbesprechungen oder Fallsupervisionen die Anwendung des evidenzbasierten Wissens kontinuierlich eingeübt werden. Jährliche Zertifizierungen sind weitere Merkmale einer förderungswürdigen Professionalisierung des Berufsstands der SGB II-Umsetzer. Die vorgeschlagenen Maßnahmen sind für SLB aus Sicht des Autors geeignete Wege von der Rechenschaftspflicht zur Verantwortlichkeit.

Glossar

- **Arbeitsidentitäten** sind jede Art von Identität am Arbeitsplatz, die durch die Interaktion des Individuums mit dem Arbeitskontext entsteht (Kirpal 2004:300).
- **Codieren** ist „[...] die Zuordnung von Kategorien zu relevanten Textpassagen bzw. die Klassifikation von Textmerkmalen [...]" (Kuckartz 2010:57)
- **Creaming** ist das Phänomen, dass SLB die Klienten vorziehen, mit denen sie am wahrscheinlichsten vor dem Hintergrund der bürokratischen Kriterien Erfolg haben werden (Lipsky 2010:107)
- **Coping Mechanismen** sind gegeben, wenn SLB Vereinfachungen entwickeln, um die Klienten und deren Bedürfnisse in Schubladen einzusortieren, um so die Durchlaufgeschwindigkeit der Interaktion zu erhöhen (Lipsky 2010:12-18).
- **Druckregulierung** ist die Wahrnehmung von SLB, wonach sie aus unterschiedlichen Gründen in unterschiedlichen Situationen mit den zur Verfügung stehenden Instrumenten nie vollumfänglich für die Arbeitsmarktintegration ihrer Klienten verantwortlich gemacht werden können.
- **Ermessen** bedeutet, dass Verwaltungsmitarbeiter auf Basis von Gesetzen eigenständig unter mehreren Optionen frei auswählen können und entscheiden müssen (Handler 1992:276; Simon 1997:72-77; Scott 1997:36-37).
- **Jobcenter** sind laut § 6 d SGB II gemeinsame Einrichtungen und kommunale Träger, die in Deutschland für die Grundsicherung für Arbeitsuchende nach dem SGB II zuständig sind.
- **Legitimität** ist die „[...] Orientierung der Handelnden an einer normativen Ordnung [...]" (Breuer 1998:20). Diese normative Ordnung hat, in Anlehnung an Weber, drei Formen: die rationale, die traditionale und die charismatische Herrschaft (Weber 2006:218).

- **New Public Management** ist ein Reformmodell zum klassischen Bürokratiemodell Webers, das gekennzeichnet wird von einer organisatorischen Fragmentierung; einem erhöhten Wettbewerb innerhalb des öffentlichen Sektors und mit der Privatwirtschaft; einer stärkeren Nutzung privatwirtschaftlicher Managementpraktiken; einer verstärkten Einforderung von Ausgabendisziplin; eigenverantwortliche, sichtbare Manager; messbare Leistungsvorgaben und Output-Orientierung (Hood 1995:95–97).
- **(soziale) Normen** sind " [...] mehr oder weniger verbindliche, allgemein geltende Vorschrift für menschliches Handeln. Sie legen fest, was in spezifischen und sich wiederholenden Situation geboten oder verboten ist und können als Spezifikationen allgemeiner soziokultureller Wertvorstellungen aufgefasst werden, die für die soziale Normen die Legitimationsgrundlage bilden. Soziale Normen werden im Sozialisationsprozess internalisiert und durch Sanktionen abgesichert. Sie sind der Bezugspunkt für konformes und abweichendes Verhalten" (Peuckert 2001:255).
- **Organisation** ist ein soziales Gebilde, das auf spezifische Ziele ausgerichtet ist" (Zimmermann 2001:261).
- **Performance** oder **Leistung** ist „[...] ein ergebnis- und/oder wirkungsbezogener Leistungsimpuls in einer Organisation bzw. auch im Hinblick auf ein Organisationsmitglied [...]" (Reichard 2004:341).
- **Performance-** oder **Leistungsmanagement** ist der Prozess der Planung und Umsetzung quantitativer und qualitativer Messungen von Werten, einschließlich Output und Outcome (McDavid & Hawthorn 2006:445).
- **Policy** ist die Absicht einer Regierung, ein öffentliches Problem mittels bestimmter ihr zur Verfügung stehender Instrument, etwa eines Gesetzes, einer Regulierungsmaßnahme oder einer Subvention, zu regeln (Birkland 2011:9).
- **Politik-Implementation** sind Aktivitäten von privaten oder öffentlichen Akteuren, die dazu dienen, Ziele vorgelagerter politischer Entscheidungen zu erreichen (van Meter & van Horn 1975:447).

- **Profession** ist eine Berufsgruppe, die abstraktes Wissen auf bestimmte Fälle anwendet (Abbott 1988:8). Weitere Merkmale einer **Professionalisierung** sind die Kontrolle des Arbeitssystems durch Praktiker; die berufliche Institution als Hauptlieferant ethischer Grundlagen; die Entwicklung einer starken beruflichen Identität und Arbeitskultur; Ermessensentscheidung in komplexen Fällen sowie das Vertrauen und die Selbstsicherheit der Beziehung zwischen Praktiker/Klient (Evetts 2011:407-411).
- **Rechenschaftspflicht** bedeutet, dass Mitarbeiter in der öffentlichen Verwaltung zur Erfüllung ihrer Aufgaben Ressourcen zur Verfügung gestellt bekommen. Im Gegenzug müssen sie berichten, was sie damit gemacht haben, aktuell machen und zukünftig machen wollen.
- **Regel** ist eine generelle Aussage, die vorschreibt, wie bestimmte Verhaltensweisen ausgeführt werden sollen (Wilson 1989:339).
- **Soziale Interaktion** ist eine „[...] durch Kommunikation vermittelte wechselseitige Beziehungen zwischen Personen und Gruppen und die daraus resultierende wechselseitige Beeinflussung der Einstellungen, Erwartungen und Handlungen" (Peuckert 2001:155).
- Unter **Steuerung** lassen sich „[...] betriebliche Methoden, Instrumente und Mechanismen fassen, die mehr oder weniger intentional-strategisch darauf abzielen, das Leistungsverhalten der Beschäftigten mit denjenigen Zielen in Übereinstimmung zu bringen, die die Organisation als relevant für den jeweiligen Arbeitsplatz oder die konkrete Arbeitskraft definiert" (Birken 2012:164).
- **Street Level Bureaucrats** sind Menschen im öffentlichen Dienst oder Sektor, die im Rahmen ihrer Arbeit direkt mit Bürgern interagieren und dabei über ein erhebliches Ermessen bei der Durchführung ihrer Tätigkeit verfügen, typischerweise sind das Lehrer, Polizisten, Sozialarbeiter, Richter, Anwälte und Angestellte im Gesundheitswesen (Lipsky 2010:3).
- **Street Level Organisations** sind, in Anlehnung an Lipsky (2010:3), die Agencies, die eine signifikante Anzahl an Street Level Bureaucrats beschäftigen.

- **Transkription** ist das „[...] das Verschriftlichen verbaler und ggf. auch von nonverbaler Kommunikation" (Kuckartz 2010:38).
- **Typ** ist eine „[...] Kombination spezifischer Merkmale [...] Grundelement einer Typologie"(Kuckartz 2010: 98).
- Eine **Typologie** „[...] ist immer das Ergebnis eines Gruppierungsprozesses, bei dem ein Objektbereich anhand eines oder mehrerer Merkmale in Gruppen bzw. Typen eingeteilt wird [...]". (Kelle & Kluge: 2008:85)
- **Verantwortlichkeit** bedeutet, dass jemand anderen untersteht, um bestimmte Aufgaben mit einer angemessenen Autorität und Ressourcen zu erfüllen (Gregory 2007:559).
- **Verwaltungskontrolle** ist „die zeitlich gleichlaufende oder nachträgliche Überprüfung, ob die gesetzten Normen und Weisungen erfüllt wurden" (Mayntz 1985:76).

Anlage

Anlage 1: § 48a SGB II

§ 48a SGB II Vergleich der Leistungsfähigkeit

(1) Zur Feststellung und Förderung der Leistungsfähigkeit der örtlichen Aufgabenwahrnehmung der Träger der Grundsicherung für Arbeitsuchende erstellt das Bundesministerium für Arbeit und Soziales auf der Grundlage der Kennzahlen nach § 51b Absatz 3 Nummer 3 Kennzahlenvergleiche und veröffentlicht die Ergebnisse vierteljährlich.

(2) Das Bundesministerium für Arbeit und Soziales wird ermächtigt, durch Rechtsverordnung mit Zustimmung des Bundesrates die für die Vergleiche erforderlichen Kennzahlen sowie das Verfahren zu deren Weiterentwicklung und die Form der Veröffentlichung der Ergebnisse festzulegen.

Quelle: (*Sozialgesetzbuch (SGB II) Zweites Buch Grundsicherung für Arbeitsuchende 2015a*)

Anlage 2: § 48b SGB II

§ 48b SGB II Zielvereinbarungen

(1) Zur Erreichung der Ziele nach diesem Buch schließen
1. das Bundesministerium für Arbeit und Soziales im Einvernehmen mit dem Bundesministerium der Finanzen mit der Bundesagentur,
2. die Bundesagentur und die kommunalen Träger mit den Geschäftsführerinnen und Geschäftsführern der gemeinsamen Einrichtungen,
3. das Bundesministerium für Arbeit und Soziales mit der zuständigen Landesbehörde sowie
4. die zuständige Landesbehörde mit den zugelassenen kommunalen Trägern

Vereinbarungen ab. Die Vereinbarungen nach Satz 1 Nummer 2 bis 4 umfassen alle Leistungen dieses Buches. Die Beratungen über die Vereinbarung nach Satz 1 Nummer 3 führen die Kooperationsausschüsse nach § 18b. Im Bund-Länder-Ausschuss nach § 18c wird für die Vereinbarungen nach diesem Absatz über einheitliche Grundlagen beraten.

(2) Die Vereinbarungen werden nach Beschlussfassung des Bundestages über das jährliche Haushaltsgesetz abgeschlossen.

(3) Die Vereinbarungen umfassen insbesondere die Ziele der Verringerung der Hilfebedürftigkeit, Verbesserung der Integration in Erwerbstätigkeit und Vermeidung von langfristigem Leistungsbezug. Die Vereinbarungen nach Absatz 1 Satz 1 Nummer 2 bis 4 umfassen zusätzlich das Ziel der Verbesserung der sozialen Teilhabe.

(4) Die Vereinbarungen nach Absatz 1 Satz 1 Nummer 4 sollen sich an den Vereinbarungen nach Absatz 1 Satz 1 Nummer 3 orientieren.

(5) Für den Abschluss der Vereinbarungen und die Nachhaltung der Zielerreichung sind die Daten nach § 51b und die Kennzahlen nach § 48a Absatz 2 maßgeblich.

(6) Die Vereinbarungen nach Absatz 1 Satz 1 Nummer 1 können
1. erforderliche Genehmigungen oder Zustimmungen des Bundesministeriums für Arbeit und Soziales ersetzen,
2. die Selbstbewirtschaftung von Haushaltsmitteln für Leistungen zur Eingliederung in Arbeit sowie für Verwaltungskosten zulassen

Quelle: (*Sozialgesetzbuch (SGB II) Zweites Buch Grundsicherung für Arbeitsuchende 2015b*)

Anlage 3: Anschreiben

GEORG-AUGUST-UNIVERSITÄT GÖTTINGEN

Sozialwissenschaftliche Fakultät

Information zur Studie

Sehr geehrte Damen und Herren,

vielen Dank für Ihr Interesse an meiner Studie.

Ich lade Sie herzlich ein, an meiner Studie teilzunehmen, die sich mit Ihrem Arbeitsalltag im öffentlichen Dienst beschäftigt.

Für diese Studie möchte ich ein Interview führen. Ich werde Fragen stellen, bei denen es keine „richtigen" und keine „falschen" Antworten gibt. Es geht um „Ihre" Antworten. Das Interview wird etwa eine ¾ Stunde bis Stunde dauern und mit Ihrer Zustimmung auf Tonband aufgenommen, um Ihre Worte detailgetreu wiedergeben zu können und danach von mir mit wissenschaftlichen Methoden ausgewertet.

Selbstverständlich wird Ihr Name dabei nicht erscheinen, die Bänder werden anonymisiert und können deswegen auch nicht zugeordnet werden. Sie werden auf keinen Fall in irgendeiner Form als Person erkennbar werden, weder durch die Aufnahme noch später in einer möglichen Publikation (mit der Ausnahme ihrer ausdrücklichen Genehmigung). Allein sogenannte soziodemografische Daten werden von mir am Ende in einem Bogen erfasst, die allerdings nicht auf Ihre Person schließen lassen. Zudem werden die Daten sicher an einem Ort gespeichert, auf den kein Zugriff Externer möglich sein wird.

Das Interview selbst werde ich führen im Rahmen meiner Dissertation an der sozialwissenschaftlichen Fakultät der Georg-August-Universität Göttingen. Erstgutachter ist apl. Prof. Dr. Scott Stock Gissendanner.

Die Studie wird dazu beitragen, Erkenntnisse über den Arbeitsalltag von Menschen zu gewinnen, die im öffentlichen Dienst tätig sind. Für die Teilnahme ist aufgrund der rein akademischen Motivation keine Aufwandsentschädigung oder finanzielle Zahlung in irgendeiner Weise vorgesehen.

Falls Sie weitere Fragen haben, können Sie mich jederzeit kontaktieren.

Ich bedanke mich herzlich für Ihre Unterstützung und freue mich auf unser Gespräch.

Mit freundlichen Grüßen

Dirk Vogel
Diplom-Sozialwirt
Master of Business Administration

Anlage 4: Teilnahmevereinbarung

Gemeinsame Vereinbarung zur Teilnahme an der Studie'

- Ich habe das Informationsblatt gelesen. Mit ist bekannt, dass ich Fragen zum Inhalt und Vorgehen jederzeit stellen kann.
- Meine Teilnahme an dieser Studie durch mein Interview ist freiwillig. Ich kann jederzeit, ohne Nennung eines Grundes, meine Teilnahme abbrechen, ohne dass dies irgendeine Folge für mich hätte. Sollten neue Informationen bekannt werden, die eine Teilnahme Ihrerseits ausschließen, ist der Forschende dazu berechtigt, mich von der Studie ausschließen. Hiervon ist allerdings nicht auszugehen. Zudem wird der Forschende Ihnen alle neuen Informationen, die im Zusammenhang mit der Studie stehen und für Sie relevant sind, Ihnen umgehend zugänglich machen.
- Jegliche Information, die auf Sie als Person schließen lässt, also nicht anonymisiert ist, würde der Forschende nur mit Ihrer vorherigen ausdrücklichen Zustimmung veröffentlichen.
- Wenn irgendwelche Fragen aufkommen, ist der Forschende unter folgenden Kontaktdaten jederzeit erreichbar:

> Dirk Vogel
> Thomas-Mann-Strasse 36
> 63486 Bruchköbel
> Tel.: 0173-7445142
> Email: dirk.vogel@gmail.com

- Ich bekomme von diesem Schreiben eine Kopie für meine Unterlagen.
- Eine Tonbandaufnahme ist für dieses Interview vorgesehen. Allein der Forschende wird diese auswerten. Mitglieder des Dissertationskommittees, Herr Dr. Bartelheimer, Herr Prof. Dr. Gissendanner oder Herr Prof. Dr. Hönnige, können aus Qualitätsgründen hierauf zugreifen, diese aber nicht weiterleiten oder in irgendeiner Art weiterverwenden, ohne Ihre vorherige Zustimmung.

☐ Ich stimme der Tonbandaufnahme zu
☐ Ich stimme der Tonbandaufnahme nicht zu

Meine Unterschrift bedeutet, dass ich der Teilnahme an der Studie zu den oben genannten Bedingungen zustimme.

_____   _____
Name   Dirk Vogel
Kontaktdaten

Anlage 5: soziodemografische Daten (I)

**Wir sind fast durch!
Acht statistische Fragen zum Schluss**

1. Ihr Geschlecht?

Männlich ☐ weiblich ☐

2. Ihr Alter?

_____ (in Jahren)

3. Wie lange arbeiten, oder haben Sie, mit dem „SGB-II" gearbeitet (eventuell einschließlich des Rechtsvorgänger, dem „BSHG")?

_____ (in Jahren, bitte auf- oder abrunden)

4. Welche Trägerschaft hat / hatte Ihre Organisation?

ARGE (Arbeitsgemeinschaft aus Bundesagentur und Kommune)	
Optierende Kommune (Kommune allein)	
Getrennte Aufgabenwahrnehmung	

Bitte **ein** Kreuz setzen, falls Sie sich unsicher sind, lassen Sie das Feld frei.

5. Welchen Schulabschluss haben Sie (nur den „höchsten" Abschluss)?

Abitur/Hochschulreife	
Fachhochschulreife	
mittlere Reife	
Hauptschulabschluss	
Schule ohne qualifizierenden Abschluss verlassen	

Anlage 6: soziodemografische Daten (II)

6. Welche Berufsausbildung haben Sie (Doppelnennungen möglich)?

Hochschulabschluss?
☐
Wenn ja, genauere Bezeichnung

_____

Fachhochschulabschluss?
☐
Wenn ja, genauere Bezeichnung

_____

Berufsausbildung?
☐
Wenn ja, genauere Bezeichnung

_____

Keine abgeschlossene Berufsausbildung
☐

7. Haben Sie einer dieser Qualifikation(en) an einer Verwaltungsschule oder Verwaltungsfachhochschule erworben?

Ja ☐   Nein ☐

8. Wie ist Ihre Stelle derzeit eingestuft?

Angestellter (TVÖD Eingruppierung)		Beamter (A-Besoldungsstufe)	
E 14-15		A 14-16	
E 10-13		A 10-A13	
E 6-9		A 6-A9	

Geschafft!
Vielen Dank für Ihre Geduld und Mithilfe

Anlage 7: Zielvereinbarungen Hessen als Stimuli

1. **Verringerung der Hilfebedürftigkeit**

Zielvereinbarung Hessen 2013
Im Vergleich zum Vorjahr wird die Entwicklung der Summer der Leistungen zum Lebensunterhalt im Rahmen eines qualitativen Monitorings beobachtet.

2. **Verbesserung der Integration in Erwerbstätigkeit**

Zielvereinbarung Hessen 2013
Das Ziel ist erreicht, wenn die Integrationsquote der KJC des Landes Hessen im Durchschnitt 26,1 % erreicht.

3. **Vermeidung von langfristigem Hilfebezug**

Zielvereinbarung Hessen 2013
Das Ziel ist erreicht, wenn der durchschnittliche Bestand an Langzeitarbeitslosen der KJC des Landes Hessen gegenüber dem Vorjahr um insgesamt 2 % sinkt.

Anlage 8: Typisierung der Grundsicherungsträger

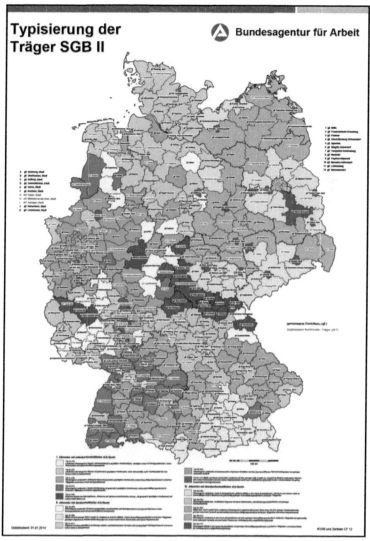

Quelle: http://doku.iab.de/forschungsbericht/2013/fb1113_Anlage1.pdf

Anlage 9: Geplanter Fragebogen

Welche unterschiedlichen Strategien entwickeln Street Level Bureaucrats, die das „SGB-II" in Deutschland umsetzen, wenn sie mit Steuerungsinitiativen seitens des Trägers konfrontiert werden?

Forschungsfrage	Mögliche Interviewfragen (je nach Situation aus den offenen Fragen)
Wie gehen SLB mit Prozessvorgaben seitens der Organisation um, insbesondere der Klientensegmentierung?	• Sie haben mir erzählt, dass Sie Klienten beurteilen müssen und dann in ein Computersystem diese in unterschiedliche Kategorien einsortieren. • Bitte erzählen Sie mir, wie Sie zu Ihrem Urteil kommen, anhand welcher Merkmale Sie sich Informationen besorgen und wie Sie mit dieser Information umgehen. • Woher wissen sie, welcher Klient in welche Kategorie kommt? Wer hilft Ihnen dabei, wenn Sie sich nicht sicher sind? Mit wem sprechen Sie hierüber? • Nun möchte ich Sie bitten, sich zu überlegen, ob Sie schon mal von Ihrem Arbeitgeber oder auch anderen Kollegen angesprochen worden sind, dass er oder sie mit Ihrer Einsortierung nicht einverstanden waren? • Wie und wo fand diese Rückmeldung statt? Wer hat sie wir darauf angesprochen? Was haben Sie gemacht? • Was haben Sie geantwortet? Haben Sie mit jemanden darüber gesprochen? Wenn ja, mit wem? • Nun, im Nachhinein, wie beurteilen Sie dieses Gespräch / diese Rückmeldung / diese Form der Kommunikation?
Wie gehen SLB mit Organisationszielen um?	• Sie haben erzählt, dass es vielfach darum geht, „Zahlen zu Schreiben". Bitte erläutern Sie mir kurz, was Sie darunter verstehen. • Wie und wann haben Sie von diesen Vorgaben erfahren? Wie lief das ab? Was haben Sie dann getan? • Hat sich dadurch Ihr Arbeiten verändert, sind Sie persönlich in Ihrer Arbeit kontrolliert worden? Was tun Sie, um das zu erreichen im Arbeitsalltag? • Ist es schon vorgekommen, dass Sie oder Ihre Abteilung diese Vorgaben nicht erfüllt haben? Wie und wo haben Sie davon erfahren und welches Fazit für Ihre Arbeit haben Sie daraus gezogen?
Wie gehen SLB mit dem nach § 48 geschaffenen Quasi-Wettbewerb mit anderen „SGB-II"-Trägern um?	• Es hat sich ja im „SGB-II"- Bereich viel verändert. Es kursieren viele Zahlen über die einzelnen Träger, was sie getan oder nicht getan haben. • Deswegen bitte ich Sie, zu überlegen, ob überhaupt, und wenn ja, wo und wie Sie von solchen vergleichenden Zahlen erfahren haben. • Kennen Sie Zahlen über ihre eigene Organisation, wo

Literaturverzeichnis

Achenbach, Gerd B. & Winkler-Calaminus, Martina 1992. Die professionelle Struktur des Beratungsgesprächs, in Dewe, Bernd, Ferchhoff, Wilfried & Radtke, Frank-Olaf (Hg.): *Erziehen als Profession: Zur Logik professionellen Handelns in pädagogischen Feldern.* Opladen: Leske + Budrich, 92–102.

Alexandros Altis & Sebastian Koufen 2011. *Entwicklung der Beschäftigung im öffentlichen Dienstienst steigendes Durchschnittsalter, mehr Frauen in leitender Position, mehr Zeitverträge.* (Wirtschaft und Statistik). Wiesbaden. URL: https://www.destatis.de/DE/Publikationen/WirtschaftStatistik/FinanzenSteuern/EntwicklungBeschaeftigte122011.pdf?_blob=publicationFile [Stand 2015-06-04].

Ames, Anne 2008. *Arbeitssituation und Rollenverständnis der persönlichen Ansprechpartner/-innen nach § 14 SGB II.* Düsseldorf. URL: http://hbs3.boeckler.de/pdf_fof/S-2007-982-4-1.pdf [Stand 2015-06-04].

Articus, Stephan & Wagner, Wolfgang 2011. *Evaluierung der Reform des kommunalen Haushalts- und Rechnungswesens: Ergebnisse eines Kooperationsprojekts des Detuschen Städtetages mit der Pricewaterhouse Coopers AG Wirtschaftsprüfungsgesellschaft.* Berlin.

Ashforth, B. E., Harrison, S. H. & Corley, K. G. 2008. Identification in Organizations: An Examination of Four Fundamental Questions. *Journal of Management* 34(3), 325–374.

Baethge-Kinsky, Volker, Bartelheimer, Peter & Henke, Jutta 2007. Fallbearbeitung im SGB II – Beobachtungen aus dem Inneren der „black box". *WSI-Mitteilungen* 60. (2/2007), 70–77.

Bartelheimer, Peter 2008. Wie man an seiner Eingliederung mitwirkt: Arbeitsmarktdienstleistungen nach SGB II zwischen institutionellem und persönlichem Auftrag. *Zeitschrift für Sozialreform* 54(1), 11–36.

Bartelheimer, Peter, Henke, Jutta, Kotlenga, Sandra 2012. Handlungsmodelle, Erfolgskriterien und Kompetenzen der Fachkräfte. Unveröffentlichtes Manuskript.

Behrend, Olaf & Ludwig-Mayerhofer, Wolfgang 2008. Sisyphos motivieren, oder: Der Umgang von Arbeitsvermittlern mit Chancenlosigkeit. *Zeitschrift für Sozialreform* 54(1), 37–55.

Behrend, Olaf 2007. „`... das geht zu Lasten eigener Emotionalität` - Instrumente zur Kundensteuerung in Arbeitsverwaltungen aus Sicht von Arbeitsvermittlern", in Ludwig-Mayerhofer, Wolfgang (Hg.): *Fallverstehen und Deutungsmacht: Akteure in der Sozialverwaltung und ihre Klienten*. Opladen [u. a.]: Budrich, 97–117.

Berg, Anne M. 2006. Transforming public services – transforming the public servant? *International Journal of Public Sector Management* 19(6), 556–568.

Birken, Thomas, Kratzer, Nick & Menz, Wolfgang 2012. Die Steuerungslücke interaktiver Arbeit, in Dunkel, Wolfgang & Weihrich, Margit (Hg.): *Interaktive Arbeit: Theorie, Praxis und Gestaltung von Dienstleistungsbeziehungen*. Wiesbaden: Springer VS, 159–180.

Blanke, Bernhard 2005. Verwaltungsreform als Aufgabe des Regierens – Einleitung, in Blanke, Bernhard (Hg.): *Handbuch zur Verwaltungsreform*. Wiesbaden: VS, Verl. für Sozialwiss., XIII–XIX.

Bloomberg, Linda D. & Volpe, Marie 2012. *Completing your qualitative dissertation: A road map from beginning to end*. 2. Aufl. Los Angeles: SAGE.

Boehm, Manfred 2011. *Warum Mönche länger leben: Die Weisheit der Klöster für Körper, Geist und Seele*. Freiburg im Breisgau: Verlag Herder.

Bogumil, Jörg & Jann, Werner 2009. *Verwaltung und Verwaltungswissenschaft in Deutschland: Einführung in die Verwaltungswissenschaft*. 2. Aufl. VS Verlag für Sozialwissenschaften: VS Verl. für Sozialwiss.

Bogumil, Jörg, Grohs, Stephan & Kuhlmann, Sabine 2006. Ergebnisse und Wirkungen kommunaler Verwaltungsmodernisierung in Deutschland – Eine Evaluation nach 10 Jahren Praxiserfahrungen, in Bogumil, Jörg, Jann, Werner & Nullmeier, Frank (Hg.): *Politik und Verwaltung*. Wiesbaden: VS Verlag für Sozialwissenschaften. (37), 151–184.

Bogumil, Jörg, Grohs, Stephan & Ohm, Anna 2005. *10 Jahre Neues Steuerungsmodell - Evaluation kommunaler Verwaltungsmodernisierung: Ausgewählte Ergebnisse der schriftlichen Umfrage im Forschungsprojekt*. URL: http://homepage.ruhr-uni-bochum.de/Joerg.Bogumil/Downloads/10JNSM/Kurzfassung_10_Jahre_NSM.pdf [Stand 2013-02-02].

Böhret, Carl 2005. Verwaltungspolitik als Führungsauftrag, in Blanke, Bernhard (Hg.): *Handbuch zur Verwaltungsreform*. Wiesbaden: VS, Verl. für Sozialwiss., 44–49.

Boockmann, Bernhard, u. a. 2010. Fördern und Fordern aus Sicht der Vermittler. *IAB-Forschungsbericht* (25), 1–8.

Bovaird, A. G. & Löffler, Elke 2003. *Public management and governance.* London: Routledge.
Boyne, G. A. 2004. Explaining Public Service Performance: Does Management Matter? *Public Policy and Administration* 19(4), 100–117.
Brewer, G. A. 2005. In the Eye of the Storm: Frontline Supervisors and Federal Agency Performance. *Journal of Public Administration Research and Theory* 15(4), 505–527.
Bringselius, Louise D. 2010. *Resistance to change: Four interpretations.* Lund: Lund Institute of Economic Research, Lund University.
Broadbent, Jane, Jacobs, Kerry & Laughlin, Richard 2001. Organisational resistance strategies to unwanted accounting and finance changes: The case of general medical practice in the UK. *Accounting, auditing & accountability journal* 14(5), 565–586.
Brodkin, E. Z. 2011. Policy Work: Street-Level Organizations Under New Managerialism. *Journal of Public Administration Research and Theory* 21(Supplement 2), 253-277.
Brodkin, E. Z. 2013. Work and the Welfare State, in Brodkin, Evelyn Z. & Marston, Gregory (Hg.): *Work and the Welfare State: Street-Level Organizations and Workfare Politics.* Washington: Georgetown University Press. (Public Management and Change series), 3–15.
Brodkin, E. Z. 2008. Accountability in Street-Level Organizations. *International Journal of Public Administration* 31(3), 317–336.
Brühl, Rolf & Buch, Sabrina 2006. *Einheitliche Gütekriterien in der empirischen Forschung? – Objektivität, Reliabilität und Validität in der Diskussion.* (ESCP-EAP Working Paper). URL: http://www.escp-eap.eu/uploads/media/Bruehl_Buch_Einheitliche_Guetekriterien_200 6_04.pdf [Stand 2013-05-12].
Brülle, Heiner, u.a. (2016). Zielsteuerung im SGB II: Kritik und Alternativen: WISO Diskurs.
Buestrich, Michael & Wohlfahrt, Norbert 2008. Die Ökonomisierung der Sozialen Arbeit. *Aus Politik und Zeitgeschichte: APuZ* 58(12/13), 17–24.
Bull, Hans P. 1991. *Allgemeines Verwaltungsrecht: Ein Lehrbuch.* 3. Aufl. Heidelberg: C.F. Müller.
Bundesagentur für Arbeit 2012. *Arbeitsmarktberichterstattung: Der Arbeitsmarkt in Deutschland, Strukturen der Arbeitslosigkeit.* Nürnberg. URL: https://statistik.arbeitsagentur.de/Statischer-Content/Arbeitsmarktberichte/Arbeitsmarkt-Allgemein/generische-Publikationen/Strukturen-der-Arbeitslosigkeit-2012-05.pdf [Stand 2016-04-12].

Bundesagentur für Arbeit 2013. *Das arbeitnehmerorientierte Integrationskonzept der Bundesagentur für Arbeit (SGB II und SGB III).* URL: http://www.arbeitsagentur.de/zentraler-Content/HEGA-Internet/A04-Vermittlung/Publikation/Leitkonzept-Arbeitsvermittlung-nicht-Reha.pdf [Stand 2013-01-12].
Bundesagentur für Arbeit 2015. *Kennzahlen.* URL: https://www.sgb2.info/kennzahlen/statistik [Stand 2015-04-26].
Bundesagentur für Arbeit. *Weisungen und Gesetze der Bundesagentur für Arbeit zum Thema "SGB-II-Leistungen".* URL: http://www.arbeitsagentur.de/nn_166486/Navigation/zentral/Veroeffentlichungen/Weisungen/Arbeitslosengeld-II/Arbeitslosengeld-II-Nav.html [Stand 201-06-04].
Bundesministerium des Innern 2001. *Moderner Staat - Moderne Verwaltung: Praxisempfehlungen für die Erstellung und den Abschluss von Zielvereinbarungen im Bundesministerium des Innern und in den Behörden des Geschäftsbereichs des BMI.* Berlin.
Bundesministerium für Arbeit 2012. *Gemeinsames Dokument der Bund-Länder-Arbeitsgruppe Steuerung SGB II.*
Bundesministerium für Arbeit 2016. *SGB II-Vergleichstypen.* URL: https://www.sgb2.info/hilfe/sgb-ii-vergleichstypen [Stand 2016-01-28].
Bundesministerium für Arbeit und Soziales 2013. *SGB II - INFORMATIONSPLATTFORM Aktuelle Kennzahlen und Fachinformationen zur Grundsicherung für Arbeitsuchende.* URL: http://www.sgb2.info/kennzahlen/statistik [Stand 2013-12-10].
Bundesministerium für Arbeit und Soziales 2014. *Förderprogramme.* URL: https://www.sgb2.info/service-und-informationen/foerderprogramme [Stand 2013-12-8].
Bundesregierung 2003. *Mut zum Frieden und Mut zur Veränderung: Regierungserklärung von Bundeskanzler Gerhard Schröder.* Berlin.
Bund-Länder-Ausschuss nach § 18c SGB II 2011. *Gemeinsame Grundlagen der Zielsteuerung SGB II: Grundprinzipien, Steuerungsmethodik und Verfahren.* Hannover.
Clarke, Martin 2006. Scrutiny through Inspection and Audit: Policies, Structures and Processes, in Budd, Leslie, Charlesworth, Julie & Paton, Rob (Hg.): *Making policy happen.* London; New York: Routledge, 207–215.
Creswell, John W. op. 2009. *Research design: Qualitative, quantitative, and mixed method approaches.* 3. Aufl. Thousand Oaks, Calif: SAGE Publications.

Daheim, Hansjürgen 1992. Zum Stand der Professionssoziologie: Rekonstruktion machttheoretischer Modelle der Profession, in Dewe, Bernd, Ferchhoff, Wilfried & Radtke, Frank-Olaf (Hg.): *Erziehen als Profession: Zur Logik professionellen Handelns in pädagogischen Feldern.* Opladen: Leske + Budrich, 21–35.

Deutscher Landkreistag & Deutscher Städtetag 2012. *Eingliederungsbudget für SGB II-Empfänger: Hürden für die Mittelausschöpfung und Lösungsansätze.* Berlin.

Deutscher Landkreistag 2008. *Leitlinien zur Umsetzung der sozialen Leistungen nach dem SGB II.* (Band 73). URL: http://www.kreise.de/_cms1/images/stories/publikationen/dlt_band_73.pdf [Stand 2013-03-06].

Diekmann, Andreas 2004. *Empirische Sozialforschung: Grundlagen, Methoden, Anwendungen.* 11. Aufl. Reinbek bei Hamburg: Rowohlt-Taschenbuch-Verl.

Dresing, Thorsten & Pehl, Thorsten 2011. *Praxisbuch Transkription: Regelsysteme, Software und praktische Anleitungen für qualitative ForscherInnen.* 2. Auflage, Sept. 2011. Marburg: Eigenverlag.

Dunkel, Wolfgang & Kleemann, Frank 2013. *Customers at work: New perspectives on interactive service work.* Houndmills, Basingstoke, Hampshire: Palgrave Macmillan.

Dunkel, Wolfgang & Weihrich, Margit 2012. Interaktive Arbeit - das soziologische Konzept, in Dunkel, Wolfgang & Weihrich, Margit (Hg.): *Interaktive Arbeit: Theorie, Praxis und Gestaltung von Dienstleistungsbeziehungen.* Wiesbaden: Springer VS, 29–60.

Durose, Catherine 2007. Beyond 'street level bureaucrats': Reinterpreting the role of front line public sector workers. *Critical Policy Studies* 1(2), 217–234.

Eberwein, Wilhelm & Tholen, Jochen 1987. *Die öffentliche Arbeitsvermittlung als politisch-sozialer Prozess.* Frankfurt [am Main]. New York: Campus Verlag.

Evans, T. 2011. Professionals, Managers and Discretion: Critiquing Street-Level Bureaucracy. *British Journal of Social Work* 41(2), 368–386.

Evetts, J. 2011. A new professionalism? Challenges and opportunities. *Current Sociology* 59(4), 406–422.

Freidson, Eliot 1994. *Professionalism reborn: Theory, prophecy, and policy.* Cambridge, UK: Polity Press.

Freidson, Eliot 2001. *Professionalism: The third logic.* Chicago: University of Chicago Press.

Freimuth, Joachim, Hauck, Otmar & Trebesch, Karsten 2003. They (n)ever come back: Orientierungsweisen und -waisen im mittleren Management. *OrganisationsEntwicklung.*

Gibbs, Graham 2007. *Analyzing qualitative data*. Los Angeles: SAGE Publications. (SAGE qualitative research kit).
Götz, Susanne, Ludwig-Mayerhofer, Wolfgang & Schreyer, Franziska 2010. *Unter dem Existenzminimum: Sanktionen im SGB II*. Nürnberg. URL: http://doku.iab.de/kurzber/2010/kb1010.pdf [Stand 2014-04-26].
Gregory, Robert 2007. Accountability in Modern Government, in Peters, B. G. & Pierre, Jon (Hg.): *Concise handbook of public administration*. London: SAGE, 557–567.
Hammerschmid, Gerhard & Görnitz, Anja (2016). *Public Sector Reform in Germany: Views and Experiences from Senior Executives: Country Report as part of the COCOPS Research Project*. URL: http://www.cocops.eu/wp-content/uploads/2013/06/Germany_WP3-Country-Report.pdf [Stand 2016-05-30].
Handler, Joel F. 1992. Dependency and Discretion, in Hasenfeld, Yeheskel & Abbott, Andrew D. (Hg.): *Human services as complex organizations*. Newbury Park, Calif: SAGE Publications, 276–297.
Hasenfeld, Yeheskel & Abbott, Andrew D. (Hg.) 1992. *Human services as complex organizations*. Newbury Park, Calif: SAGE Publications.
Hasenfeld, Yeheskel 1992. The Nature of Human Service Organizations, in Hasenfeld, Yeheskel & Abbott, Andrew D. (Hg.): *Human services as complex organizations*. Newbury Park, Calif: SAGE Publications, 3–23.
Helfferich, Cornelia 2011. *Die Qualität qualitativer Daten: Manual für die Durchführung qualitativer Interviews*. 4. Aufl. Wiesbaden: VS, Verl. für Sozialwiss. (Lehrbuch).
Hellenbrand, Andreas & Levermann, Diana 2009. *Outputorientierte Steuerung in Landkreisen: Studie zum Stand der Implementierung*. Berlin.
Hennink, Monique M., Hutter, Inge & Bailey, Ajay 2011. *Qualitative research methods*. London, Thousand Oaks, Calif: SAGE.
HfPV 2013a. *Modulbuch für den grundständigen Studiengang Bachelor of Arts Allgemeine Verwaltung: Teil 1: Das Konzept*. Wiesbaden. URL: http://www.hfpv.hessen.de/irj/VFH_Internet?cid=0aedf5b086652a31018ff7f07510abed [Stand 2013-03-06].
HfPV 2013b. *Modulbuch für den grundständigen Studiengang Bachelor of Arts Allgemeine Verwaltung Modulbuch für den grundständigen Studiengang Bachelor of Arts Allgemeine Verwaltung: Teil 2: Module und Teilmodule*. Wiesbaden. URL: http://www.hfpv.hessen.de/irj/VFH_Internet?cid=0aedf5b086652a31018ff7f07510abed [Stand 2013-03-06].
Hielscher, Volker 2006. Reorganisation der Bundesagentur für Arbeit: „Moderner Dienstleister" für wen? *WSI-Mitteilungen* 3, 119–124.

Hill, Michael & Hupe, Peter L. 2010. *Implementing public policy: An introduction to the study of operational governance.* 2. Aufl. Los Angeles: SAGE.

Hilse, Theresa, Opielka, Michael & Strumpen, Sarina 2014. Koproduktion im Hilfesystem Demenz. *Nachrichtendienst des Deutschen Vereins für öffentliche und private Fürsorge* Jg. 94, 2014, Nr. 9, S. 403-406, 408-410: Anm., Abb.

Homann, Klaus 2005. *Verwaltungscontrolling: Grundlagen - Konzept - Anwendung.* 1. Aufl. Wiesbaden: Gabler.

Hood, Christopher 1995. The "New Public Management" in the 1980s: Variations on a Theme. *Accounting, Organizations and Society* 20, 93–109.

Hornby, Albert S. & Cowie, Anthony P. 1989. *Oxford advanced learner's dictionary of current English.* 4. Aufl. Oxford: Oxford University Press.

Hotho, Sabine 2008. Professional identity – product of structure, product of choice: Linking changing professional identity and changing professions. *Journal of organizational change management* 21(6), 721–742.

Hörauf, Bertram 2012. Schreiben an den Hessischen Landkreistag, 17. Dezember.

Huntington, Samuel P. 2006. *Who are we?: Die Krise der amerikanischen Identität.* Taschenbuchausg., 1. Aufl. München: Goldmann. (Goldmann, 15198).

Jann, Werner 2005. Verwaltungswissenschaft und Managementlehre, in Blanke, Bernhard (Hg.): *Handbuch zur Verwaltungsreform.* Wiesbaden: VS, Verl. für Sozialwiss., 50–60.

Jann, Werner, Wegrich, Kai & Tiessen, Jan 2007. *"Bürokratisierung" und Bürokratieabbau im internationalen Vergleich - wo steht Deutschland?; Studie im Auftrag der Friedrich-Ebert-Stiftung.* Berlin: Friedrich-Ebert-Stiftung, Forum Berlin.

Jones, C. 2001. Voices From the Front Line: State Social Workers and New Labour. *British Journal of Social Work* 31(4), 547–562.

Keiser, Lael R. 2010. Understanding Street-Level Bureaucrats' Decision Making: Determining Eligibility in the Social Security Disability Program. *Public Administration Review* 70(2), 247–257.

Kelle, Udo & Kluge, Susann 2008. *Vom Einzelfall zum Typus: Fallvergleich und Fallkontrastierung in der qualitativen Sozialforschung.* 2. Aufl. Wiesbaden: VS Verlag für Sozialwissenschaften.

Kellerman, Barbara 2008. *Followership: How followers are creating change and changing leaders.* Boston Mass: Harvard Business School Press.

Kelly, Maria 1994. Theories of Justice and Street-Level Discretion. *Journal of Public Administration Research and Theory* 4(2), 119–140.

Kernaghan, Kenneth 2006. The post-bureaucratic organization and public service values, in Budd, Leslie, Charlesworth, Julie & Paton, Rob (Hg.): *Making policy happen*. London; New York: Routledge, 183–193.

Kimberley, Roussin I., Morrisey, Joseph P. & Topping, Sharon 2006. System Ideologies and Street-Level Bureacrats: Policy Change and Perceptions of Quality in a Behavioral Health Care System. *Public Administration Review* März/April, 217–227.

Kirpal, Simone 2004. Work identities of nurses: Between caring and efficiency demands. *Career Development International* 9(3), 274–304.

Klatetzki, Thomas 2005a. Einleitung, in Klatetzki, Thomas & Tacke, Veronika (Hg.): *Organisation und Profession*. Wiesbaden: VS Verlag für Sozialwissenschaften, 7–30.

Klatezki, Thomas P. 2005b. Professionelle Arbeit und kollegiale Organisation: Eine symbolisch interpretative Perspektive, in Klatetzki, Thomas & Tacke, Veronika (Hg.): *Organisation und Profession*. Wiesbaden: VS Verlag für Sozialwissenschaften, 253–283.

Kommission "Moderne Dienstleistungen am Arbeitsmarkt" 2002. *Moderne Dienstleistungen am Arbeitsmarkt: Bericht der Kommission*. (A 306). Berlin.

Kommunale Gemeinschaftsstelle 1993. *Das Neue Steuerungsmodell*. (5). Köln.

Kommunale Gemeinschaftsstelle 1994. *Verwaltungscontrolling im neuen Steuerungsmodell*. (15). Köln.

Kommunale Gemeinschaftsstelle 1996a. *Das Verhältnis von Politik und Verwaltung im Neuen Steuerungsmodell*. (10). Köln.

Kommunale Gemeinschaftsstelle 1996b. *Zentrale Steuerungsunterstützung*. (11). Köln.

Kommunale Gemeinschaftsstelle 2006. *Das Verhältnis von zentralen und dezentralen Einheiten in der Kommunalverwaltung: Zwischenbilanz und Anregungen zur Umsetzung eines Kernelements des Neuen Steuerungsmodells*. (5). Köln.

Kommunale Gemeinschaftsstelle 2007. *Das Neue Steuerungsmodell: Bilanz der Umsetzung*. (2). Köln.

Korte, Russell F. 2007. A review of social identity theory with implications for training and development. *Journal of European Industrial Training* 31(3), 166–180.

Kotter, John P. & Schlesinger, Leonard A. 2008. Choosing strategies for change. *Harvard business review: HBR* 86(7/8), 130–139.

Kroll, Alexander & Küchler-Stahn, Nicole 2009. Performance Management in der öffentlichen Verwaltung: Zwischen Idealismus und Pragmatismus – Ein erweiterter Literaturbericht. *dms – der moderne staat – Zeitschrift für Public Policy, Recht und Management*(2), 475–490.

Kuckartz, Udo 2010. *Einführung in die computergestützte Analyse qualitativer Daten.* 3. Aufl. Wiesbaden: VS, Verlag für Sozialwissenschaften.

Kuckartz, Udo. Zwischen Singularität und Allgemeingültigkeit: Typenbildung als qualitative Strategie der Verallgemeinerung, in Rehberg, Karl-Siegbert (Hg.): *Soziale Ungleichheit, kulturelle Unterschiede: Verhandlungen des 32. Kongresses der Deutschen Gesellschaft für Soziologie in München. Teilbd. 1 und 2.* Frankfurt am Main: Campus Verlag, 4047–4056. URL: http://nbn-resolving.de/ urn:nbn:de:0168-ssoar-142318.

Kvale, Steinar 2007. *Doing interviews.* London: SAGE Publications.

Lamnek, Siegfried 1993. *Qualitative Sozialforschung.* 2. Aufl. München: Psychologie-Verl.-Union.

Langer, Andreas & Pfadenhauer, Michaela 2007. Dienstleistungsstrukturen in der Sozialen Arbeit zwischen Verwaltungsreform und Professionalisierung. *Zeitschrift für Sozialreform* 53(3), 223–246.

Lankenau, Klaus & Zimmermann, Gunter E. 2001. Bürokratie, in Schäfers, Bernhard & Gukenbiehl, Hermann L. (Hg.): *Grundbegriffe der Soziologie.* Opladen: Leske und Budrich, 41–44.

Lazarsfeld, Paul F. 1969. *Wahlen und Wähler: Soziologie des Wahlverhaltens.* Neuwied]: Luchterhand. (Soziologische Texte, 49).

Lichtman, Marilyn 2010. *Qualitative research in education: A user's guide.* 2. Aufl. Los Angeles: SAGE.

Lipsky, Michael 2010. *Street-level bureaucracy: Dilemmas of the individual in public services.* 30. Aufl. New York: Russell Sage Foundation.

Lødemel, Ivar & Trickey, Heather 2000. A new contract for social assistance, in Lødemel, Ivar & Trickey, Heather (Hg.): *'An offer you can't refuse': Workfare in international perspective.* Bristol, UK: Policy Press, 1–40.

Lutz, Ronald 2008. Perspektiven der Sozialen Arbeit. *Aus Politik und Zeitgeschichte: APuZ* 58 (12/13), 3–10.

Machura, Stefan 2005. *Politik und Verwaltung.* 1. Aufl. Wiesbaden: VS Verlag für Sozialwissenschaften.

MAGS 2008. *Arbeitshilfe: Sanktionen gemäß § 31 SGB II.* 3. Aufl.

Matland, Richard E. 1995. Synthesizing the Implementation Literature: The Ambiguity-Conflict Model. *Journal of Public Administration Research and Theory* (5), 145–174.

May, P. J. & Winter, S. C. 2009. Politicians, Managers, and Street-Level Bureaucrats: Influences on Policy Implementation. *Journal of Public Administration Research and Theory* 19 (3), 453–476.

Maynard-Moody, Steven & Musheno, Michael C. 2000. State Agent or Citizen Agent: Tow Narratives of Discretion. *Journal of Public Administration Research and Theory* 10(2), 329–358.

Maynard-Moody, Steven & Musheno, Michael C. op. 2003. *Cops, teachers, counselors.* Ann Arbor: University of Michigan Press.

Mayntz, Renate 1985. *Soziologie der öffentlichen Verwaltung.* 3. Aufl. Heidelberg: Müller, Juristischer Verl.

Mc Gregory, Robert 2007. Accountability in Modern Government, in Peters, B. G. & Pierre, Jon (Hg.): *Concise handbook of public administration.* London: SAGE, 557–567.

McDavid, James C. & Hawthorn, Laura R. 2006. *Program evaluation & performance measurement: An introduction to practice.* Thousand Oaks [u. a.]: SAGE Publ.

Mead, G.H 2004. The Self: The 'I' and the 'Me', in Hatch, Mary J. & Schultz, Majken (Hg.): Organizational identity: A reader. Oxford ;, New York: Oxford University Press, 30–34.

Messmer, Heinz & Hitzler, Sarah 2007. Die soziale Produktion von Klienten - Hilfeplangespräche in der Kinder- und Jugendhilfe, in Ludwig-Mayerhofer, Wolfgang (Hg.): *Fallverstehen und Deutungsmacht: Akteure in der Sozialverwaltung und ihre Klienten.* Opladen [u. a.]: Budrich, 41–74.

Meyers, Marcia K. & Vorsanger, Susan 2007. Street-Level Bureaucrats and the Implementation of Public Policy, in Peters, B. G. & Pierre, Jon (Hg.): *Concise handbook of public administration.* London: SAGE, 245–255.

Mintzberg, Henry 2004. The Structuring of Organizations, in Segal-Horn, Susan (Hg.): *The strategy reader.* Malden, MA: Blackwell Pub. in association with the Open University, 246–269.

Mosley, Hugh, Schütz, Holger & Breyer, Nicole 2001. *Management by objectives in European Public Employment Services.* Berlin: Wissenschaftszentrum Berlin für Sozialforschung, Forschungsschwerpunkt Arbeitsmarkt und Beschäftigung. (Discussion paper, Bd. FS 101-203Bd).

Münder, Johannes & Armborst, Christian 2007. *Sozialgesetzbuch II: Grundsicherung für Arbeitsuchende: Lehr- und Praxiskommentar.* 2. Aufl. Baden-Baden: Nomos. (NomosKommentar).

Noordegraaf, M. 2007. From "Pure" to "Hybrid" Professionalism: Present-Day Professionalism in Ambiguous Public Domains. *Administration & Society* 39(6), 761–785.

Nullmeier, Frank 2005. Output-Steuerung und Performance Measurement, in Blanke, Bernhard (Hg.): *Handbuch zur Verwaltungsreform*. Wiesbaden: VS, Verl. für Sozialwiss., 108–119.

Oberfield, Z. W. 2010. Rule Following and Discretion at Government's Frontlines: Continuity and Change during Organization Socialization. *Journal of Public Administration Research and Theory* 20(4), 735–755.

Osborne, David & Gaebler, Ted 2000. Reinventing Government, in Serow, Ann G. & Ladd, Everett C. (Hg.): *The Lanahan readings in the American polity*. Baltimore: Lanahan Publishers, 282–289.

Osiander, Christoper & Steinke, Joß (2011). Street-level bureaucrats in der Arbeitsverwaltung: Dienstleistungsprozesse und reformierte Arbeitsvermittlung aus Sicht der Vermittler.

Parks, Sharon D. 2005. *Leadership can be taught: A bold approach for a complex world*. Boston, Mass: Harvard Business School Press.

Paton, Rob 2006. Measurement and its pitfalls, in Budd, Leslie, Charlesworth, Julie & Paton, Rob (Hg.): *Making policy happen*. London;, New York: Routledge, 216–228.

Payne, M. 2006. Identity Politics in Multiprofessional Teams: Palliative Care Social Work. *Journal of Social Work* 6(2), 137–150.

Peuckert, Rüdiger 2001. Soziale Normen, in Schäfers, Bernhard & Gukenbiehl, Hermann L. (Hg.): *Grundbegriffe der Soziologie*. Opladen: Leske und Budrich, 255–259.

Pilz, Frank & Weike, Bernadette 2004. *Der Sozialstaat: Ausbau, Korntroversen, Umbau*. Bonn: Bundeszentrale für Politische Bildung. (Schriftenreihe, 452).

Politt, Christopher 2000. Is the Emperor in his Underwear?: An analysis of the impacts of public management reform. *Public Management: an international journal of research and theory* 2(2), 188–199.

Pollitt, Christopher & Bouckaert, Geert 2011. *Public management reform: A comparative analysis: new public management, governance, and the neo-Weberian state*. 3. Aufl. Oxford; New York: Oxford University Press.

Proeller, Isabella & Siegel, John P. 2011. *Performance Management in der deutschen Verwaltung – Eine explorative Einschätzung*. URL: http://www.sgvw.ch/2011/03/10/performance-management-in-der-deutschen-verwaltung-eine-explorative-einschaetzung/[Stand 2016-06-25].

Prottas, J. M. 1978. The Power of the Street-Level Bureaucrat in Public Service Bureaucracies. *Urban Affairs Review* 13 (3), 285–312.

Przyborski, Aglaja & Wohlrab-Sahr, Monika 2010. *Qualitative Sozialforschung: Ein Arbeitsbuch.* 3. Aufl. München: Oldenbourg. (Lehr- und Handbücher der Soziologie). Online im Internet: URL: http://www.socialnet.de/rezensionen/isbn.php?isbn=978-3-486-59791-2.

Ran, B. & Golden, T. J. 2011. Who Are We?: The Social Construction of Organizational Identity Through Sense-Exchanging. *Administration & Society* 43(4), 417–445.

Reichard, Christoph 2004. Ansätze zu Performance Measurement in deutschen Kommunen - eine Bewertung ihres Entwicklungsstandes und ihrer Wirksamkeit, in Kuhlmann, Sabine (Hg.): *Leistungsmessung und -vergleich in Politik und Verwaltung: Konzepte und Praxis.* Wiesbaden: Verl. für Sozialwiss., 341–355.

Reissner, Stefanie C. 2010. Change, meaning and identity at the workplace. *Journal of organizational change management* 23 (3), 287–299.

Riccucci, Norma 2005. *How management matters: Street-level bureaucrats and welfare reform.* Washington, D.C: Georgetown University Press.

Rittel, Horst W. & Webber, Melvin M. 1973. Dilemmas in a general theory of planning. *Policy Sci* 4(2), 155–169.

Rosenthal, Patrice & Peccei, Riccardo 2006. The customer concept in welfare administration: front-line views in Jobcentre Plus. *International Journal of Public Sector Management* 19(1), 67–78.

Rosenthal, Patrice & Peccei, Riccardo 2006. The customer concept in welfare administration: front-line views in Jobcentre Plus. *International Journal of Public Sector Management* 19 (1), 67–78.

Saldaña, Johnny 2013. *The coding manual for qualitative researchers.* 2. Aufl. Los Angeles: SAGE.

Sandfort, Jodi R. 2000. Moving Beyond Discretion and Outcomes: Examining Public Management from the Front Lines of the Welfare System. *Journal of Public Administration Research and Theory* 10(4), 729–756.

Schedler, Kuno 2000. *New Public Management.* Bern, Stuttgart: Haupt; UTB.

Schein, Edgar H. 1992. *Organizational culture and leadership.* 2. Aufl. San Francisco: Jossey-Bass.

Schmidt, Hans-Jürgen 2004. *Betriebswirtschaftslehre und Verwaltungsmanagement.* 6. Aufl. Heidelberg: Müller.

Schridde, Henning 2005. Verwaltungskultur, Change Management und lernende Organisation, in Blanke, Bernhard (Hg.): *Handbuch zur Verwaltungsreform.* Wiesbaden: VS, Verl. für Sozialwiss., 216–228.

Schubert, Michael, u. a. 2013. *Menschen mit psychischen Störungen im SGB II.* (IAB Forschungsbericht). Nürnberg

Schütz, Holger 2009. Neue und alte Regelsteuerung in der deutschen Arbeitsverwaltung, in Bothfeld, Silke (Hg.): Arbeitsmarktpolitik in der sozialen Marktwirtschaft: Vom Arbeitsförderungsgesetz zum Sozialgesetzbuch II und III. Wiesbaden: VS, Verl. für Sozialwiss., 163–177.

Schütze, Fritz 1992. Sozialarbeit als „bescheidene" Profession, in Dewe, Bernd, Ferchhoff, Wilfried & Radtke, Frank-Olaf (Hg.): *Erziehen als Profession: Zur Logik professionellen Handelns in pädagogischen Feldern.* Opladen: Leske + Budrich, 103–131.

Scott, Patrick G. 1997. Assessing Determinants of Bureacratic Discretion: An Experiment in Street-Level Decision Making. *Journal of Public Administration Research and Theory* 7(1), 35–57.

Scott, Richard W. 2005. Evolving Professions: An Institutional Field Approach, in Klatetzki, Thomas & Tacke, Veronika (Hg.): *Organisation und Profession.* Wiesbaden: VS Verlag für Sozialwissenschaften, 119–142.

Sell, Stefan 2006. *Modernisierung und Professionalisierung der Arbeitsvermittlung: Strategien, Konzepte und Modelle unter Berücksichtigung internationaler Erfahrungen.* Bonn: Stabsabt. der Friedrich-Ebert-Stiftung. (Gutachten Arbeitsvermittlung).

Simon, Herbert A. 1997. *Administrative behavior: A study of decision-making processes in administrative organizations.* 4. Aufl. New York, NY: Free Press.

Sorg, Uschi 2007. Der institutionelle Wandel von Machtasymmetrien in interkulturellen Kontexten der Sozialverwaltung, in Ludwig-Mayerhofer, Wolfgang (Hg.): *Fallverstehen und Deutungsmacht: Akteure in der Sozialverwaltung und ihre Klienten.* Opladen [u. a.]: Budrich, 185–205.

Sozialgesetzbuch (SGB II) Zweites Buch Grundsicherung für Arbeitsuchende: § 48b SGB II Zielvereinbarungen 2015b. URL: http://www.sozialgesetzbuch-sgb.de/sgbii/48b.html.

SPD-Vorstand 1998. *Arbeit, Innovation und Gerechtigkeit: SPD-Programm für die Bundestagswahl 1998.*

Statistisches Bundesamt 2016. *Arbeitsmarkt: Registrierte Arbeitslose, Arbeitslosenquote nach Gebietsstand.* URL: https://www.destatis.de/DE/ZahlenFakten/Indikatoren/LangeReihen/Arbeitsmarkt/lrarb003.html [Stand 2017-01-04]..

Statistisches Landesamt Baden-Württemberg. *Anteil der sozialversicherungspflichtig Beschäftigten mit hoher Qualifikation*. URL: https://www.statistik-bw.de/ArbeitsmErwerb/Indikatoren/ SB_beschaeftQualifikation.asp [Stand 2015-06-04].
Stöbe-Blossey, Sybille 2005. Mitarbeiterbeteiligung, in Blanke, Bernhard (Hg.): *Handbuch zur Verwaltungsreform*. Wiesbaden: VS, Verl. für Sozialwiss., 280–290.
Strauss, Anselm L. & Corbin, Juliet M. 1998. *Basics of qualitative research: Techniques and procedures for developing grounded theory*. 2. Aufl. Thousand Oaks: SAGE Publications.
Strauss, Anselm L. 1994. *Grundlagen qualitativer Sozialforschung: Datenanalyse und Theoriebildung in der empirischen soziologischen Forschung*. München: Fink. (UTB für Wissenschaft, 1776).
Tauberger, André 2008. *Controlling für die öffentliche Verwaltung*. München;, Wien: Oldenbourg.
Taylor, Ian & Kelly, Josie 2006. Professionals, discretion and public sector reform in the UK: re-visiting Lipsky. *International Journal of Public Sector Management* 19(7), 629–642.
Terhart, Ewald 1992. Lehrerberuf und Professionalität, in Dewe, Bernd, Ferchhoff, Wilfried & Radtke, Frank-Olaf (Hg.): *Erziehen als Profession: Zur Logik professionellen Handelns in pädagogischen Feldern*. Opladen: Leske + Budrich.
Tummers, L. 2011. Explaining the willingness of public professionals to implement new policies: a policy alienation framework. *International Review of Administrative Sciences* 77(3), 555–581.
Ullrich, Carsten G. 1999. Deutungsmusteranalysen und diskursives Interview. *Zeitschrift für Soziologie* 28(6), 429–447.
van Bockel, Jeroen & Noordegraaf, Mirko 2006. Identifying identities: performance-driven, but professional public managers. *International Journal of Public Sector Management* 19(6), 585–597.
van Meter, Donald S. & van Horn, Carl E. 1975. The public implementation process: A conceptual framework. *Administration & Society* 6(4), 445–488.
Vorheyer, Claudia 2007. Von der „fürsorglichen" Kontrolle zur aufklärenden Prävention – Die Verwaltungspraxis der Gesundheitsämter im Bereich der Prostitution, in Ludwig-Mayerhofer, Wolfgang (Hg.): *Fallverstehen und Deutungsmacht: Akteure in der Sozialverwaltung und ihre Klienten*. Opladen [u. a.]: Budrich, 167–184.
Waddell, Dianne & Sohal, Amrik S. 1998. Resistance: a constructive tool for change management. *Management Decision* 36(8), 543–548.

Washington, Marvin & Hacker, Marla 2005. Why change fails: knowledge counts. *Leadership & organization development journal* 26(5), 400–411.
Weber, Max 2006. *Wirtschaft und Gesellschaft.* Paderborn: Voltmedia.
Weishaupt, J. T. 2010. A silent revolution? New management ideas and the reinvention of European public employment services. Socio-Economic Review 8(3), 461–486.
Wilson, James Q. 1989. *Bureaucracy: What government agencies do and why they do it.* New York: Basic Books.
Wiseman, Michael 2000. Making work for welfare in the United States, in Lødemel, Ivar & Trickey, Heather (Hg.): *'An offer you can't refuse': Workfare in international perspective.* Bristol, UK: Policy Press, 215–248.
Witt, Harald 2001. Forschungsstrategien bei quantitativer und qualitativer Sozialforschung. *Forum Qualitative Sozialforschung* 2(1). Online im Internet: URL: http://nbn-resolving.de/urn:nbn:de:0114-fqs010189.
Witzel, Andreas 2000. Das problemzentrierte Interview. *Forum Qualitative Sozialforschung/Forum: Qualitative Social Research*(1). Online im Internet: URL: http://nbn-resolving.de/urn:nbn:de:0114-fqs0001228. [Stand 2014-10-05].
Wolff, Stephan 1983. Die Produktion von Fürsorglichkeit. Bielefeld: AJZ-Verlag.
Wolfgang Ludwig-Mayerhofer, Markus P. 2008. Einleitung: Qualitative Forschung zu den Arbeitsmarktreformen. *Zeitschrift für Sozialreform* 54(1), 3–10.
Yin, Robert K. 2009. *Case study research: Design and methods.* 4. Aufl. Los Angeles, Calif: SAGE Publications.
Zimmermann, Gunter E. 2001. Organisation, in Schäfers, Bernhard & Gukenbiehl, Hermann L. (Hg.): *Grundbegriffe der Soziologie.* Opladen: Leske und Budrich, 261–264.

Autor

Dirk Vogel (geb. 1977 in Bad Kissingen)
- Abitur 1997
- Studium der Sozialwissenschaften an der Georg-August Universität Göttingen, mit Abschluss zum **Diplom-Sozialwirt** (1998-2003)
- Studiensemester an der Graduate School of Political Management der George-Washington University (USA) (2001)
- (Nebenberufliches) Studium "Business Administration" an der Open University Business School in Milton Keynes (UK) mit Abschluss zum **Master of Business Administration** (2007-2010)
- (Nebenberuflicher) Promotionsstudent an der Göttinger Graduiertenschule für Gesellschaftswissenschaften (2013-2016) mit Abschluss zum **Doctor of Philosophy**